普通高等教育经管类专业系列教材

ERP沙盘推演指导教程
（第3版）
（新手工+商战+数智）

陈智崧　编著

清华大学出版社
北京

内 容 简 介

本书以二十大精神为指导，着眼于"以问题为导向"，以"系统观念"为坐标，培养学员在系统全局中解决问题的能力。

本书涵盖新手工、商战和数智 ERP 沙盘推演三部分课程内容，并对三部分课程做了比对分析。

本书中运用多幅图表和案例进行介绍，内容包括团队与会议管理、本量利经营分析、ERP 基本原理、沙盘战略与计划制订的基本思路和基本方法、沙盘实战案例分析点评等。

数智 ERP 沙盘推演是高仿真企业经营课程。本书对数智沙盘的案例背景、规则、流程做了详细介绍；对主要公式整合列表，对经营计划的重要数据做计算分析；以教学年和比赛计划为案例，对数智沙盘的计划方法要点进行总结梳理。数字化管理是数智沙盘有别于新手工沙盘、商战沙盘的特色，本书对生产和销售数字化管理进行了深入解读和计算分析，辅以的教学和比赛实战案例丰富。

本书还收集整理了与 ERP 沙盘推演教学案例相通的企业经营实战案例进行串行点评，将企业实战经典和沙盘经典案例打通分析，力图让读者感悟课程蕴含的经营管理精神实质，对企业经营管理有螺旋提升式领悟。

本书附录部分集成了沙盘国赛选手总结、运营流程表和计划工具图表，集课堂教学和实训手册于一体。

本书可用作高等院校"ERP 沙盘推演"课程教材和大赛指导用书，也可用作 MBA 企业管理综合实训、创新创业培训、企业管理人员相关培训的参考教材。

图书在版编目（CIP）数据

ERP 沙盘推演指导教程：新手工＋商战＋数智 /
陈智崧编著 . -- 3 版 . -- 北京：清华大学出版社，2025. 4.
（普通高等教育经管类专业系列教材）. -- ISBN 978-7-302-68395-7

Ⅰ . F272.7

中国国家版本馆 CIP 数据核字第 2025VN8885 号

责任编辑：刘金喜
封面设计：范惠英
版式设计：恒复文化
责任校对：成凤进
责任印制：刘　菲

出版发行：清华大学出版社
　　　网　　址：https://www.tup.com.cn，https://www.wqxuetang.com
　　　地　　址：北京清华大学学研大厦 A 座　　　　邮　　编：100084
　　　社 总 机：010-83470000　　　　　　　　　　邮　　购：010-62786544
　　　投稿与读者服务：010-62776969，c-service@tup.tsinghua.edu.cn
　　　质 量 反 馈：010-62772015，zhiliang@tup.tsinghua.edu.cn
印 装 者：三河市铭诚印务有限公司
经　　销：全国新华书店
开　　本：185mm×260mm　　　印　　张：14.25　　　字　　数：383 千字
版　　次：2019 年 9 月第 1 版　　2025 年 4 月第 3 版　　印　　次：2025 年 4 月第 1 次印刷
定　　价：48.00 元

产品编号：108262-01

　　"ERP沙盘推演"是从众多行业、众多企业的实战运营中提炼出来的企业经营管理课程。出自实战，理论与实战相结合，模拟场景教学，练兵为实战，是这门课程的显著特点。沙盘教学是理论教学、案例教学之后的教学革命。

　　2005年，用友将"ERP沙盘推演"课程引入高校，迅速风靡全国上千所大学。一批批的学生经过沙盘这个小舞台训练后，吸取创业创新的"养分"，走向真实企业大舞台，迅速成长。名校可以称霸四方，小学校也能打败大学校，英雄不问出处，公平竞争，练兵为实战，这就是"ERP沙盘推演"的魔力。

　　企业沙盘推演的渊源是兵棋推演，孙子曰："兵者，诡道也。"战场、市场相信强者！这正是战争与商战的精神与本质。沙盘本身就蕴含模拟，将"ERP沙盘模拟"称为"ERP沙盘推演"，体现了对其渊源和精神本质的遵从。

　　生产需要利器，管理也需要利器，教学更需要利器！ERP沙盘推演就是商科教学的利器。在大数据分析、人工智能发展迅猛的时代，重复性、灌注式的知识教学会被迅速解构，激发潜能、开启心智才是教育工作不变的核心。有了"ERP沙盘推演"这个教学利器，教师是游戏规则制定者和组织者，教师的重心是引导学生把战略与计划的制订建立在数据分析基础上，激发学生潜能，顺应了大数据分析、人工智能时代的发展。

　　2016年5月30日，中共中央总书记习近平在全国科技创新大会、两院院士大会、科协代表大会上发表重要讲话：

　　——"广大科技工作者要把论文写在祖国的大地上。"实践性是科学精神的本质特性，从国情出发，从实践中来、到实践中去，把论文写在祖国大地上，就是紧扣科学精神的实践性特征。

　　习近平总书记在党的二十大报告中指出：

　　——"必须坚持问题导向。问题是时代的声音，回答并指导解决问题是理论的根本任务。"

　　——"必须坚持系统观念。万事万物是相互联系、相互依存的。只有用普遍联系的、全面系统的、发展变化的观点观察事物，才能把握事物发展规律。"

　　本书正是围绕这三方面立意，安排篇章架构和内容的。

　　(1) 以问题为导向。

　　ERP沙盘推演，模拟真实的社会竞争场景，磨砺的就是面向问题、解决问题的能力。学员必须坚持问题导向，动态解决问题，寻求"企业"的生存和发展。

而学生在学习这门课程的时候，经常问到一系列问题：真实的企业经营管理会遇到什么问题？什么是ERP沙盘？该课程有什么特色？怎么玩？什么规则？什么流程？怎么提高水平？有什么基本原理？什么计划方法？哪些地方容易出错？有什么成败得失的参考案例？省赛、国赛是什么场景？

本书的立意、架构和内容编排就是围绕这些问题展开的，并运用多幅图表和案例分析进行了介绍。本书内容包括团队与会议管理、本量利经营分析、ERP基本原理、战略与计划制订的基本思路、计划图表编排的方法、财务报表编制、沙盘实战案例分析点评等。

(2) 突出实践性。

大学生是未来的科技、管理工作者，大学要培养大学生躬行实践、发现问题的本领，以及解决问题的能力。

ERP沙盘推演课程本身有显著的实践性特征。而本书所有规则、方法的讲解，选择的案例均来自真实教学案例。其中采集了7个经典案例，从财务三表(费用表、利润表、资产负债表)分析其中的成败得失，直达企业运营的实质问题。根据这7个沙盘教学案例，又对应采集了7个类似的企业实际案例，将沙盘实战案例与企业经典实战案例串联点评，打通了学员从模拟沙盘经营到企业实战的认知，引导学员从沙盘看现实，从现实反思沙盘，这是从模拟—现实—模拟的螺旋提升。

(3) 系统性。

本书遵循沙盘教学的三个台阶，涵盖新手工、商战和数智ERP沙盘推演三部分课程，三部分架构系统整合，是本书特色之一。内容上，本书集基本理论、规则和流程、市场预测、报表数据、计划表格、案例、竞赛总结于一体，能满足教学、实训、比赛的需求，内容更加系统化。

本书第一和第二版发行后，兄弟院校师生、同行提出了宝贵意见，在此深表感谢！根据近年的竞赛发展和教学反馈情况，第三版做了进一步修订，主要内容如下。

- 数智沙盘取代约创沙盘。本书对数智沙盘的案例背景、规则、流程做了详细介绍；对重要规则和数据做了计算分析；设置了教学年和比赛计划两个章节，对数智沙盘的运营流程和计划方法要点进行总结梳理；对数字化管理中的数字化生产和销售的规则进行解读和分析；新增了数智沙盘省赛、国赛选手总结。

- 新增年度计划方法及案例。规则和流程懂了，但是投放广告，获得销售订单后，下一步做什么？怎么做计划？这是初学者存在的普遍问题。本版在第3章新增的第6节"年度计划方法及案例"中，分要点、基本步骤、案例三个方面讲解，从生产采购、投资研发等计划表作业，到运营流程表的计划与填制、财务"三表"的填制，再到整体方案的评估原则，都一一做了详细说明，有助于学员迅速上手。

- 对原案例重新在战略和计划两个层面点评，增加了沙盘实战案例及点评；对容易犯错的方面、重要的规则和流程，进一步辅以图表、案例讲解。

ERP沙盘推演，设定的企业运营的市场、生产、采购、财务等规则和流程，最终都会以数据的形式反映在模拟企业的现金流量表、费用表、利润表、资产负债表中，看得见，摸得着。任何一个经营动作都会影响企业全局，学员可以深刻体验什么叫系统，什么叫牵一发而动全身。ERP沙盘推演，培养学员的系统观念，锻炼学员"透过现象看本质，把握好全局和局部、当前和长远、宏观和微观、主要矛盾和次要矛盾、特殊和一般的关系"的能力，磨砺学员的战略思维、辩证思维、系统思维、创新思维能力。

　　研读党的二十大报告关于"坚持问题导向"和"坚持系统观念"的论述，编者感觉ERP沙盘推演课程的特点契合了二十大报告的精神，倍感振奋！党的二十大报告精神实际上也为ERP沙盘推演课程今后的发展指明了方向！从事ERP沙盘推演教学的工作者们定当继续努力！

　　由于编者水平有限，疏漏和不当之处在所难免，恳请读者批评指正。在此，我要感谢ERP沙盘推演课程的研发者，感谢用友新道公司搭建沙盘大赛的舞台，让我们共享进步！本书在编写过程中，从用友新道公司的资料，以及柯明老师、何晓岚老师、柳中冈先生的著作中得到启发和帮助，并部分引用他们的一些观点，在此一并致谢！

　　本书PPT课件可通过扫描下方二维码下载。

PPT课件

　　服务邮箱：476371891@qq.com。

陈智崧

2025年元旦于湛江燕岭

陈智崧 沈阳理工大学工业电气自动化本科毕业，武汉大学经济学硕士，岭南师范学院商学院副教授，曾先后在湛江、深圳服务于军工企业、合资企业、纽约上市跨国公司，任工程师、质量科长、经营销售部部长、办公室经理。2003年，就职于岭南师范学院(原湛江师范学院)，从事企业管理教学与研究；2006年，第一次带领学生参加广东省ERP沙盘大赛就第一个破产，铩羽而归；2007年，再战"江湖"，获得广东省冠军，进军北京，参加48个本科院校汇聚的全国总决赛，获得一等奖。2007年起，7次获得广东省大学生科技学术节之ERP沙盘模拟企业经营大赛一等奖，9次进入全国大学生ERP沙盘模拟企业经营大赛全国总决赛，4次获得全国总决赛一等奖；担任过多个省区的中职、高职、本科沙盘模拟企业经营大赛裁判长、专家组长；在中山大学管理学院MBA讲授ERP沙盘课程。

国际政治军事学者，2004年6月作为"走进外交部"活动嘉宾。2003年、2005年共两次作为"走进《解放军报》"活动嘉宾。

中国烹饪协会会员，湛江市"中国海鲜美食之都"申报办公室专家组成员，在扬州大学烹饪学报发表《湛江菜的发展历史与特色》，以"本味调和"诠释粤菜门下的湛江菜。

目录

第1章

ERP 沙盘推演简介

1.1 企业管理的问题

创业之初，企业成长过程中：

您的企业是不是面临这样的问题？

- ○ 销售接下订单但生产不出来；
- ○ 生产安排妥当但原材料供应不上；
- ○ 大规模生产导致成本增加；
- ○ 库存积压导致资金短缺；
- ○ ……

您的团队是否遇到这样的困境？

- ○ 销售埋怨生产不生产产品；
- ○ 生产埋怨采购不购买原材料；
- ○ 采购埋怨财务不给钱；
- ○ 财务埋怨销售不回款；
- ○ 所有人都在埋怨领导不关心自己；
- ○ ……

您的决策是否遇到这样的情况？

- ○ 想运筹帷幄无奈业务报告滞后；
- ○ 想决胜千里无奈市场信息缺乏；
- ○ 想追究责任却不了解真实业务流程运作；
- ○ 每天都在反复询问、敦促和落实已经部署过的任务；
- ○ ……

上述管理问题表明企业缺乏精确的计划、得心应手的计划工具、训练有素的计划人员。如果将企业管理视为具有文化、战略和组织、精确的计划管理(资源计划)三个层次的金字塔(见图1-1)，则中国企业在顶端的文化、战略和组织层都有很优秀的案例，但是缺乏精确的计划管理，最后影响了顶端的文化、战略和组织。我们需要从追求精确的计划管理开始，追求精确战略，再造文化。

图1-1　企业管理层次

1.2　什么是ERP沙盘推演

——ERP沙盘推演，是经营管理的练兵场，是创业的磨刀石！

传统的课程是，讲理论——讲道理，讲案例——讲故事(讲别人成败得失的故事)；教师单向讲授，学员网络化自我学习，考试有标准答案。但是现实是自己创建团队，或者自己加入团队；团队之间竞争对抗，过程和结果没有标准答案。

"ERP沙盘推演"就是一种贴近企业实战的课程，是学员团队自我演绎故事，它不是Show，是Game！它没有评委，教师确定规则和市场后，对手团队相互竞争对抗；它也没有标准答案，每次上课都是考试，是对手团队在考核，盈利能力才是王道！

ERP沙盘推演的渊源是兵棋推演，始于1978年瑞典皇家理工学院的公司运营实训课程，风靡欧洲、美国、日本。21世纪初，用友公司将ERP理念、方法与企业沙盘结合，形成"ERP沙盘推演"课程，几年间中国几千所高校学子为之疯狂，职业经理人玩起来也心惊肉跳：有的"公司"赚大钱，有的"公司"在生死间挣扎，有的"公司"破产倒闭，胜者为王败者为寇！

它将企业运营的战略规划、营销、生产、采购、投资财务等要素，模拟到企业沙盘中，按照来源于现实而不同于现实的规则、流程和市场进行运作；每个"企业"都有总经理、营销总监、生产总监、采购总监、财务总监，每个"企业"都要面对6～12个的竞争对手，这是一场商业实战。

每个"企业"面临数十个经营变量，要根据市场预测、经营规则、拥有的资源和对手的变化，做出战略决策及相应的营销、生产、采购、投资财务计划；要在激烈的博弈中经历一场头脑风暴。

每个"企业"要经过两轮两个"六年"的辛苦经营：第一轮"拓展"，接手一个小而弱的公司，做强做大；第二轮"创业"，手握初始资金创业。每个"企业"的经营潜力将发挥得淋漓尽致，经历竞争的炼狱，在浓缩的人生中感受企业的兴衰成败。

每个"企业"要将计算机作为辅助经营决策的信息化工具，高效准确地处理"企业"业务，体会精确管理，感悟ERP给企业带来的变革！

1.3 课程特色与目标

1.3.1 课程特色

管理课程一般都以理论+案例为主，比较枯燥，学习者很难迅速掌握这些理论并将其应用到实际工作中。而通过模拟沙盘进行培训增强了娱乐性，使枯燥的课程变得生动有趣。通过游戏进行模拟可以激起参与者的竞争热情，让他们有学习的动机——获胜！

1) 体验实战

这种培训方式是让人们通过"做"来"学"。参与者以切实的方式体会深奥的商业思想，他们既能看到又能触摸到商业运作的方式。体验式学习使参与者学会收集信息并在将来应用于实践。

2) 团队合作

这种模拟是互动的。当参与者对游戏过程中产生的不同观点进行分析时，需要不停地进行对话。这不仅有助于参与者学习商业规则和财务语言，还能提高沟通技能，学习如何以团队的方式工作。

3) 看得见，摸得着

剥开经营理念的复杂外表，直达经营本质。企业结构和管理的操作全部展示在模拟沙盘上，将复杂、抽象的经营管理理论以最直观的方式让学员体验、学习。完整生动的视觉感受将极为有效地激发学员的学习兴趣，增强学习能力。在课程结束时，学员对所学的内容理解更透彻，记忆更深刻。

4) 想得到，做得到

把平时工作中尚存疑问的决策带到课程中印证。在两三天的课程中模拟4~6年的企业全面经营管理，学员有最大的自由限度来尝试企业经营的重大决策，并且能够直接看到结果。在现实工作中他们可能在相当长的时间里都没有这样的体验机会。

1.3.2 课程目标

(1) 通过"ERP沙盘推演"使高层管理者能够认清企业资源运营状况，建立企业运营的战略视角，并寻求最佳的利润机会；更有效地区分业务的优先安排，降低运营成本；深入地理解财务的战略功效，掌握财务结构，解读财务报表。

(2) 中级经理在"ERP沙盘推演"中的收获则在于了解整个企业的运作流程，提高全局和长远策略意识，更好地理解不同决策对总体绩效的影响，从而可以和不同部门达成更有效的沟通。同时，一线主管将提升其策略性思考的能力，以及与下属沟通的技巧。

(3) "ERP沙盘推演"可以帮助企业建立一种共同语言，提高每个人的商务技巧，从而使每个部门甚至每个人都能支持企业既定的战略决策，共同致力于生产力和利润的提高。

(4) "ERP沙盘推演"可以帮助企业内部所有员工理解企业的经营运作、企业的竞争力，以及企业资源的有限性，帮助各部门的管理人员做出有效的资源规划及决策。

(5) "ERP沙盘推演"让学员领会ERP的运作流程：市场预测与研究→企业战略规划→销售计划→生产计划→采购计划→投资财务计划。

(6) "ERP沙盘推演"引导学员在激烈的对抗中利用信息化工具(如Excel)辅助决策与运作，从而使他们对更高级的信息化工具——ERP有进一步的理解。

1.3.3　学员反馈

1. 企业学员反馈

一家公司的老板参加完沙盘经营模拟培训后感慨万千，开始时自以为久经沙场，演练成功不在话下，谁知一上手，"公司"的经营业绩一路下滑，最后濒临破产，失败的原因却是他引以为傲的多元化经营。他说："这种培训作为管理者都应该接受，市场是很现实的，不讲究科学决策、凭个人风格和主观好恶决定企业战略的后果太可怕了。"回去之后，他很快对自己的业务进行了重新整合，他感慨万千地说："现在看来我原来的业务已经在整合前初露败绩了，如果不是调整及时，后果不堪设想啊！"

——某企业老总

一名制造企业的部门经理说："这种培训太有必要了，角色一轮换就能理解其他部门工作的切实需要，学会了换位思考，部门间的沟通变得容易多了，认识问题的全局性树立起来了，内耗也减少了。"

——某制造企业部门经理

2. MBA 与创业者感言

比有些枯燥的上课好玩太多了，有一种醍醐灌顶的快感。感谢老师让我们见识到商业世界的无情和竞争的残酷，获益良多。

——某 985 大学管理学院 MBA 学员

实践操作一次比上几周的课程理解都深。

——某 985 大学管理学院 MBA 学员

有幸能在大学学习"ERP沙盘推演"这门课程！它让我创业后，马上知道如何控制现金流，在运营中把握现金流和权益的平衡；它让我始终能穿透繁杂的业务而看到公司的全局。

——岭南师范学院商学院 2006 级市场营销毕业生，现某公司 CEO

3. 院校学生感言

作为工商管理专业的学生，一直以来都是围绕书本文字和案例在和管理打交道。但在 ERP 沙盘的课堂上，我可以当 CEO 统筹指挥，可以负责财务监管，还可以当"商业间谍"。课前准备，我们的学习兴趣和积极性被空前调动。大家改变了以前课堂上沉默的单听式，气氛活跃并有条不紊；小组成员各司其职，分别在自己公司的主要管理岗位上承担职责和工作，填写财务报表、进行市场分析、投放广告、争取订单、采购原材料等。

——摘自岭南师范学院商学院学生课后总结

担任了两轮的生产总监算是结业了，从最开始恐惧、排斥这门课程，觉得这门课程真的太难度过了，到最后慢慢喜欢。每一次毛利为正时的狂喜，每一次成绩排名靠前的欢呼，每一次讨论不同意见的争吵，让我觉得这门课程越来越有意思。因为在这个过程中会遇到很多困境，要考虑的因素很多，但最后都想出了对策，这个过程很开心、很享受。这门课程真的让我受益匪浅，以后步入社会去工作也会因为学习了这门课程有了一定的底气。

——摘自岭南师范学院商学院学生课后总结

"ERP沙盘推演"课程给我们留下了深刻的印象。与传统的课程不一样，实操性的沙盘模拟让我们真切感受到公司运营的整个流程和财务报表的基本组成，使我们切实地回想之前学过的知识，主动寻找办法解决问题，开拓思路寻找出路，只为能给公司带来更大的收益。一个成功的公司，不是为了还钱而苟活，而是要努力赚钱才有出路。

——摘自岭南师范学院商学院学生课后总结

首先我的第一个感受就是，计划真的很重要。在生活中我是一个随心所欲的人，完全没有领悟过计划实际上到底有什么用。但是在第一次新手工沙盘中，当我面对杂乱无章的短贷焦头烂额、在商战中面对借无可借的贷款手足无措时，才真正领会到"计划"的重要性。知道自己想做什么其实是一件很简单的事情，但是知道自己该怎么做才是"计划"的本身，才是全盘大局最重要的事情。性子一直急匆匆的我，在后续的对抗中学会了沉下心去思考各种运营方式的可能性，在每一年结束时也会停下来思考接下来要怎么做才能比较周密。

——摘自岭南师范学院商学院学生课后总结

1.4　课程设置与内容

1.4.1　课程设置

1. 课程框架

本课程涵盖新手工ERP沙盘、商战ERP沙盘、数智ERP沙盘三部分，可以设置3个不同层次的训练。

(1) "拓展"训练——新手工ERP沙盘推演。每个公司都有一样的初始资产，即现金、贷款、设备、厂房、产品、市场、成品、原材料等相同，在与其他企业(其他学员小组)的激烈竞争中，在实物沙盘中推演，将一个弱小的企业拓展，并做强做大。

(2) "创业"训练——商战ERP沙盘推演。每个公司有相同的初始资金，一切从零开始"创业"，在电子沙盘中推演，将企业滚动做大。

(3) "高仿"训练——数智ERP沙盘推演。高仿真企业经营，游戏化场景，经营与业务处理考核并重，总经理、各总监业务并行运营，投标市场环境，要求更精细，计算量更大。

2. 模拟背景

本课程以制造企业为背景，将企业内、外部运营和竞争的典型环境、流程、规则，提炼成ERP沙盘的运营流程与规则，由6个以上的模拟企业对抗竞争。

3. 模拟训练时间

每轮训练模拟4~6个年度的经营。训练课时建议：每轮训练模拟4~6个年度，每轮安排24课时，每轮比赛安排1或2天。

4. 胜负依据

每个公司提交财务报表，根据各个公司的所有者权益、发展力和业务处理等客观数据指标排列名次。

5. 对抗形式

参加训练的学员分成6～12组，每组5人，每组代表一个虚拟公司，每组的成员将分别担任公司中的重要职位(CEO、CFO、市场总监、生产总监、采购总监等)。每个公司是同行业中的竞争对手。

1.4.2　课程内容

课程涉及整体战略规划、产品研发、设备投资改造、生产能力规划与排程、物料需求计划、资金需求规划、市场与销售、财务经济指标分析、团队沟通与建设、信息化管理等多个方面。每个独立的决策似乎容易做出，然而当它们综合在一起时，许多不同的选择方案自然产生。通过该课程，学员可体会企业经营运作的全过程，认识到企业资源的有限性，从而深刻理解ERP的管理思想，领悟科学的管理规律，进而提升管理能力。课程具体内容如下。

1. 整体战略方面

(1) 评估内部资源与外部环境，制定长、中、短期策略。

(2) 预测市场趋势、调整既定战略。

2. 研发方面

(1) 产品研发决策。

(2) 必要时做出修改研发计划，甚至中断项目的决定。

3. 生产方面

(1) 选择获取生产能力的方式(购买或租赁)。

(2) 设备更新与生产线改良。

(3) 制定全盘生产流程调度决策，匹配市场需求、交货期和数量及设备产能。

(4) 库存管理及产销配合。

(5) 必要时选择清偿生产能力的方式。

4. 市场营销与销售方面

(1) 市场开发决策。

(2) 新产品开发、产品组合与市场定位决策。

(3) 模拟在市场中短兵相接的竞标过程。

(4) 刺探同行敌情，抢攻市场。

(5) 建立并维护市场地位，必要时做出退出市场的决策。

5. 财务方面

(1) 制订投资计划，评估应收账款金额与回收期。

(2) 预估长、短期资金需求，寻求资金来源。

(3) 掌握资金来源与用途，妥善控制成本。

(4) 洞悉资金短缺前兆，以最佳方式筹措资金。

(5) 运用财务指标进行内部诊断，协助管理决策。

(6) 以有限资金转亏为盈，创造高利润。

(7) 编制财务报表、结算投资报酬、评估决策效益。

6. 团队协作与沟通方面

(1) 实地学习如何在立场不同的各部门间沟通协调。

(2) 培养不同部门人员的共同价值观与经营理念。

(3) 建立以整体利益为导向的组织。

2018年第十四届"用友杯"全国大学生ERP沙盘大赛全国总决赛现场如图1-2所示。

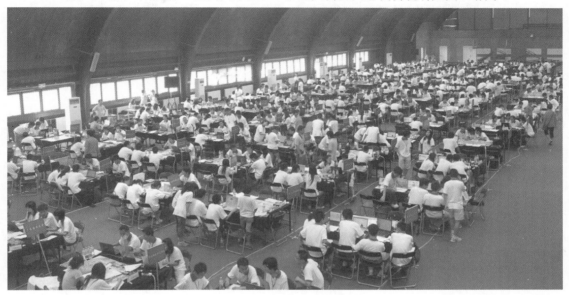

图1-2 2018年第十四届"用友杯"全国大学生ERP沙盘大赛全国总决赛现场

管理大师德鲁克说:"管理是一种实践,其本质不在于'知'而在于'行';其验证不在于逻辑,而在于成果;其唯一权威就是成就。"现代企业中,对过程进行管理的年代已经结束,取而代之的是关注最终结果的管理思维。如何以结果为导向,实施简单有效的方法,是现代管理要研究和追求的目标。而这种为结果而工作,追求卓有成效的工作效果的学习只能通过实践的积累来感悟。"ERP沙盘推演"就是培养管理实战能力的课程。

第 2 章

新手工 ERP 沙盘推演

2.1 新手工沙盘"新"在哪里

2.1.1 传统与新手工沙盘对比

新手工ERP沙盘推演，简称新手工沙盘[①]，采用"网络+"技术组成"教师机+学生机"系统，实时采集运作过程数据，功能更强大，并且教学年设计、运作流程、规则、公司运营分析也做了革新。传统与新手工沙盘对比如表2-1所示。

表2-1 传统与新手工沙盘对比

项目	传统手工沙盘	新手工沙盘
上课方式	教师+若干名前台交易人员(客户、银行、原料供应商、设备、研发认证等)+若干沙盘公司(组)	教师+1名前台交易人员(贷款)+若干沙盘公司(组)
数据处理	教师机与沙盘公司(组)机不联网，教师机手工录入订单、交易、报表数据	"网络+"模式，"教师机+交易员机+沙盘公司机"联网，教师机实时获取各个公司订单、走盘过程、报表录入等数据
教学年	不贷款、不建线、不研发、不开拓市场、不认证、不买厂房，材料采购、生产持续进行	长贷、短贷、建线、换线、研发、开拓市场、不认证、不买厂房，材料采购、生产持续进行
教师机功能	广告录入、订单选择、报表录入、经营成果展示、订单查询、交易查询、报表查询、销售分析、成本分析、财务分析、杜邦分析	广告投放、销售订货、报表审核、初始设置、历史交易、报表查询，成果展示、运行记录、滚动销售机会预测、滚动能力预测、滚动资金缺口预测、运行时间控制方式、运行进程推进

[①] 本书新手工沙盘的规则、市场预测等资料来源于北京易辉阳光科技公司，教师根据教学需要可进行灵活的变动。

（续表）

项目	传统手工沙盘	新手工沙盘
学生机功能	无	投放广告、订货会、银行贷款、原料采购、生产运行、资质投资、订单交货、应收账款、年度报表、运行时间进程控制
走盘	运营流程表记录、各种交易申请登记、手工沙盘推进	运营流程表登记、贷款申请登记、电子现金流量表登记、学生计算机数据录入与推进
广告投放	纸质广告登记表，教师机录入广告	学生计算机录入投放广告，教师机自动读取并根据投放广告的规则排出选单顺序
订货会选单	投影订单，市场总监选单，教师机选入，登记订单	投影订单，市场总监选单，教师机选入，学生计算机同步获取订单
融资方式	长贷、短贷、高利贷、贴现	长贷、短贷、订单抵押贷款、贴现
借还贷款运作	运营流程表记录、前台借款还款登记、手工沙盘推进	运营流程表记录、前台借款还款登记、学生计算机数据录入与推进
采购	运营流程表记录、原料订单及采购交易申请登记、手工沙盘推进	运营流程表登记、原料订单及采购交易计算机录入、计算机系统推进
生产	运营流程表记录、手工沙盘推进	运营流程表记录、学生计算机录入推进
交货	运营流程表记录、前台交易应收登记、手工沙盘推进	运营流程表记录、计算机交易应收登记、系统推进
生产线买卖、安装	运营流程表记录、前台交易登记、手工沙盘推进	运营流程表记录、计算机录入、计算机系统推进，生产线投资额有变化
厂房买卖	运营流程表记录、前台交易登记、手工沙盘推进	运营流程表记录、计算机录入买卖、系统推进安装
资质研发、认证	运营流程表记录、前台交易登记、手工沙盘推进	运营流程表记录、计算机录入投资、系统推进、产品研发时间有变化
财务报表	纸质财务报表填制，教师录入审核	计算机财务报表填制，教师机审核

❖ **说明：**

新手工沙盘用计算机录入数据、系统推进，并保留手工沙盘推进环节，有利于学员建立对企业沙盘的推演认知。

2.1.2　新手工沙盘系统功能

新手工沙盘系统有教师控制、学生控制两大功能。

1. 教师控制

教师控制的主要功能有广告投放、销售订货、报表审核、初始设置、历史交易、报表查询、成果展示、运行记录、滚动销售机会预测、滚动盈利能力预测、滚动资金缺口预测、运行时间控制方式、运行进程推进等。教师控制主界面如图2-1所示。

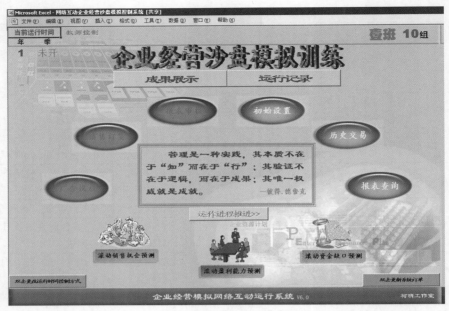

图2-1　教师控制主界面

下面简要介绍教师控制的几个主要功能。

1) 广告投放

广告投放功能用于提取学员端投放的广告数据，可显示各公司的广告提交状态、广告投放数据，其主要操作按钮有“提取广告数据”“更新提交信息”“双击封存广告单”，如图2-2所示。

提交状态		（本地）						（区域）						（国内）						（亚洲）						（国际）						广告合计
		P1	P2	P3	P4	9K	14K	P1	P2	P3	P4	9K	14K	P1	P2	P3	P4	9K	14K	P1	P2	P3	P4	9K	14K	P1	P2	P3	P4	9K	14K	
√	A	13																														13
√	B	8																														8
√	C	9																														9
√	D	9																														9
√	E	7																														7
√	F	7																														7
√	G	16																														16
√	H	7																														7
√	I	15																														15
√	J	3																														3
√	K	5																														5
√	L	11																														11

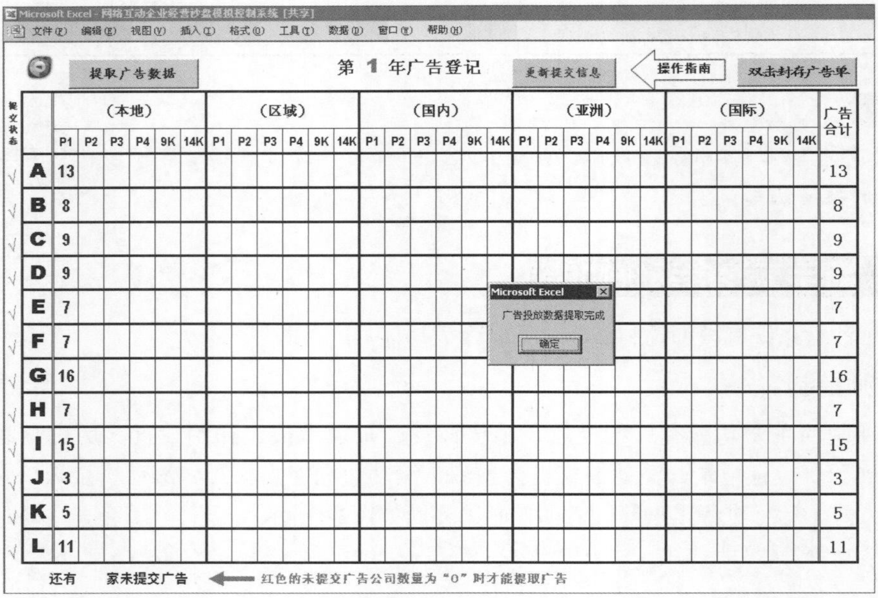

图2-2　广告投放界面

2) 销售订货

销售订货功能用于控制订货会，自动根据投放广告的规则排出选单顺序，根据学生选取的订单来取单，并推送订单到学生端计算机，如图2-3所示。

Microsoft Excel - 网络互动企业经营沙盘模拟控制系统 [共享]

文件(F)　编辑(E)　视图(V)　插入(I)　格式(O)　工具(T)　数据(D)　窗口(W)　帮助(H)　　　　　键入需要帮助的问题

P1放单 | 推送信息　**1** 年　本地市场 **P1** 订货会进行中 | 双击关闭订货会

选单顺序	公司	P1	9k	14k	广告总合	上年排名
3	A	13			13	
7	B	8			8	
5	C	9			9	
6	D	9			9	
9	E	7			7	
10	F	7			7	
1	G	16			16	
8	H	7			7	
2	I	15			15	
12	J	3			3	
11	K	5			5	
4	L	11			11	

	1　LP1-01	2　LP1-02	3　LP1-03	4　LP1-04	5　LP1-05	6　LP1-06
数量	2	7	5	3	4	6
总额	11	32	23	15	20	28
交期	4	4	4	4	4	4
账期	2	2	3	2	2	3
	F	G	L	E	D	A

	7　LP1-07	8　LP1-08	9　LP1-09	10　LP1-10	11　LP1-11	12　LP1-12
数量	2	3	6	3	4	4
总额	11	15	30	17	18	10
交期	4	4	4	4	4	4
账期	1	2	3	2	1	2
P1取单	K	H	I	B	C	J

Microsoft Excel

P1订单分配完成，进入P2订货会

确定

图2-3　销售订货界面

3) 报表审核

报表审核功能可审核各公司报表，如图2-4所示。

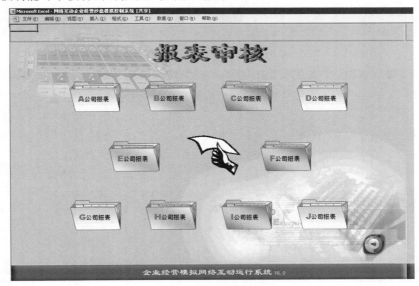

图2-4　报表审核界面

4) 初始设置

初始设置主要用于根据教学需求设置公司运行环境，主要功能有订单统计及市场预测走势确认，产品BOM调整，设备、产品、市场、ISO资质投资参数设置，生产线及库存初始状态设置，贷款规则、利率、开放市场设置，初始统计及财务报表设置，评价权重系数设置，等等。初始设置主界面"运行环境设置"如图2-5所示，产品BOM调整如图2-6所示，生产线及库存初始状态设置如图2-7所示，贷款设置如图2-8所示。

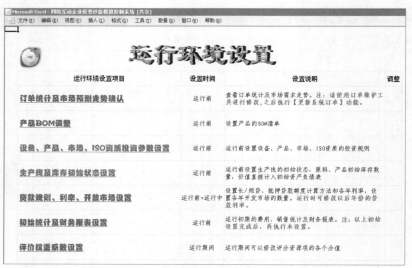

图2-5　初始设置主界面"运行环境设置"

产品	R1	R2	R3	R4	P1	P2	加工费	R1 (单价)	R2 (单价)	R3 (单价)	R4 (单价)	总成本
P1	1						1	1	1	1	1	2
P2	1						1					3
P3		2	1				1					4
P4		1	1	2			1					5

图2-6　产品BOM调整

全部公司 生产线初始状态设置

公司	年	季	线号	线型	线状态	线产品	进程(季)	线净值(百万)	产出(件)	R1(百万)	R2(百万)	R3(百万)	R4(百万)	P1(百万)	P2(百万)	加工费(百万)
全部	1	1	1	手工	在产	P1	1	3		1						1
全部	1	1	2	手工	在产	P1	2	3		1						1
全部	1	1	3	手工	在产	P1	3			1						1
全部	1	1	4	半自动	在产	P1				1						1
全部	1	1	5	无	空	无										
全部	1	1	6	无	空	无										
全部	1	1	7	无	空	无										
全部	1	1	8	无	空	无										
全部	1	1	9	无	空	无										
全部	1	1	10	无	空	无										

全部公司原料期初库存	R1	R2	R3	R4
	3			
1季到货原料	2			

全部公司产品期初库存	P1	P2	P3	P4
		3		

图2-7　生产线及库存初始状态设置

Microsoft Excel - 网络互动企业经营沙盘模拟控制系统 [共享]

文件(F)　编辑(E)　视图(V)　插入(I)　格式(O)　工具(T)　数据(D)　窗口(W)　帮助(H)

当前运行　1　年

返回

贷款设置

确认贷款利率设置

贷款产品	抵押物	额度倍数	额度计算	年化利率（%）						最低贷款量
				0年	1年	2年	3年	4年	5年	
长期贷款	权益	2	长短独立	10	10	10	10	10	10	10
短期贷款	权益	2	长短独立	5	5	5	5	5	5	20
抵押贷款	销售额	0.8		20	25	30	25	25	25	10

初始贷款	剩余期1	金额1	剩余期2	金额2	剩余期3	金额3	剩余期4	金额4	
初始短贷	1		2		3		4		确认初始贷款设置
初始长贷	2		3	20	4	20	5		

市场开放设置

确认市场开放设置

开放市场选择，决定了有效市场需求预测的变化，直接影响商业机会分析。	开放市场	市场开放时间					
		1年	2年	3年	4年	5年	6年
	本地	✓	✓	✓	✓	✓	✓
	区域		✓	✓	✓	✓	✓
	国内			✓	✓	✓	✓
	亚洲				✓	✓	✓
	国际					✓	✓

图2-8　贷款设置

5) 运行记录

运行记录的主要功能有银行贷款记录、原料采购记录、订单交货记录、应收账款记录、生产运行记录、资金收支记录、研发记录、经营进程监测、生产过程追溯、查询各类证书状况、生产状态监测、现金收支监测，取代了传统手工沙盘的前台交易人员和询盘人员。运行记录界面如图2-9所示。其中，银行贷款记录如图2-10所示，应收记录如图2-11所示，生产状态如图2-12所示。

图2-9　运行记录界面

Microsoft Excel - 网络互动企业经营沙盘模拟控制系统 [共享]
文件(F) 编辑(E) 视图(V) 插入(I) 格式(O) 工具(T) 数据(D) 窗口(W) 帮助(H)

返回　　G公司贷款记录　　当前运行第 4 年第 未开 季

贷款类		1年				2年				3年				4年				5年				6年			
		1	2	3	4	1	2	3	4	1	2	3	4	1	2	3	4	1	2	3	4	1	2	3	4
短贷	借		20		20	20	20				20	20			20	20									
	应还						20		20		20	20			20		20								
	核销						√		√		√	√													
已贷短贷			20	20	40	40	40	60	40	40	40	40	40	40	40	40	40								
可贷短贷		120	100	100	80	40	40	40	20					20	20	20									
短贷利息							1		1		1	1			1		1								
抵押贷款	借						20				20				20										
	贷款期						4				4				4										
	应还												20		20				20						
	核销												√												
已贷抵押贷款							20	20		40	40	40		40	40	40	40								
可贷抵押贷款		26	利率	20		31	利率	25		78	利率	20		90	利率	20			利率	20			利率	20	
抵押利息															5	4		4							
初始长贷 40 长贷	借	20	期限	5		20	期限	5			期限				期限				期限				期限		
	应还												20										20		
	核销												√												
已贷长贷		60				80				60				60											
可贷长贷		60								-20															
长贷利息		4				6				8				6											
上年权益		64				43				24				32											

图2-10　银行贷款记录

Microsoft Excel - 网络互动企业经营沙盘模拟控制系统 [共享]
文件(F) 编辑(E) 视图(V) 插入(I) 格式(O) 工具(T) 数据(D) 窗口(W) 帮助(H)

返回　　B公司应收账款记录表　　当前运行第 4 年第 未开 季　　查看订单

款类		1年					2年					3年					4年					5年					6年				
		年初	1季	2季	3季	4季	年初	1季	2季	3季	4季	年初	1季	2季	3季	4季	年初	1季	2季	3季	4季	年初	1季	2季	3季	4季	年初	1季	2季	3季	4季
应收期	零																														
	1								13			10																			
	2			17								33																			
	3								15						30																
	4								10																						
应收到数				17					15			23	10	33			30														
完成标注			√						√		√	√		√																	
贴现到数													21	28																	
贴现费用													3	4																	
应收金额				23								30																			
归还短贷					第2年					第3年							无	无	无	×	第5年					第6年					
采购入库					第2年					第3年							第4年					第5年					第6年				

注：1、应收款兑现时，请在"完成标注"的单元格选择"√"；当期的"0"账期应收款，也必须在"完成标注"单元选择"√"，否则公司端不能显示兑现金额。
　　2、贴现时：（1）在运作时间对应"季度"的"贴现到款"单元输入贴现应收款额；（2）在"应收期"的应收款记录处修改原应收款数值，改写值＝原应收－贴现应收；（3）修改应收账条的应收款值为原应收－贴现应收。
　　3、【归还短贷】【采购入库】行监测本季度归还短贷和采购入库的业务是否处理完成。"无"-无此业务，"×"-未完成，"√"-完成。

图2-11　应收记录

Microsoft Excel - 网络互动企业经营沙盘模拟控制系统 [共享]

文件(F)　编辑(E)　视图(V)　插入(I)　格式(O)　工具(T)　数据(D)　窗口(W)　帮助(H)　　　键入需要帮助的问题

返回　　选择运行年 **3**　选择运期 当前 **季**

公司	A 未开季				B 未开季				C 未开季				D 未开季				E 未开季				F 未开季				G 未开季				H 未开季				I 未开季				J 未开季				K 未开季				L 未开季			
线号	生产线	状态	产品	运期	生产线	状态	产品	运期	生产线	状态	产品	运期	生产线	状态	产品	运期	生产线	状态	产品	运期	生产线	状态	产品	运期	生产线	状态	产品	运期	生产线	状态	产品	运期	生产线	状态	产品	运期	生产线	状态	产品	运期	生产线	状态	产品	运期	生产线	状态	产品	运期
1	自	产	P2	1		自	建	2	手	产	P3	2	自	建		2	自	产	P3	1	手	产	P1	3	自	产	P2	1	自	产	P2	1	自	产	P3	1	自	产	P2	1	柔	产	P2	1	手	产	P1	
2	自	产	P2	1	柔	产	P3	1	半	产	P2	1	手	产	P1	2	手	产	P1	3	自	产	P3	1	自	产	P1	1	自	产	P2	1	自	产	P3	1								2	柔	建		2
3	自	产	P2	1	自	建		2	半	建		2	半	建		2	半	产	P1	2	半	产	P1	2									柔	产			自	产	P2	1	手	产	P1	1	半	产	P1	1
4	半	产	P1	2					手	产	P1	1	半	产	P1	1	手	产	P1	2																				半	产	P2	1	半	产	P1	1
5	自	建			柔	产	P3	1	手	产	P1	1	半	停	P1		柔	产	P3	1									自	产	P2	1					柔	产	P3	1	柔	产	P2	1				
6					柔	产	P3	1	自	产	P1	1	自	建		3													自	产	P2	1					柔	产	P3	1	柔	产	P2	1				
7																																																
8																																																
9																																																
10																																																
R1									2				4								1				3																							
R2																																																
R3																													1																			
R4																																																
P1	3				3				11				4				6				4				6								7				3				4				4			
P2																																																
P3													1																																			
P4																																																

状态：产-在产，建-在建，转-转产，定-建成待定产品，停-停产

图2-12　生产状态

6) 预测分析

预测分析的主要功能有滚动销售机会预测、滚动盈利能力预测、滚动资金缺口预测，功能界面分别如图2-13～图2-15所示。

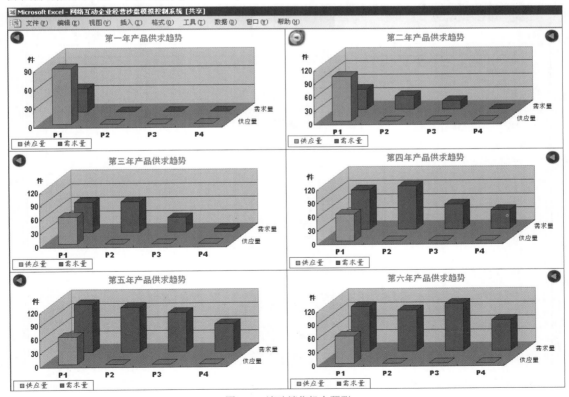

图2-13　滚动销售机会预测

Microsoft Excel - 网络互动企业经营沙盘模拟控制系统 [共享]

文件(F) 编辑(E) 视图(V) 插入(I) 格式(O) 工具(T) 数据(D) 窗口(W) 帮助(H)

预计固定支出	年份	管理费	维修费	租金	转产费	利息	广告	开发+折旧
	4	4	4			4	3	4

预测产品单价	本地	区域	国内	亚洲	国际	平均单价	市场数
计算选择	1	1					
P1	4.33	4.42	4.27	4.42	5.65	4.36	2
P2	7.76	7.48	7.86	7.05	7.57	7.63	2
P3	8.40	8.23	8.50	8.46	8.60	8.32	2
P4	8.00	8.88	9.25	9.73		8.37	2

盈亏平衡分析 产品	单价	成本	毛利	固定费用	保本数量	预计销量	预计盈利
P1	4.36	2	2.36	19.00	8		
P2	7.63	3	4.63	19.00	4		
P3	8.32	4	4.32	19.00	4		
P4	8.37	5	3.37	19.00	6		
显示起点 1	产品组合盈亏平衡点						-19

预计固定支出	年份	管理费	维修费	租金	转产费	利息	广告	开发+折旧
	5	4	4			4	6	10

预测产品单价	本地	区域	国内	亚洲	国际	平均单价	市场数
计算选择	1	1	1	1			
P1	4.13	4.58	3.89	3.81	5.87	4.05	4
P2	7.85	6.89	6.95	6.75	6.93	7.30	4
P3	8.55	8.75	8.61	8.75	8.55	8.63	4
P4	9.31	9.13	9.33	10.08	9.17	9.23	4

盈亏平衡分析 产品	单价	成本	毛利	固定费用	保本数量	预计销量	预计盈利
P1	4.05	2	2.05	28.00	14		
P2	7.30	3	4.30	28.00	7		
P3	8.63	4	4.63	28.00	6		
P4	9.23	5	4.23	28.00	7		
显示起点 1	产品组合盈亏平衡点						-28

预计固定支出	年份	管理费	维修费	租金	转产费	利息	广告	开发+折旧
	6	4	7			10	10	

预测产品单价	本地	区域	国内	亚洲	国际	平均单价	市场数
计算选择	1	1	1	1	1		
P1	3.60	4.70	3.65	3.50	5.92	4.55	5
P2	6.76	6.31	6.06	6.44	6.82	6.43	5
P3	8.93	8.88	9.00	9.35	8.73	8.94	5
P4	9.40	9.88	10.20	10.36	9.63	9.62	5

盈亏平衡分析 产品	单价	成本	毛利	固定费用	保本数量	预计销量	预计盈利
P1	4.55	2	2.55	31.00	12		
P2	6.43	3	3.43	31.00	9		
P3	8.94	4	4.94	31.00	6		
P4	9.62	5	4.62	31.00	7		
显示起点 1	产品组合盈亏平衡点						-31

图2-14　滚动盈力能力预测

Microsoft Excel - 网络互动企业经营沙盘模拟控制系统 [共享]

文件(F) 编辑(E) 视图(V) 插入(I) 格式(O) 工具(T) 数据(D) 窗口(W) 帮助(H)

资金项目	预算起点 1 年				预算年 2 年				预算年 3 年			
	1	2	3	4	1	2	3	4	1	2	3	4
期初库存现金	42				18				-2			
应收变现												
支付贴现费用												
支付上年应交税												
支付市场广告												
季度初现金头寸	42	29	28	27	18	5	4	3	-2	-15	-16	-17
应收变现/其他融资												
支付贴现费用												
支付短贷利息												
归还短期贷款												
申请短期贷款												
支付购进原料	-6				-6				-6			
变卖生产线												
支付转产费												
支付生产线投资												
支付产品加工费	-6				-6				-6			
收到现金前的余额	30	29	28	27	6	5	4	3	-14	-15	-16	-17
应收款到期												
支付贴现费用												
支付购进产品												
销售直接收现												
支付产品研发投资												
支付管理费用	-1	-1	-1	-1	-1	-1	-1	-1	-1	-1	-1	-1
支付长期贷款利息				-4								
支付到期长期贷款												-20
申请长期贷款												
支付设备维修费				-4				-4				-4
支付厂房租金												
支付市场开拓投资												
支付ISO认证投资												
库存现金头寸（余额）	29	28	27	18	5	4	3	-2	-15	-16	-17	-42

图2-15　滚动资金缺口预测

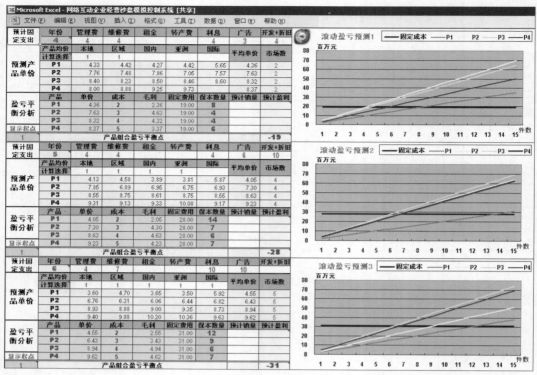

2. 学生控制

新手工沙盘系统学生控制功能有投放广告、订货会、资金对账、原料采购、生产运行、资质投资、订单交货、资金收支、年度报表、运行时间进程控制等。学生控制界面如图2-16所示。

图2-16　学生控制界面

1) 投放广告

在广告细分市场方格中填写广告投放金额，单击"确认第N年广告投放"按钮可投放广告，如图2-17所示。

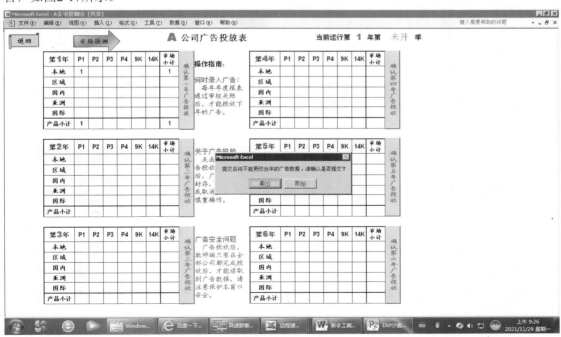

图2-17　投放广告界面

2) 订货会

学生机订货会界面与教师机同步，公司总监按照选单顺序选取订单后，教师控制取单，所选订单同步传送到学生机，如图2-18所示。

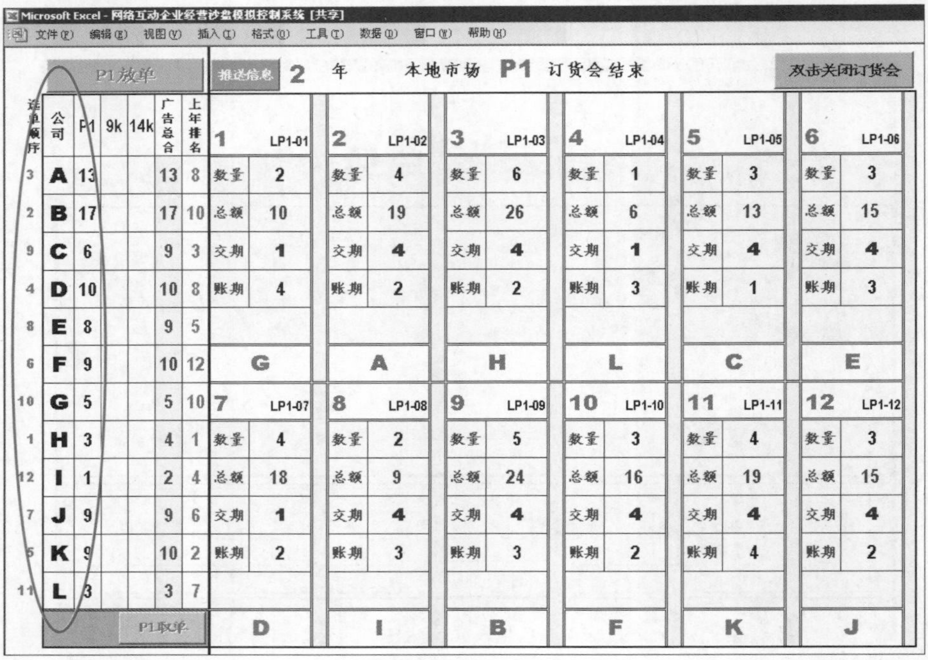

图2-18　订货会界面

3) 资金对账

资金对账功能主要用于进行长贷、短贷、抵押贷款、应收、贴现、对账的操作，如图2-19所示。其中，长贷、短贷、抵押贷款需要到前台教师处申报。

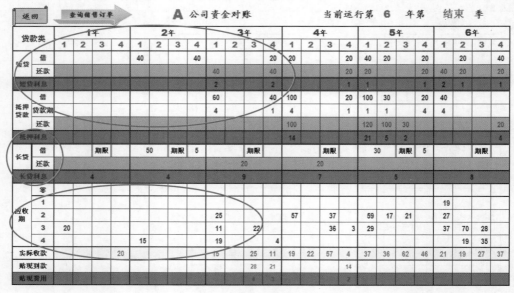

图2-19　资金对账界面

4) 原料采购

原料采购功能主要用于进行提交原料订单、收货入库操作，如图2-20所示。

原料采购应每季度先"收货入库"，再"提交原料订单"。

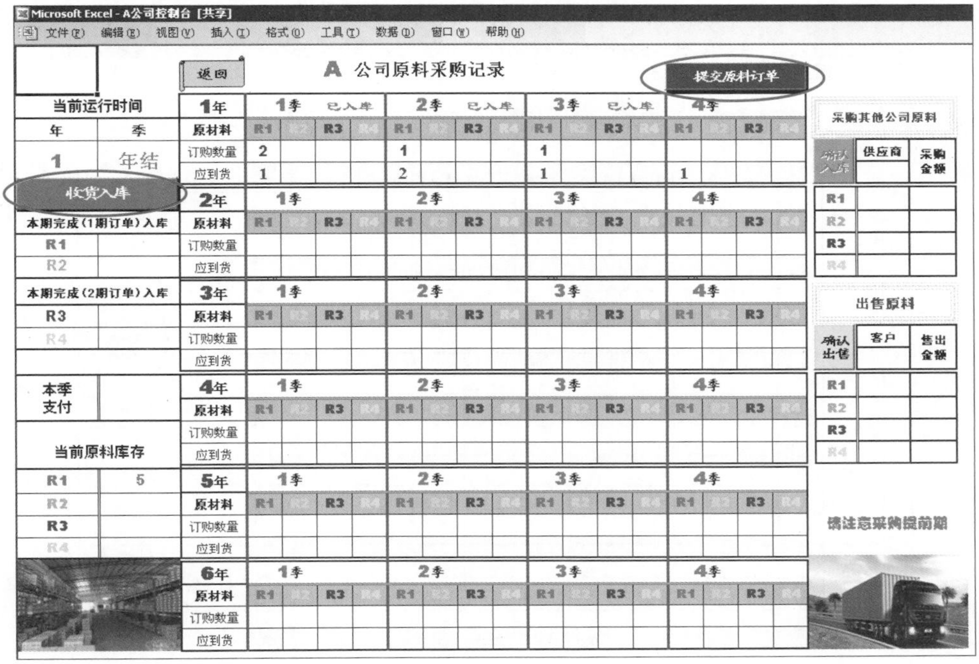

图2-20　原料采购界面

5) 生产运行

生产运行是年中做生产推进、新开工生产、停产、转产、生产线投资安装、厂房卖出等操作，以及年末进行厂房购买、支付厂房租金、支付维修费、计提折旧等操作等，如图2-21所示。年结阶段，按生产线分别计提折旧、维修费，如果厂房是租赁的则应支付厂房租金。

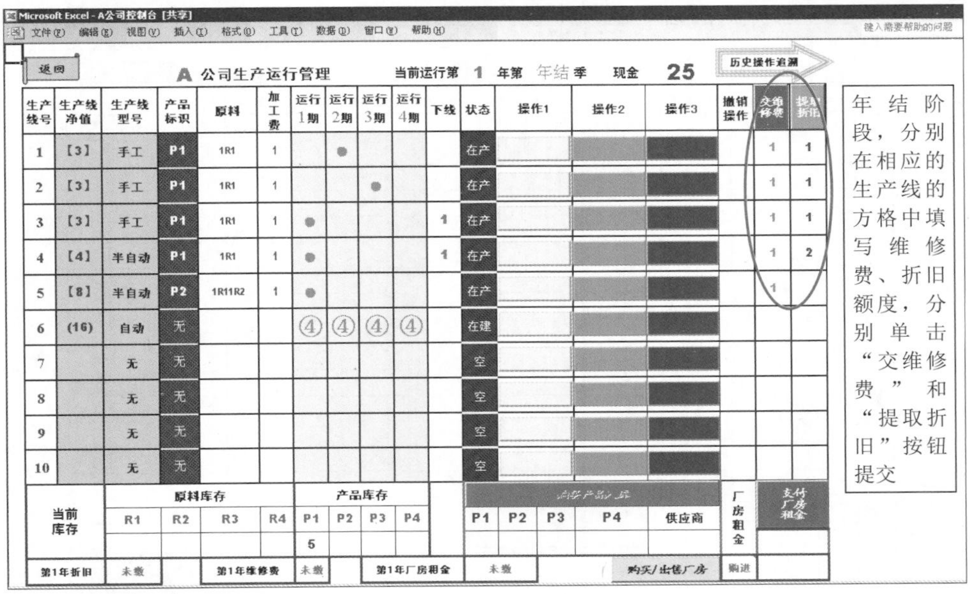

图2-21　生产运行界面

6) 资质投资

年中按季度进行产品研发投资，年结阶段按年进行市场开拓和ISO认证投资，填写投资金额后，使用"双击提交投资"按钮确认投资，也可以单击"撤销当期投资"按钮撤销投资，如图2-22所示。

图2-22　资质投资界面

7) 订单交货

订单交货功能主要用于选择交货时间、销售订单发货、撤销订单交货、登记应收、查询当前产品库存等，如图2-23所示。按订单交货：在"交货时间"栏选择交货的季度，单击"销售订单发货"按钮，再单击"登记应收"按钮，状态栏显示"完成"才完成应收登记，否则系统不登记销售额。注意，选择的交货时间要和运行时间一致。

图2-23　订单交货界面

8) 资金收支

资金收支功能主要用于选择收支项目，填写业务摘要，填制现金收入、支出金额，如图2-24所示。

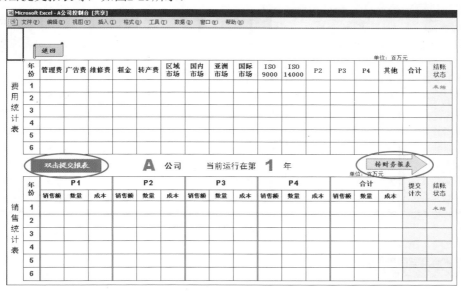

系统现金余额	编号	收支项目	业务摘要	收入	支出	余额	对方公司
	14001	期初余额				38	A
	14002	(15) 一购进原料			3	35	T
36	14003	(17) 一支付生产线投资			4	31	T
	14004	(20) 一支付加工费			3	28	T
	14005	(25) 一支付管理费			1	27	T
	14006	(26) 一支付长贷利息			4	23	T
	14007	(28) +长期贷款入账		20		43	T
	14008	(29) 一支付维修费			5	38	T
	14009	(32) 一支付市场开发费			1	37	T
	14010	(33) 一支付ISO认证费			1	36	T
							T
							T
							T
							T

图2-24 资金收支界面

9) 年度报表

年度报表功能主要用于填制销售统计表、费用统计表，转财务报表，填写利润表、资产负债表，双击提交报表等，如图2-25所示。

图2-25 年度报表界面

操作步骤：填写费用统计表、销售统计表，使用"双击提交报表"按钮，再单击"转财务报表"按钮，填写利润表、资产负债表，再次使用"双击提交报表"按钮。

10) 运行时间进程控制

运行时间进程控制的主要功能是按照公司的运营进程，双击"推进进程"按钮，逐个季度推进，如图2-26所示。特别提醒，推进到新的季度且没有做任何操作，才可以申请返回上一季度。

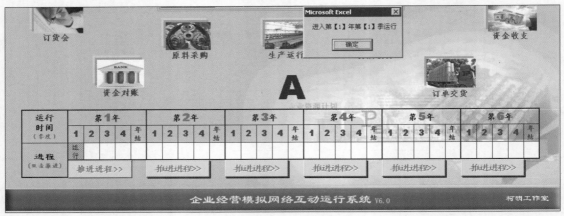

图2-26 运行时间进程控制界面

2.2 课堂组织分工

2.2.1 公司人员

每个"公司"标配5人——总经理、财务总监、营销总监、生产总监、采购总监，其主要职责如图2-27所示。也可以根据实训的实际人数来增减人员和相应的职责，如增加营销助理，或者生产兼职采购、总经理兼职营销等。

图2-27 ERP沙盘推演公司人员分工

2.2.2 交易人员

新手工沙盘一般只安排一名交易人员使用教师机来负责银行贷款，或者教师兼做银行贷款。

为了增加交易气氛，也可另外安排4～5人担任前台交易人员，如表2-2所示。他们的职责是按照规则和流程，填写相应的交易和监控表格。特别说明，新手工沙盘采用"网络+"方式管理交易，下文提到的"前台交易"实际上是在系统中交易。

表2-2　前台交易人员安排

角色	工作内容
客户	收货、应收贴现
原材料供应商	原材料订货、供货
银行	长短期贷款、抵押贷款
生产设备、厂房、市场产品研发认证	生产线买卖、厂房买卖、市场开拓、产品研发质量认证登记

2.3　沙盘推演教具

ERP沙盘推演教学以一套沙盘教具为载体，包括盘面、一套推演道具。

2.3.1　沙盘盘面

每轮经营训练有6个以上模拟企业竞争。沙盘盘面是一个制造企业的缩影，一个盘面代表一个制造企业，6个沙盘盘面代表6个相互竞争的模拟企业。ERP沙盘推演盘面，如图2-28所示。

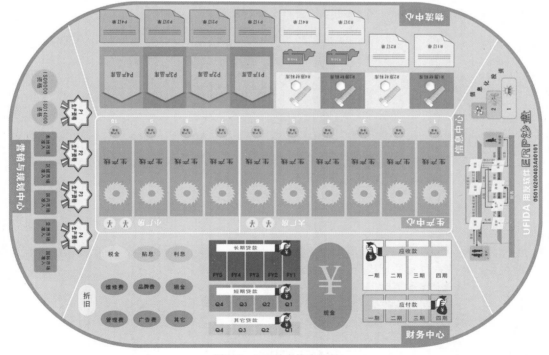

图2-28　ERP沙盘推演盘面

沙盘盘面按照制造企业的职能部门划分了5个职能中心，分别是营销与规划中心、生产中心、信息中心、物流中心、财务中心。

各个公司要按照规定的流程、规则在沙盘盘面上摆放相应的生产线、原材料、半成品、产品、应收款、现金、贷款、订单、资格证等教具，并逐个季度、逐年推演。

2.3.2 推演道具

1. 原料、资金、贷款、产品/在制品、原料订单(见图2-29)

(1) 原料——彩币：红色—R1；橙色—R2；蓝色—R3；绿色—R4。

(2) 资金——灰币：1个灰币＝1M现金，一满桶灰币=20M现金。

(3) 贷款——空桶：1空桶＝20M贷款。

贷款推演：贷款以20M为单位，每贷款20M，现金灰币放在"资金"区，空桶摆放在"长期贷款"或"短期贷款"区。

(4) 每个产品/在制品都由原料和人工费组成，由相应的原材料彩币和灰币构成，如表2-3所示。

表2-3　各产品结构树与彩币、灰币构成

产品/在制品	原料与人工费构成	彩币、灰币构成
P1	P1＝R1＋1M	1红币＋1灰币
P2	P2＝R1＋R2＋1M	1红币＋1橙币＋1灰币
P3	P3＝2R2＋R3＋1M	2橙币＋1蓝币＋1灰币
P4	P4＝R2＋R3＋2R4＋1M	1橙币＋1蓝币＋2绿币＋1灰币

(5) 原料订单——空桶：一个空桶可代表一个原材料订单。

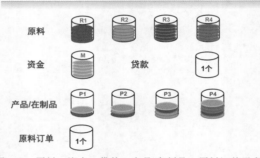

图2-29　原料、资金、贷款、产品/在制品、原料订单示意图

2. 厂房

大厂房可以容纳6条生产线，小厂房可以容纳4条生产线，如图2-30所示。购置厂房要支付相应的现金，在前台登记后把投资的现金(灰币)放在厂房右上角¥的位置。

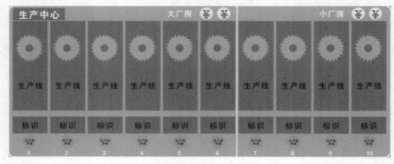

图2-30　生产中心——大、小厂房

3. 生产线

各类生产线如图2-31所示。

生产线	购买价格	安装周期	生产周期	转产周期	转产费用	维护费用	出售残值	折旧值
手工线	5 M	无	3Q	无	无	1M/年	1M	1M
半自动	8 M	2Q	2Q	1Q	1M	1M/年	2M	2M
全自动	16M	4Q	1Q	1Q	2M	1M/年	4M	3M
柔性线	20M	4Q	1Q	无	无	1M/年	4M	4M

所有生产线都能生产所有产品，所需支付的加工费相同，1M/产品。

购买：投资新生产线时按安装周期平均支付投资，全部投资到位的下一个季度领取产品标识，开始生产；

转产：现有生产线转产生产新产品时可能需要一定转产周期并支付一定转产费用，最后一笔支付到期一个季度后方可更换产品标识

维护：当年在建的生产线和当年出售的生产线不用交维护费；

出售：出售生产线时，如果生产线净值等于残值，将残值转换为现金；如果生产线净值大于残值，将相当于残值的部分转换为现金，将差额部分作为费用处理（综合费用-其他）

图2-31　各类生产线

(1) 手工线——3方格，3Q，3个季度生产，第4个季度产出。

(2) 半自动——2方格，2Q，2个季度生产，第3个季度产出。

(3) 全自动——1方格，1Q，1个季度生产，第2个季度产出。

(4) 柔性线——1方格，1Q，1个季度生产，第2个季度产出。

生产线推演：投资新生产线时按季度安装，按季度平均支付投资；开始投资时到前台登记，领取生产线，在厂房的相应位置，将生产线反面放置，根据规则和流程、计划安排，按季度投资，现金(灰币)放在空桶并压在生产线上；若缺乏资金可以暂停投资；全部投资到位的下一个季度叫作建成，将生产线正面摆放，并领取生产品种标识摆放。投资完毕的全部现金(灰币)挪动到生产线下方的"生产线净值"处，以后按年折旧，折旧是"生产线净值"将灰币放在"折旧"处。重要提醒：折旧不是从"现金"区提取的。

生产推演：开始生产时，按产品结构要求将原料放在生产线上并支付加工费(人工费)，各条生产线生产产品的加工费均为1M。各线不能同时生产两个产品。

4. 原材料采购

采购推演：根据上季度所下的采购订单接受相应原料入库，并按规定付款或计入应付款。用空桶表示原材料订货，将其放在相应的订单上，R1、R2订购必须提前1个季度，R3、R4订购则必须提前2个季度。物流中心如图2-32所示。

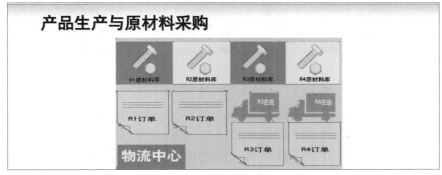

图2-32　物流中心

5. 产品研发与生产资格

产品研发与生产资格，如图2-33所示。

图2-33　产品研发与生产资格

产品研发与生产资格推演：P2、P3、P4产品需要研发投资，按规则和流程，按季度投资，"产品研发"投资在相应品种的"生产资格"位置投放现金(灰币)，投资完毕的下一个季度才具有生产资格，即才可以开始生产。

6. 市场开发与ISO认证

市场开发与ISO认证，如图2-34所示。

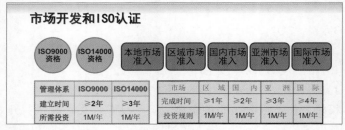

图2-34　市场开发与ISO认证

市场开发与ISO认证推演：市场开发准入后，按年度投资，第4季度后年末进行，开始投资时到前台登记并在盘面投放现金；按照规定的流程和规则，依据自己的计划，逐年投放现金灰币；投资完毕的下个年初才具有资格，即下年初可以进入市场竞争相应市场和有认证资格的订单。

7. 财务中心

财务中心包括现金、贷款与应收，如图2-35所示。

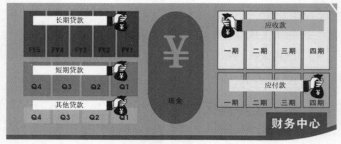

图2-35　财务中心

1) 贷款

长期贷款以10M为单位，短期贷款以20M为单位，抵押贷款以10M为单位。

贷款推演：从银行贷款回来后，现金(灰币)放在"现金"区，空桶摆放在"长期贷款"区的"FY5"格或者"短期贷款"区的"Q4"格，抵押贷款放在"其他贷款"区的"Q4"格。长期贷款每年向"现金"区推进一格，短期贷款每季度向"现金"区推进一格，抵押贷款每季度向"现金"区推进一格，推进到"现金"区后，则要在"现金"区取出现金向交易前台归还长期或者短期贷款、高利贷本金，利息放在"利息"区。

2) 应收

按照销售订单的品种数量和交货期交货后，把销售订单放在相应的应收期格上。

应收推演： 例如，某销售订单有6个P1产品，总额32M，账期2Q(季度)，交货到交易前台后把销售单插入空桶放在"二期"位置，以后逐个季度向"现金"区推进，空桶和应收单推进到"现金"区后，带应收单到前台领取现金，并放到"现金"区。

2.4 沙盘推演流程

沙盘推演有规定的运营流程，企业经营流程表如表2-4所示。

表2-4　企业经营流程表

企业经营流程：请按顺序执行下列各项操作，不可跳步，也不可倒走。		每执行完一项操作，CEO请在相应的方格内打勾。财务总监(助理)在方格中填写现金收支情况。		
推演流程、内容	1季度	2季度	3季度	4季度
新年度规划会议				
投放广告/参加订货会/登记销售订单				
制订新年度计划				
支付应付税				
季初现金盘点(请填余额)				
应收款贴现				
更新短期贷款(抵押贷款)/还本付息				
申请短期贷款(抵押贷款)				
原材料入库/更新原料订单				
下原料订单				
更新生产/完工入库				
变卖生产线/生产线转产				
投资新生产线				
开始下一批生产				
更新应收款/应收款收现				
出售厂房				
按订单交货				
产品研发投资				
支付行政管理费				
其他现金收支情况登记	↓	↓	↓	
支付利息/更新长期贷款/申请长期贷款				
支付设备维护费				
支付租金/购买厂房				
计提折旧			( )	
新市场开拓/ISO资格认证投资				
结账				
现金收入合计				
现金支出合计				
期末现金对账(请填余额)				↓

流程要求： ERP沙盘推演必须按照运营流程表规定的步骤、内容，在盘面上做相应的推演；每个季度从上而下，不可跳步，不可倒走，逐个季度完成。

ERP沙盘推演各流程项目的工作内容，如表2-5所示。

表2-5　ERP沙盘推演各流程项目的工作内容

	推演流程项目	工作内容
1	新年度规划会议	制定新年度战略，确定广告投放
2	参加订货会/登记销售订单(填支出广告额)	提取现金交广告费，填广告投放选取订单
3	制订新年度计划	根据获取的订单制订新年度计划
4	支付应付税(填支付税额)	上年财务报表如果有应付税则支付
5	季初现金盘点(请填余额)	盘点现金区现金数额
6	应收款贴现(填贴现额–贴现利息)	系统填写贴现应收款，已交单扣减贴现
7	更新短期贷款(抵押贷款)/还本付息(填支付额)	支付到期短期/抵押贷款本息，短期/抵押贷款前移一格
8	申请短期贷款(抵押贷款)(填借入额)	到前台申请，贷款放现金区，空桶放"短期贷款"格
9	原材料入库/更新原料订单(填支付额)	支出现金采购原料入库，系统操作
10	下原料订单(填原料的品种数量)	下原料订单，放空桶到原料订单处
11	更新生产/完工入库(填完工产品的品种数量)	各生产线在制品前移一格，成品入库
12	变卖生产线/生产线转产(填收支额)	变卖残值入现金，支付转产金额
13	投资新生产线	系统操作，领取标识，按季投资并放在标识处
14	开始下一批生产(填支付的人工费)	各个空生产线上线，投入原料人工费
15	更新应收款/应收款收现(填到期收现款)	系统操作，到期收现额，应收款向前一格
16	出售厂房	厂房价值转为4个季度应收款
17	按订单交货	系统填写登记，应收
18	产品研发投资(填支付额)	投入研发费
19	支付行政管理费(填支付额)	每季度支付1M
20	其他现金收支情况登记	
21	支付长贷本息/更新长期贷款/申请长期贷款	第4季度支付长贷本息，长贷前移一格
22	支付设备维护费	第4季度根据现有生产线从现金支付
23	支付租金/购买厂房	第4季度支付厂房租金或支付购买现金
24	计提折旧	第4季度分别从生产线净值处提取折旧额
25	新市场开拓/ISO资格认证投资	第4季度支付开拓认证费
26	结账	
27	现金收入合计	
28	现金支出合计	
29	期末现金对账(请填余额)	

↘ **特别步骤**

抵押贷款、应收款贴现、厂房出售应收款的贴现，在订货会之后及结账提交财务报表之前进行，可以不受流程顺序控制。

↘ **特别提醒**

表2-6所示为年初、年末运行步骤，其他步骤在年中每季度都可进行。

表2-6　年初、年末运行步骤

年初	年末
投放广告/参加订货会	支付利息/更新长期贷款/申请长期贷款
制订新年度计划	支付设备维护费
支付应付税	支付租金/购买厂房
	计提折旧
	新市场开拓/ISO资格认证投资

2.5　初始盘面设定

2.5.1　发展背景

本企业长期以来一直专注于某行业P产品的生产与经营，目前生产的P1产品在本地市场知名度很高，客户也很满意；同时企业拥有自己的厂房，生产设施齐备，状态良好。最近，一家权威机构对该行业的发展前景进行了预测，认为P产品将会从目前的相对低水平发展为一个高技术产品。

【董事会希望】为此，公司董事会及全体股东决定将企业交给一批优秀的新人去发展，他们希望新的管理层：

- ❑ 投资新产品的开发，使公司的市场地位得到进一步提升。
- ❑ 开发本地市场以外的其他新市场，进一步拓展市场。
- ❑ 扩大生产规模，采用现代化生产手段。
- ❑ 获取更多的利润，提升企业所有者权益和发展力。

2.5.2　企业初始状态

企业初始状态——沙盘总体盘面，如图2-36所示。其中的生产中心、物流中心、财务中心、营销与规划中心盘面，分别如图2-37～图2-40所示。起始年财务报表如图2-41所示。

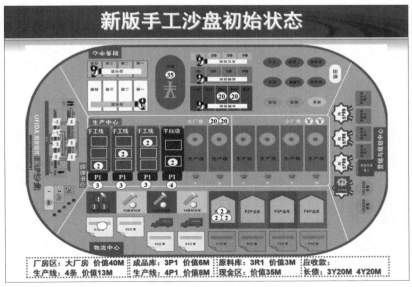

图2-36　企业初始状态——沙盘总体盘面

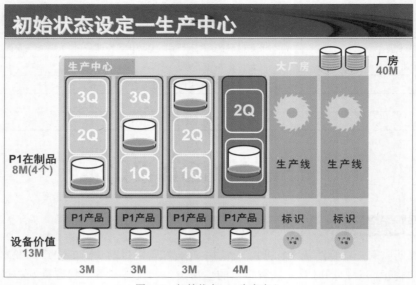

图2-37　初始状态——生产中心

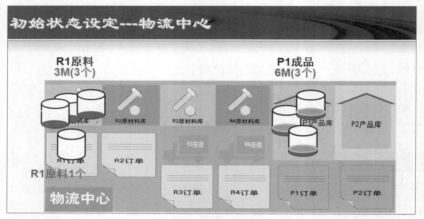

图2-38　初始状态——物流中心

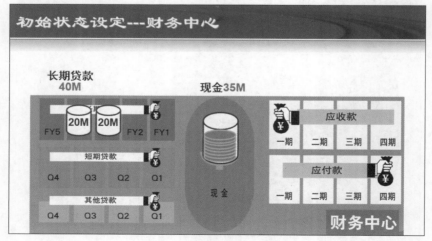

图2-39　初始状态——财务中心

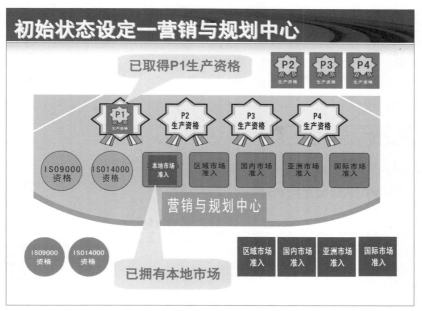

图2-40　初始状态——营销与规划中心

企业目前的财务状况及经营成果

利润表　单位: 百万元

		金额
销售收入	+	34
直接成本	-	12
毛利	=	22
综合费用	-	9
折旧前利润	=	13
折旧	-	5
支付利息前利润	=	8
财务收入/支出	+/-	4
额外收入/支出	+/-	0
税前利润	=	4
所得税	-	1
净利润	=	3

资产负债表　单位: 百万元

资产		金额	负债+权益		金额
现金	+	35	长期负债	+	40
应收款	+		短期负债	+	0
在制品	+	8	应付款	+	0
成品	+	6	应交税	+	1
原料	+	3	一年到期的长贷	+	0
流动资产合计	=	52	负债合计	=	41
固定资产			权益		
土地和建筑	+	40	股东资本	+	50
机器和设备	+	13	利润留存	+	11
在建工程	+	0	年度净利	+	3
固定资产合计	=	53	所有者权益合计	=	64
总资产	=	105	负债+权益	=	105

图2-41　起始年财务报表

【生产中心】有3条手工线、1条半自动生产线，都有在制品P1(1红币＋1灰币)，所在的生产节拍分别是1/2/3/1，各生产线的设备净值分别为3/3/3/4。

【物流中心】R1原材料库有3个R1原料，P1成品库有3个P1成品，R1原料订单处有一个空桶代表1个R1订单。

【财务中心】有35个灰币现金，(FY4)一个空桶代表4年长贷20M，(FY3)一个空桶代表3年长贷20M。

2.6 新手工沙盘规则

【围棋盘里下象棋必然失败】搞懂规则是行事的第一步，企业要生存，首先要搞懂内外部的游戏规则，否则第一个破产出局的就是你。搞懂规则才能做出正确的战略计划，个人、企业、行业莫不如此。

2.6.1 市场、产品与认证

1. 市场准入

市场开拓时间费用规则如表2-7所示。

表2-7　市场开拓时间费用规则

市场	开拓时间	每年开拓费	总开拓费用
区域	1年	1M	1M
国内	2年	1M	2M
亚洲	3年	1M	3M
国际	4年	1M	4M

企业目前在本地市场经营，新市场包括区域、国内、亚洲、国际市场。

不同市场投入的费用及时间不同，只有市场投入全部完成后的下一年初方可接单。

中间某个年度市场开拓投资可以中断。

↘ 拥有市场准入资格

投资完毕的下一年度即具有市场准入资格。投资完毕的下一年度初开订货会，可以投放广告、获取订单。市场准入资格一旦拥有，一直有效。

↘ 推演操作

要开拓市场，首先在系统的"资质投资"中填报投资，并在沙盘盘面的"市场准入"上摆放相应的空桶和投资的现金(灰币)，按照流程和规则逐年投放。投资完毕后带现金(灰币)到前台确认登记，并领取资格证，下一年可以进入该市场投放广告、竞争订单。

↘ 案例

以国内市场为例，连续开拓投资2年，第3年才能进入该市场投放广告、竞争订单。

2. 产品研发

产品研发时间费用规则如表2-8所示。企业初始都有P1产品，新产品研发、投资可以同时进行，按季度平均支付或延期支付，资金短缺时可以中断；但必须完成投资后方可上线生产，研发投资计入综合费用，研发投资完成后持该产品的全部投资换取产品生产资格证。产品研发投资完成的下个季度时研发完毕，可以进行生产。

表2-8　产品研发时间费用规则

产品	研发时间	累计投资	每季投资
P2	3Q(季)	6M	2M
P3	4Q(季)	8M	2M
P4	5Q(季)	10M	2M

要研发产品，首先在系统的"资质投资"中填报投资，并在沙盘盘面的"生产资格"上摆放相应的空桶和投资的现金(灰币)，按照流程和规则逐季度投放。研发投资完毕，带投资完毕的产品的现金(灰币)到前台确认登记，并领取资格证。

➘ 案例

以表2-8中的产品P2为例，连续研发投资3个季度，第4个季度才能开始生产。

3. ISO认证资格

ISO认证资格包括ISO 9000和ISO 14000。ISO认证资格投资分期投入，每年投放一次，每次投放1M。认证资格投资中间某个年度可以中断，投资完毕的下一年度即具有准入资格，但不允许集中或超前投资。以ISO 9000为例，累计认证投资2年，第3年才能获取认证资格。ISO认证时间、费用如表2-9所示。

表2-9　ISO认证时间、费用

认证资格	投资时间	累计投资	每年投资
ISO 9000	2年	2M	1M
ISO 14000	3年	3M	1M

➘ 特别注意

认证资格投资完毕后，还需在下一年度广告投放时在某个地域市场投放广告1M，才能获取有ISO 9000或ISO 14000认证资格的订单。

➘ 案例

某年国内市场，某公司除了分别在国内的P1、P2、P3、P4投放广告外，若要获取ISO 9000或ISO 14000认证资格要求的订单，还需分别在ISO 9000(9K)或ISO 14000(14K)投放1M广告。该1M广告对该市场的所有产品有效，可以获取国内的P1、P2、P3、P4市场的有相应认证资格要求的订单。某年某市场广告投放表案例，如表2-10所示。

表2-10　某年某市场广告投放表案例

第4年国内			
产品	广告	9K	14K
P1	1M		
P2	3M	1M	1M
P3	5M		
P4	7M		

2.6.2　生产和采购

1. 生产线

生产线的购买、生产、转产、出售如表2-11所示。

表2-11　生产线的购买、生产、转产、出售

生产线	购买价	安装周期	生产周期	转产周期	转产费用	维护费用	残值	折旧值
手工线	5M	无	3Q	无	无	1M/年	1M	1M
半自动	8M	2Q	2Q	1Q	1M	1M/年	2M	2M
全自动	16M	4Q	1Q	1Q	2M	1M/年	4M	3M
柔性线	20M	4Q	1Q	无	无	1M/年	4M	4M

(1) 生产加工费：各生产线都能生产所有产品，所需支付的加工费相同，即1M/产品。

(2) 投资建线：投资新生产线时按安装周期平均支付投资，全部投资到位的下一个季度叫作建成，领取产品标识，可以开始生产；投资生产线的支付不一定需要持续，可以在支付过程中停顿。企业之间不允许相互购买生产线。

(3) 转产：现有生产线转产生产新产品时可能需要一定转产周期并要支付一定转产费用，最后一笔转产费用到账一个季度后方可更换产品标识。

(4) 维护费：一条生产线全部投资到位的下一个季度叫作建成(生产线卡片翻过来)，建成当年要交纳生产线维护费。停产、转产的生产线也需要交纳维护费。当年在建的生产线和当年出售的生产线不用交维护费。

(5) 出售：出售生产线时，如果生产线净值等于残值，将净值(残值)转换为现金；如果生产线净值大于残值，则将相当于残值的部分转换为现金，将差额部分作为费用处理，计入综合费用的"其他"项目。出售的生产线不折旧，不交维护费。

(6) 折旧：当年建成的生产线不折旧，建成第2年的生产线要折旧，使用平均年限折旧法"(初始生产线净值–残值)÷折旧年限"。半自动线折旧3年，其他生产线折旧4年。当生产线净值等于残值时，不再折旧。在建工程和当年建成的生产线不计提折旧。生产线各年折旧如表2-12所示。

表2-12　生产线各年折旧

生产线	购买价格	残值	建成第1年	建成第2年	建成第3年	建成第4年	建成第5年
手工线	5 M	1M	0	1M	1M	1M	1M
半自动	8 M	2M	0	2M	2M	2M	
全自动	16M	4M	0	3M	3M	3M	3M
柔性线	20M	4M	0	4M	4M	4M	4M

↘ 特别提醒

○ 生产线投资完毕的下一个季度叫作建成，建成当年不折旧，但是要交维护费。

○ 生产线投产的当季度，是生产时间的起点，不能把投产当季当作已经生产1个季度。假定第1季投产，手工线经过3季度，到第4季度才产出；同理，半自动线第3季度产出，全自动线第2季度产出。

2. 厂房

企业初始状态有大厂房，将来发展可以再购买或者租用1个小厂房，最多只能有1个大厂房和1个小厂房；生产线不能在大小厂房之间挪动；厂房可以在任何季度使用，年底支付购买厂房的资金或者租金；购买后将购买资金放在厂房价值处，厂房不计提折旧；出售厂房可以在任何时期，年底支付租金，厂房的固定资金变成4个季度应收款，4个季度后获得现金。厂房规则如表2-13所示。

表2-13　厂房规则

厂房	买价	租金	售价	容量
大厂房	40M	5M/年	40M(4季度应收)	6条生产线
小厂房	30M	3M/年	30M((4季度应收)	4条生产线

3. 产品结构树

生产不同的产品需要的原料不同，各种产品所用到的原料及数量如表2-14所示。

表2-14　各种产品所用到的原料及数量

P1产品	P2产品	P3产品	P4产品
原料：R1	原料：R1+R2	原料：2R2+R3	原料：R2+R3+2R4
原料费：1M	原料费：2M	原料费：3M	原料费：4M
加工费：1M			

4. 生产

开始生产时按产品结构要求将原料放在生产线上并支付加工费，每条生产线同时只能有一个产品在线。产品上线时需要支付加工费，不同生产线的生产效率不同，但各条生产线生产产品的加工费均为1M。各线不能同时生产两个产品。

5. 原料采购

所有品种原料价格为1M；根据上季度所下采购订单接受相应原料入库，并按规定付款或计入应付款；用空桶表示原材料订货，将其放在相应的订单上，R1、R2订购必须提前1个季度，R3、R4订购必须提前2个季度，如表2-15所示。

表2-15　采购提前期

原料	采购提前期
R1	1季度
R2	1季度
R3	2季度
R4	2季度

2.6.3　财务与费用

1. 企业贷款融资

企业贷款融资规则如表2-16所示，企业间不允许私自融资。

表2-16　企业贷款融资规则

贷款类型	额度计算	贷款时间	贷款数额	年利率	还款方式
长期贷款	上年权益2倍－未还	每年末	10M倍数	10%	每年还息，到期还本付息
短期贷款	上年权益2倍－未还	每季初	20M倍数	5%	4个季度到期还本付息
抵押贷款	当年订单额的0.8倍	订货会后关账前	10M倍数	20%	4个季度到期还本付息
应收贴现	各期应收款	订货会后关账前		6：1	

(1) 长、短贷额度：长期和短期贷款信用额度分别计算，各自为上年权益的2倍－未还贷款；长贷以10M倍数贷款，短贷以20M倍数贷款，尾数均向下取整。

(2) 长期贷款归还要求如下：

① 要求长期贷款每年归还利息，到期还本，再续借。

② 长期贷款最多可贷5年。长期贷款只要权益足够，无论第几年都可以申请贷款。

③ 长期贷款不可以提前还贷。

④ 长期贷款到结束年未到期的可以不归还，到期的长期贷款必须还本付息。

(3) 贴现：应收款是销售出去尚未收到现金的货款；贴现是将应收款贴利息给银行，从而得到现金使用；只要有应收账款，在订货会之后至关账之前，都可以贴现。按6：1比例提取贴现费用，向上取整，即从任意账期的应收账款中取7M，其中，6M进现金，1M进贴现费用。不足7个应收贴现也扣1个贴现费。应收单可以部分贴现，也可以两个应收单一起凑够7的倍数贴现。

(4) 抵押贷款：抵押贷款额度是该年订单额的0.8倍，每年利息为20%，贷款数额为10M倍数。抵押贷款额与该年订单有关，与订单是否交货无关。

(5) 贷款期限：短贷、抵押贷期限均为4个季度(4Q)，到期还本付息。

↘ 还贷提醒

长短期贷款归还要求：要求长短期贷款到期还本付息，先归还到期贷款，有额度再借新贷，不能借新贷还旧贷。长短贷权限分别计算。如果某季度要还抵押贷款或还短贷，需先还抵押贷。

↘ 案例1

某公司上年权益为39M，未还长贷40M，上年第三季度短期贷款为20M，则长贷额度为 $39 \times 2 - 40 = 38(M)$，因为长期贷款数额是10M倍数，向下取整，所以实际长期贷款额度取30M；本年第一季度短贷额度 $= 39 \times 2 - 20 = 58(M)$，因为短期贷款数额是20M倍数，向下取整，所以本年第一季实际短期贷款额度取40M。

↘ 案例2

某公司一张应收单为6M，另一张应收单有8M，则合并贴现，在流程表的贴现栏记录"14-2=12"，即拿14M应收款贴现，付出2M贴现费，得到12M现金。

↘ 案例3

某公司某年订单销售金额为40M，则该年可抵押贷款 $= 40 \times 0.8 = 32(M)$，取30M，即某季度抵押贷款30M，四季度后还本息共36M。

2. 费用

企业的费用包括以下几项。

(1) 综合费用：广告费(市场营销费)为每年拿订单时的广告投入；生产线维护费为1M/条，只要建成即可发生(转产改造时也支付)，在建工程不计。

(2) 新产品研发费用：按当年投入的实际费用计算。

(3) 市场开发费用：按当年投入的实际费用计算。

(4) 行政管理费用：每季度1M。

2.6.4　选订单规则

1. 市场预测

市场预测作为参考，根据市场的供给与需求安排经营战略。

2. 广告费投放

广告费按细分市场投放，投第一个1M有机会获得1张订单，以后每增加2M广告有机会多获得一张订单。注意，有机会但并不一定能获得订单，具体还要看市场有几张订单，以及该细分市场有多少对手竞争。

> ↘ 案例

某细分市场投3(M)＝1＋2，有机会获得2张单；细分市场投2M，市场ISO广告投1M，则只有一次机会获取订单，但比投1M细分市场广告的有优先权，并有机会获取有ISO认证要求的订单。

3. 选单要求

按准备拿单的数量投放广告费。

(1) ISO订单：如果要争夺有ISO标准要求的订单，首先要开发完成ISO认证，然后在该年、该市场投放1M的ISO广告，才有资格争夺这种订单。1M的ISO广告对该市场的所有产品都有效。

(2) 交货期要求：1交期(加急)订单第1季度必须交货；4交期则要求本年不迟于第4季度交货。在规定的最迟交货期内，应该尽早交货，以实现销售，获取货款。

4. 选单流程

(1) 先在广告投放竞单表中填写细分市场广告费，同时在系统的广告投放——公司广告投放表中录入数据，单击确认广告投放(见图2-17)。

(2) 按选单顺序先选第一轮，每个公司一轮只能选1张订单。

(3) 如果市场订单足够进行下一轮选单，则第二轮按需要的先后顺序再选，直到订单全部选取。

(4) 选完所有产品的订单后，系统自动统计该市场所有公司的销售额，销售额最大的一家公司为该年该市场老大，并且排出市场排名。市场地位排名也是按照某个地域市场所有品种实际销售额总和排名，但是市场老大及所有排名还要以年末实际交货额统计为准，参见下面"订单违约问题"。

(5) 订货会市场开单流程：先是订货会市场开单，然后从本地P1细分市场开始，逐个串行进行，即本地(P1-P2-P3-P4)——区域(P1-P2-P3-P4)——国内(P1-P2-P3-P4)……

5. 选单排序

(1) 市场老大，是指某年某地域市场所有品种销售额总和最大的公司，不是指某年、某市场、某产品销售额最大者。该年市场老大在下年该市场具有优先选单权；市场老大投1M，都可以优先选单。其他公司则以各公司该市场、该产品投入广告费用(不包括ISO的投入广告)的多少产生选单顺序。

(2) 第1年没有市场老大，以各公司该市场、该产品投入广告费用(不包括ISO的投入广告)的多少产生选单顺序。新开的市场也是如此规则。

(3) 第2年开始，由于上年已经产生某地域市场老大，市场老大在本年可以优先在该地域市场选单；其余公司按投在该市场、该产品上的广告(不包括ISO的投入广告)多少来确定选单顺序。

(4) 如果该市场产品广告投入一样，则本次市场所有产品的广告总投入量(包括ISO的投入广告)多的公司优先选单。

(5) 如果该市场广告总投入量一样，则按上年该市场所有品种销售额的名次排列选单顺序。

(6) 如果上年该市场销售额名次也相同，系统判定先投广告者先选单；如果同时投放广告，则需要竞标，即某一订单的销售数量不变，按竞标公司所出的销售价和账期决定谁获得该订单(出价低的取单，如果出价相同则账期长的取单)。

(7) 如果某年度两个队某市场销售额相同，则该年该市场没有老大。

6. 订单违约问题

除特殊订单外，所有订单要求在本年度完成(按订单上的产品数量交货)。如果订单没有完成，则订单违约，违约订单不会被取消，且按下列条款加以处罚。

(1) 该年市场地位下降一级(如果原本是市场第一的，地位下降一级后，则由第二名递补)。

(2) 当年未按交货期要求交货的，下年第一季度必须先交货，并扣罚订单额25%的违约金，违约金小数向上取整，交货时直接在订单额中扣减。例如，违约订单总额为21M，扣除6M违约金，交货时获得21－6＝15M的销售额。

(3) 下年第一季度，如果还不能交违约订单，再扣罚订单额25%的违约金。

(4) 违约订单交货后，原销售订单额扣除罚金后计入交货年度销售收入，成本也相应计入。

案例1

订货会选单，如图2-42所示，图左边是A、B、C三个组在本地P3产品细分市场的广告投放表，图右边是4张可供选择的订单。

第四年 --A 组（本地）					
产品	广告	定单总额	数量	ISO 9000	ISO 14000
P1				1	
P2					
P3	2				
P4					

第四年 --B 组（本地）					
产品	广告	定单总额	数量	ISO 9000	ISO 14000
P1				1	
P2					
P3	5				
P4					

第四年 --C 组（本地）					
产品	广告	定单总额	数量	ISO 9000	ISO 14000
P1					1
P2					
P3	1				
P4					

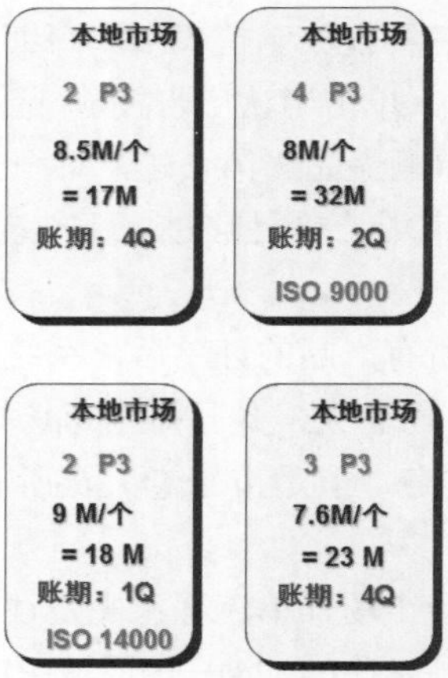

图2-42 订货会选单

(1) 选单顺序：根据本地P3市场投放广告情况，B组是5M、A组是2M、C组是1M，因此，B组优先选单，其次A组，再次是C组。

(2) 谁可以选第2轮单？本案例中，4张订单可供选择，3个组争夺，意味着其中1个组有机会选第2轮单。按照规则，每投1M广告有一次选单机会，以后每加2M有多一次机会，本案例中B组可以选第二轮单。A组在本地P3细分市场投放广告2M，本地市场投放ISO 9000广告1M，合计3M，但是在本地P3细分市场投放广告2M，仍然只有1次选单机会。

(3) ISO认证订单要求：A组、B组各自在本地市场投放ISO 9000认证广告1M，它们有机会获取本案例中"总额 32M、账期 2Q、ISO 9000"的订单；C 组在本地市场投放了 ISO 14000 认证广告 1M，它有机会获取"总额 18M、账期 1Q、ISO 14000"的订单。

思考： 如果你是 B 组，假如本案例的 4 张订单你都有机会选择，你会选择哪一张订单？

提示： 可以交货的前提下，盈利优先，先选订单总额大的，订单总额相近再考虑账期。

↘ **案例 2**

谁是市场老大？如图 2-43 所示的市场老大案例示意图，当对 A、B 两个公司进行比较时，B 公司本地市场 P1、P2、P3、P4 四个品种的年销售额合计为 105M，A 公司本地市场年销售额合计为 100M，则 B 公司是市场老大。

谁是市场老大？——某地域全部产品销售额最大者。

本案例：本地老大 B

A 公司某年销售额

产品	本地	区域	国内	亚洲	国际
P1	10M				
P2	20M				
P3	30M				
P4	40M				
合计	100M				

B 公司某年销售额

产品	本地	区域	国内	亚洲	国际
P1	10M				
P2	20M				
P3	35M				
P4	40M				
合计	105M				

图 2-43　市场老大案例示意图

↘ **案例 3**

选单顺序如图 2-44 所示。

P1 放单　　推送信息　2　年　　本地市场　P1　订货会结束　　双击关闭订货会

选单顺序	公司	P1	9k	14k	广告总合	上年排名
3	A	13			13	8
2	B	17			17	10
9	C	6			9	3
4	D	10			10	8
8	E	8			9	5
6	F	9			10	12
10	G	5			5	10
1	H	3			4	1
12	I	1			2	4
7	J	9			9	6
5	K	9			10	2
11	L	3			3	7

订单	数量	总额	交期	账期	取单
1 (LP1-01)	2	10 M	1	4	G → D
2 (LP1-02)	4	19M	4	1	A → I
3 (LP1-03)	6	26M	4	2	H → B
4 (LP1-04)	1	6 M	1	3	L → F
5 (LP1-05)	3	13 M	4	1	C → K
6 (LP1-06)	3	15 M	4	3	E → J
7 (LP1-07)	4	18 M	1	2	
8 (LP1-08)	2	9 M	4	3	
9 (LP1-09)	5	24 M	4	2	
10 (LP1-10)	3	16 M	4	2	
11 (LP1-11)	4	19 M	4	2	
12 (LP1-12)	3	15 M	4	2	

图 2-44　选单顺序案例

(1) H公司上年销售排名第1，是市场老大，第一个选订单。

(2) B公司在本地P1市场投放17M广告，大于其他公司广告投放，第二个选单。

(3) K和F公司细分市场广告都是9M，本地市场广告总合都是10M，但是上年排名，K公司第2，F公司第12，K公司优先，第五个选单。J公司和F公司细分市场广告相同，但F公司广告总合大，F公司优先，第六个选单。

思考：H公司是市场老大，投放3M广告是否合适？B公司投放17M广告，是否合算？

2.6.5　重要参数及特殊计算

1. 重要参数

(1) 初始股本金为50M。

(2) 最小得单广告额为1M。

(3) 违约金比例为25%。

(4) 所得税税率为25%，累计净利弥补历年累计亏损后，开始计税。例如，第一年净利为－20M，第二年净利＋10M，第三年净利＋18M，则第一、二年累计净利为10－20＝－10M，还不足以弥补第一年亏损的20M，不计税；到第三年净利为10＋18－20＝8M，计税为8×25%＝2M，则第二和第三年累计净利为28M，弥补第一年亏损的20M后，多出8M，税率为25%，所得税2M，计入应付税2M。

2. 取整规则

(1) 违约金扣除——向上取整。

(2) 贴现费用——向上取整。

(3) 扣税——向下取整。

(4) 抵押贷利息——向上取整。

3. 特殊费用项目

(1) 生产线变卖，变卖时净值多于残值部分，计入费用"其他"项目。

(2) 紧急采购原料，比正常采购成本多出部分，计入费用"其他"项目。

2.6.6　破产与评分评比

1. 破产规则

(1) 所有者权益为负，视为破产，退出比赛。

(2) 现金断流，无法运作者，视为破产，退出比赛。

(3) 破产公司所有资产不得转让。

2. 得分评比

评比公式：得分＝所有者权益(结束年)×$(1+\dfrac{A}{100})$－扣分。其中，A为表2-17中的分数之和，其他扣分如表2-18所示。

表2-17　发展力分数表

项目	分值
大厂房	+15
小厂房	+10
手工生产线	+5/条
半自动生产线	+10/条
全自动/柔性线	+15/条
区域市场开发	+10
国内市场开发	+15
亚洲市场开发	+20
国际市场开发	+25
ISO 9000	+10
ISO 14000	+10
P2产品开发	+10
P3产品开发	+10
P4产品开发	+15
结束年本地市场第一	+15
结束年区域市场第一	+15
结束年国内市场第一	+15
结束年亚洲市场第一	+15
结束年国际市场第一	+15

表2-18　扣分表

项目	分值
违约、流程不规范	-10/次
报表错误	-5/次
高利贷扣减	-3/次

注：自有的生产线、厂房，只要没有生产出一个产品，都不能获得加分；最后一年不能交货的市场取消市场第一加分。

2.7　教学年运作

2.7.1　教学年设置

1. 教学年订单

教学年，各个公司投放相同广告额度1M，获得相同的教学年订单，如表2-19所示。

表2-19　教学年(0年)订单

年度：第0年	市场：本地	产品：P1		
数量	单价	总额	应收账期	交货期
4	5.5M	22M	1季度(Q)	

2. 资源计划

(1) 贷款：一季度短贷20M，年末长贷20M。

(2) 原料订单：1季度1R1、2季度2R1、3季度2R1、1R2、4季度2R1、1R2。

(3) 生产线投资：1季度开始投资1条自动线，2季度开始投资半自动，半自动4季度定产P2。

(4) 研发：1、2、3季度持续研发P2。

(5) 市场开拓：年末投资区域市场、ISO认证。

3. 教学安排

(1) 教学年的第1、2季度由老师带领学员完成，第3、4季度由学员自行完成。

(2) 教师控制时间进程，统一推进进程。

(3) 教师带领完成前两个季度；盘面和控制台一起操作讲解。

(4) 学生自行操作第3、4季度(教师控制进程)。

(5) 教学年中，各公司总经理填写运营流程表，见附录3。

(6) 教学年结束，各公司填报财务报表。

2.7.2　教学年任务清单

教学年的目的是让学员体验运作，认识手工沙盘的运营。教学年结束后重新还原，按照正式规则运营。

教学年任务清单表如表2-20所示。

表2-20　教学年任务清单表

项目	一季度	二季度	三季度	四季度
短贷	短贷20M			
原料采购	原材料入库1R1	购进原材料1R1	购进原材料2R1	购进原材料2R1/1R2
原料订单	下原料订单1R1	下原料订单2R1	下原料订单2R1/1R2	下原料订单2R1/1R2
更新生产完工入库	推进生产：3号线(手工)1P1下线	推进生产：2号线(手工)和4号线(半自动)2P1下线	推进生产：1号线(手工)P1下线	推进生产：3号线(手工)P1下线；4号线(半自动)P1下线
投资生产线	投资1条全自动(5号线)，－4M	继续投资全自动，新增投资1条半自动(6号线)，－8M	继续投资全自动、半自动(6号线)，－8M	全自动继续投资－4M，半自动(6号线)建成定产P2
开始下一批生产	3号线继续生产P1产品	2号线、4号线(半自动)生产P1	1号线生产P1	3号生产P1，4号生产P1，6号线(半自动)生产P2
更新应收		更新应收款，到教师处兑现，教师核销，学生查询到账22M		
按订单交货	订单交货：4P1；登记应收：22M，1季度账期			
研发投资	研发：P2(2M)	研发：P2(2M)	研发：P2(2M)	
付管理费	管理费：1M	管理费：1M	管理费：1M	管理费：1M
长贷				长贷20M，支付利息4M
市场ISO投资				市场开拓1M，ISO投资1M

❖ 说明：

教师可根据教学的需要，调整教学年的资源和规则参数设置。

教学年运营流程如图2-45所示。

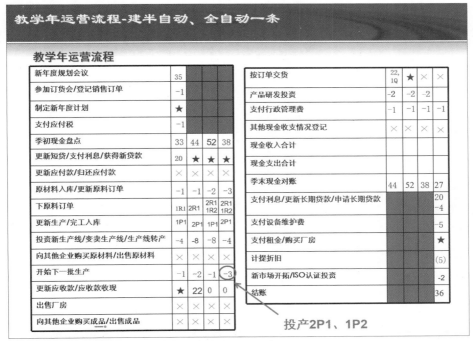

图2-45　教学年运营流程

教学年结束盘面状态如图2-46所示。

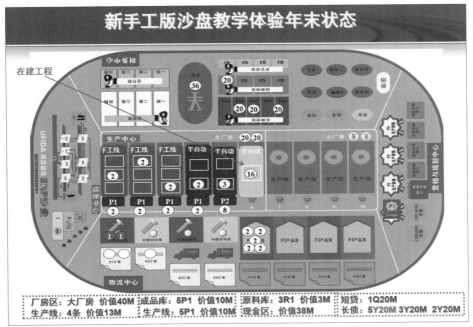

图2-46　教学年结束盘面状态

➘ 填写财务报表

教学年结束，盘点盘面，请学员填写损益表(利润表)、资产负债表，如表2-21所示。

表2-21　教学年年末损益表(利润表)、资产负债表

(单位：百万元)

损益表(利润表)				资产负债表					
		上年	本年	资产	上年	本年	负债+权益	上年	本年
销售收入	+	34		流动资产			负债		
直接成本	−	12		现金	35		长期负债	40	
毛利	=	22		应收款			短期负债		
综合费用	−	9		在制品	8		应付款		
折旧前利润	=	13		成品	6		应交税	1	
折旧	−	5		原料	3		1年到期的长贷		
支付利息前利润	=	8		流动资产合计	52		负债合计	41	
财务收入/支出	+/−	4		固定资产			权益		
额外收入/支出	+/−			土地和建筑	40		股东资本	50	
税前利润	=	4		机器和设备	13		利润留存	11	
所得税	−	1		在建工程			年度净利	3	
净利润	=	3		固定资产合计	53		所有者权益	64	
				总资产	105		负债+权益	105	

教学年年末财务报表如图2-47所示。

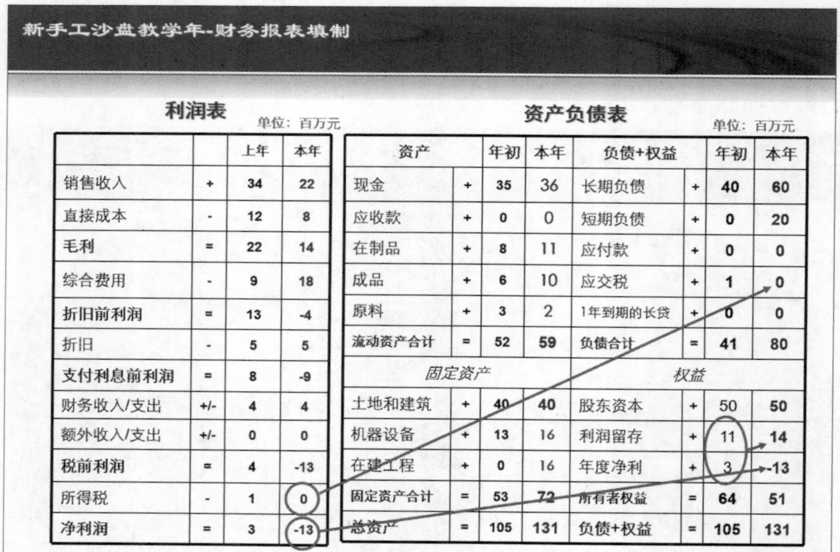
新手工沙盘教学年-财务报表填制

利润表　单位：百万元

		上年	本年
销售收入	+	34	22
直接成本	-	12	8
毛利	=	22	14
综合费用	-	9	18
折旧前利润	=	13	-4
折旧	-	5	5
支付利息前利润	=	8	-9
财务收入/支出	+/-	4	4
额外收入/支出	+/-	0	0
税前利润	=	4	-13
所得税	-	1	0
净利润	=	3	-13

资产负债表　单位：百万元

资产		年初	本年	负债+权益		年初	本年
现金	+	35	36	长期负债	+	40	60
应收款	+	0	0	短期负债	+	0	20
在制品	+	8	11	应付款	+	0	0
成品	+	6	10	应交税	+	1	0
原料	+	3	2	1年到期的长贷	+	0	0
流动资产合计	=	52	59	负债合计	=	41	80
固定资产				权益			
土地和建筑	+	40	40	股东资本	+	50	50
机器设备	+	13	16	利润留存	+	11	14
在建工程	+	0	16	年度净利	+	3	-13
固定资产合计	=	53	72	所有者权益	=	64	51
总资产	=	105	131	负债+权益	=	105	131

图2-47　教学年年末财务报表图

教学年结束后，重新还原盘面到初始状态(如图2-36所示)，准备开始经营。

第3章

经营原理、方法与案例

"ERP沙盘推演"是从各种制造企业运营背景中提炼出来的企业管理课程，蕴涵了现代企业管理系统ERP的基本方法，而手工沙盘是ERP沙盘系列课程中最初始、最经典的课程。本章我们以ERP沙盘公司为背景，总结提炼公司经营管理中共性的、基本的经营管理方法，分析、点评手工沙盘经营案例与真实企业实战案例，打通从理论到沙盘再到实战的学习"脉络"。这将使得我们的认知有螺旋式提升，对接下来商战沙盘、数智沙盘的经营管理和未来真实企业的经营管理大有裨益。

战略用计划说话，计划用数据说话，数据靠工具说话，而推动这些的是团队，五力驱动，在企业经营管理中环环相扣，是公司经营管理的"脉络"。企业竞争力驱动示意图如图3-1所示。

图3-1　企业竞争力驱动示意图

3.1 团队与会议管理

企业管理三要素——人、财、物，人是活的，弹性最大，也是最难的。团队是否有组织动员能力，关键看总经理；企业有没有进取力，关键看营销总监。企业中每个总监都要熟悉自己的业务，CEO 要熟悉全部的业务及规则。学员要有挑战自我的心态，承担责任，在模拟实战中磨砺自己的人格。

3.1.1 团队管理

团队管理采用民主集中制，方案决定前发扬民主，总经理决定，总监不越界、不退缩。

1. 总经理

【主要职责】读通市场预测和所有运营规则、流程，研究对手，做出战略规划，协调与凝聚团队运营，掌控沙盘推演流程、节奏，填写"运营流程表"(见附录3)，分析对手情报。总经理在团队中要起引领、检查、调节、总结、改善的作用。

【主要工作工具】"运营流程表"是总经理掌控团队和运营的必要工具。

【人格要求】总经理是"舵手"，既要有主见又要心态开放，整合团队的激情和智慧，要有高人一等的方案。

2. 营销总监

【主要职责】读通市场预测、市场规则、流程，研究对手，做出战略规划建议；根据战略规划做出营销计划；每年设计各个细分市场广告投放额度，填写广告投放"竞单表"，参加每年度订货会，选取订单，收集对手情报。

【主要工作工具】广告投放竞单表。

【人格要求】营销总监必须敏锐，善于揣摩对手，但是不可越权在总经理之上。

3. 生产总监

【主要职责】读通生产运营方面的规则、流程，根据战略规划与营销计划做出主生产计划(MPS)的"生产计划表"(生产投资、产能匹配、投入、产出计划)，选择生产线，安排生产线的生产、转产、停产、更换、买卖生产线，根据市场的变化及时调整生产。

【主要工作工具】生产计划及采购计划表，生产线投资与产品投资计划表，见附录4。

4. 采购总监

【主要职责】读通采购方面的规则、流程，根据生产计划，依据产品结构树(BOM)做出物料需求计划(MRP)的"采购计划表"，下采购订单，带现金采购原材料，根据市场与生产的变化调整采购计划。

【主要工作工具】生产计划及采购计划表，见附录4。

5. 财务总监

【主要职责】读通财务运营方面的规则、流程，根据总体战略规划和各个专业计划做出资金筹措计划、投资计划，成本费用控制，对专业计划做出必要的约束，做"财务预算表"，填写并提交"利润表""综合管理费用表""资产负债表"。财务总监对财务数字要敏感，深知某个数字的变化对整体经营的影响。

【主要工作工具】综合管理费用明细表、利润表、资产负债表，见附录3。

3.1.2　会议管理

团队在运营中主要有两件事：一是开会，二是做事。开会就是采用民主集中制确定战略和计划方案等，开会不是空喊口号，也不是无谓的争吵，而是用计划图表和数据说话。

开会之前每个成员必须读懂沙盘规则，研究市场预测，考量研发什么产品、进入什么市场、广告怎么投放、怎么建生产线、资金怎么筹措，做主生产计划表、采购计划表、财务预算表，做好辅助运营决策的电子工具。在决策走盘之前，每个人其实都是总经理，每个人都要做出自己的一整套解决方案。

开会时，总经理首先要拿出自己的整体方案，然后引导其他成员也拿出方案参与比较、讨论。ERP沙盘推演是一个一整套对抗的商业实战，局部优不是优，整体优才是优。因此，当认为广告投放、产品研发、生产投资、贷款分布等不合适时，要拿出优化后的整体方案数据说服对方。

开会有方案，方案靠工具，结果用数据说话。

当有争议的时候，由总经理决定。

3.2　本量利

企业的最终目的是盈利，因此，若要经营企业就要懂得盈利的基本原理。企业是市场的供给者，企业想要生存发展，就要分析市场的供需，在其中找到开始盈利的供给点。

ERP沙盘推演的企业竞争规则来源于现实，是经典化的规则。关于企业的财会知识和经营方法有很多，我们仅以企业沙盘的规则为背景进行分析，以便学员触类旁通，举一反三。

3.2.1　本量利原理

本量利分析(cost-volume-profit analysis)也称为盈亏分析，简称CVP分析。它是根据成本、业务量(指产量、销售量、销售额等)和利润三者之间的互相依存关系进行综合分析，用以预测利润、控制成本的一种数学分析方法，在企业经营决策、利润规划、成本目标的确定与控制等方面应用很广。本量利分析的中心内容是盈亏临界点分析(或称为盈亏平衡点分析、保本分析)。本量利分析如图3-2所示。

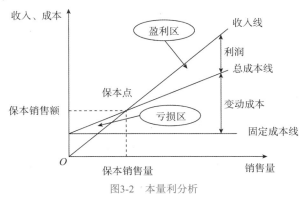

图3-2　本量利分析

首先引入以下几个概念。

○　销售额——所有产品销售总额。

- 可变成本——也称为生产成本、直接成本，是指随着产量变化而变化的成本。
- 固定成本——也称为固定费用，是指不随产量变化而变化的成本，包括销售费、管理费、财务费。
- 单位产品毛利＝单位产品销售价格－单位产品可变成本。
- 毛利＝销售量×(单位产品销售价格－单位产品可变成本)，或者毛利＝销售收入－直接成本。

以此推算企业需要达到什么样的业务量水平才可以补偿企业的所有成本，即盈亏相抵，这就是盈亏平衡点分析。盈亏平衡产量用公式可表示如下。

$$BE=FC÷(SP-VC)$$

公式中各参数如下。

- BE——盈亏平衡点的业务量。
- FC——固定成本。
- SP——单位产品销售价格。
- VC——单位产品变动成本。

例如，某企业固定成本(费用)为20M，单位产品销售价格为6M，单位产品可变成本为2M，则该企业盈亏平衡点的业务量＝20M÷(6－2)M＝5，即盈亏平衡点销量是5。

3.2.2 本量利案例

上面我们了解了本量利的原理，那么，在ERP沙盘推演中，哪些是固定成本(费用)？哪些是可变成本？

固定成本(费用)＝综合费用＋折旧＋财务支出费用
单位可变成本(单位直接成本)＝单位原料费＋单位人工费

❖ 说明：

在ERP沙盘推演的财务报表中，综合费用含有生产线维修费。维修费、折旧实际上是半固定费用，这里我们把维修费、折旧都归入固定成本(费用)，以快速计算盈亏平衡业务量。真实的可变成本也是含有半可变成本的，此处已简化。

按照规则：
P1单位可变成本(单位直接成本)＝1＋1＝2(M)；
P2单位可变成本(单位直接成本)＝2＋1＝3(M)；
P3单位可变成本(单位直接成本)＝3＋1＝4(M)；
P4单位可变成本(单位直接成本)＝4＋1＝5(M)。

▶ 案例

某公司第4年，综合费用为23M，折旧为8M，财务费用为19M，P1销售价格为4M，P1生产成本为2M，P2销售价格为7.5M，P2生产成本为3M，则P1、P2的最低销售目标是多少可以实现盈亏平衡？

总费用＝23＋8＋19＝50(M)
盈亏平衡＝P1×(4－2)＋P2×(7.5－3)＝50(M)
则当P1销量为10，P2销量为7时，毛利合计＝10×(4－2)＋7×(7.5－3)＝51.5(M)，略大于总费

用50M，可以实现盈亏平衡。从中也可以看出，P2毛利是4.5M，相对于P1毛利更高，扩大P2生产销售更有利于实现盈利。

↘ 案例

某公司第5年只有一个权益，综合费用为18M(其中广告费为6M)，折旧为8M，财务费为7M；第6年如果也是同样费用，当年销售P1价格为4M、P2价格为7M、P3价格为8.5M，则需要销售P1、P2、P3各多少才能保本，不破产？

3.3　ERP主要功能与原理

企业运营沙盘实训课程与ERP(企业资源计划)整合，形成了现在的"ERP沙盘推演"或"ERP沙盘模拟经营"课程。ERP是现代企业管理的利器，掌握ERP的原理，能领悟ERP沙盘推演的本质，理解现代企业管理的基本方法。

3.3.1　ERP主要管理功能

ERP主要有以下4个管理功能。

(1) 职能整合：订单转换与生成，从销售订单和预测开始，自动转换生成生产、采购等订单。

(2) 自动规划：依据订单、预测与规则自动生成计划。

(3) 期量(时间、数量)数据整合：基于时间坐标轴的物料清单(BOM)的计划方法。

(4) 资金流与物流同步：基于物料清单的成本计算方法和按照物料位置、数量或价值状态的变化来定义事务及其财务处理方式。

基于订单、物料清单、库存、生产能力的计划方法，将数量和时间连动处理，协调整合销售、生产、采购、库存、产能、财务业务流程，把供应和需求两方面的数据集结。

3.3.2　ERP主要原理

ERP的主要原理有以下几个。

(1) 基于时间坐标轴的物料结构清单(BOM)的生产采购管理。

(2) 分时段的生产与采购计划管理。

(3) 基于BOM的财务成本核算方法。

物料结构清单(BOM)是ERP的核心，它包含了以下3项信息：①物料的上下从属和左右构成的逻辑；②与物料的上下从属和左右构成的数量；③提前期，如物料生产、采购提前期，不同的生产线有不同的生产提前期。

BOM的顶端是销售件，中间是生产件，最下层是采购件。ERP通过物料结构清单将产、供、销数据整合；根据BOM的逻辑结构，以及生产和采购的提前期，组织销售、生产、采购。

生产与采购计划分时段制定，手工沙盘、商战沙盘和数智沙盘均以季度为计划时段精度。

ERP按BOM层层累加材料费、人工费，计算成本、现金流。

ERP就是基于上述主要原理实现主要管理功能，将数量和时间联动处理，协调整合销售、生产、采购、库存、产能、财务业务流程，把供应和需求两个方面的数据集结，物流与资金流同步。

ERP沙盘推演中的"生产计划及采购计划表"，以及财务报表中的"成本核算""利润表""现金流量表"，就是依据上述原理计划、计算的。

📌 案例

ERP基于时间坐标轴的BOM的生产原理如图3-3所示。其中，P3由2个R2原材料和1个R3原材料构成；R2原材料需要提前1个季度采购，R3原材料需要提前2个季度采购；R2原材料成本为1M，R3原材料成本为1M，P3生产的人工成本为1M。

P3生产成本=2R2+R3+1M=4M

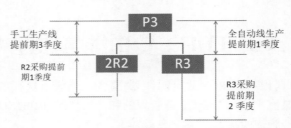

图3-3　ERP基于时间坐标轴的BOM的生产原理

📌 案例分析

图3-3中，P3处于BOM最顶端，是独立需求，原材料齐备后，P3的生产提前期还要取决于采用什么生产线。如果采用手工生产线，需要3个季度提前期；如果采用全自动生产，则需要1个季度提前期。

P3的直接成本或生产成本=(2R2+1R3)原材料成本＋人工成本=3＋1=4(M)。

3.4　战略与计划

流程、规则、市场预测和对手是产品战略规划的依据。

战略是对长远的谋划，高超的战略是建立在精细的计划之上的。制定战略与制订计划的基本逻辑是：规则和流程及市场是什么？对手可能会做什么？生产什么产品？用什么线及几条线？怎么安装投资？钱从哪来？怎么生产？怎么采购？

3.4.1　产品与市场

1. 产品

一个公司靠什么生存？卖产品。在所有战略规划中，什么战略最重要？产品战略。产品战略是谋划什么时间卖什么产品，以及是单一产品还是组合产品。

本地产品市场的需求预测如图3-4所示。

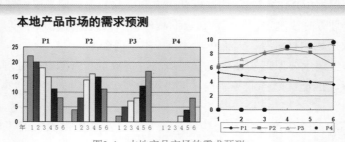

图3-4　本地产品市场的需求预测

选择产品战略，不仅要计算所卖产品可能带来的利润资源，还必须计算生产产品要耗费的成本资源。优秀的公司发展6年后可能会拥有P1、P2、P3、P4全部产品，但是公司的发展是滚动式的，开局的产品战略至关重要，它决定了公司的销售额、利润、成本、风险的发展路线。

图3-4中，P1产品需求未来逐渐下降，价格逐步走低，第4年后毛利不到2M；P2产品需求前3年逐步增长，但第4年达到高峰后逐渐下降，价格也在第4年达到高峰后下降；P3、P4为全新技术产品，发展潜力很大，价格逐步走高，但是P3前3年需求量少，P4前3年甚至没有需求。从市场预测来看，靠P1、P2产品"吃"6年不可靠，而过早生产P3、P4产品也难以谋利。P1、P2、P3、P4产品的成本分别是2M、3M、4M、5M，成本高意味着生产这些产品需要的资金压力也越大。P1单个毛利低，但是生产成本低，需要的资金少，风险低；P4单个毛利高，但是生产成本高，需要的资金压力大，风险高。P1、P2、P3、P4的销售额、利润、成本、风险各不相同。

开局产品战略中，不同产品的组合就构成了销售额、利润、成本、现金流、风险的组合。

- ❍ 纯P1——产品研发费用低，运营现金流低，毛利率可能高，利润低，运营风险低。
- ❍ 纯P2——产品研发费用次低，运营现金流次低，毛利率可能次高，利润次低，运营风险次低。
- ❍ 纯P3——产品研发费用次高，运营现金流次高，毛利率可能次高，利润次高，运营风险次高。
- ❍ 纯P4——产品研发费用最高，运营现金流最高，毛利率可能不高，利润最高，运营风险最高。

手工沙盘类似象棋的残局，所有公司目前都有P1产品，开局要决策的是立即开发P2、P3、P4中的某1个产品？还是其中某2个产品？或者3个产品都开发？

- ❍ 研发P2——研发费用低，P1、P2低低搭配，现金流要求不高，但是前期订单争夺激烈。
- ❍ 研发P3——研发费用次高，P1、P3低中搭配，现金流要求中庸，可能会避开P2的激烈争夺。
- ❍ 研发P4——研发费用高，但是P4要到第3、第4年才能开始进入市场，P1、P4低高搭配属于后发制人，需要保证前期权益损失不大、略有赚头，否则会破产。
- ❍ 研发P2、P3——研发费用略高于纯研发P4，优点是可以根据P2或P3的市场空当选择进入，但是产能已经分散，现金流需求大。
- ❍ 研发P2、P4——研发费用高，前期权益折损，风险高，靠P1、P2支撑，成败看后期的P4，但是产能已经分散，现金流需求大。
- ❍ 研发P3、P4——研发费用高，前期权益折损，风险高，P3、P4进入市场后会后发制人，但是产能已经分散，现金流需求大。
- ❍ 研发P2、P3、P4——研发费用高，前期权益折损，产能已经分散，现金流要求高，风险高。

在选择战略时，还需考虑对手的战略。实战案例中，有依靠纯P1、纯P4产品战略夺冠的，也有依靠组合产品战略夺冠的，但是对手一变可能就会破产，这个游戏犹如"田忌赛马"。

产品组合的销售额、利润、成本、现金流、风险如图3-5所示。

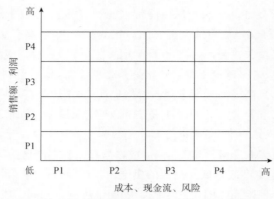

图3-5　产品组合的销售额、利润、成本、现金流、风险

2. 市场

制定好产品战略后，就要制定市场战略。研究市场进入规则是制定市场战略的依据，同时也要评估对手可能进入什么市场。例如，本规则中，地域市场有5个，产品有4个，组合后共有20个细分市场，如表3-1所示。

表3-1　细分市场

产品	本地	区域	国内	亚洲	国际
P1	本地P1	区域P1	国内P1	亚洲P1	国际P1
P2	本地P2	区域P2	国内P2	亚洲P2	国际P2
P3	本地P3	区域P3	国内P3	亚洲P3	国际P3
P4	本地P4	区域P4	国内P4	亚洲P4	国际P4

特别要注意的是，市场的开拓时间以年为单位，如果市场开拓迟缓则会影响后续发展。

3. 广告与订单

ERP沙盘推演博弈的精彩及不确定之处就在广告与订单的争夺上。因此，企业必须充分研究市场预测，估算每个细分市场某个年度广告订货会有几张订单、什么数量，以及对手的情况，然后决定自己在细分市场投放多少广告、争取什么样的订单。广告投放过多，可能会第一个选订单，争取到市场老大，为后续选订单铺好道路，但是也会损失很多的权益；广告投放过少，可能最后选订单，甚至没有订单。

广告费投放的度很难把握，但是赔本的买卖尽量不做，这是现实和沙盘推演都适用的原则。如果某个订单的总价减去材料费和人工费用，再减去广告费，不仅没有带来毛利，还要倒贴，那么该笔订单就不合算了。

↘ 案例

有一张6P1、总额为32M的订单，A公司以28M的广告额获取这张订单；另有一张1P1、总额为6M的订单，B公司以1M的广告额获取这张订单。若每个P1的材料费加上人工成本是2M，减去广告额后，则A公司的毛利＝32－6×2－28＝－8(M)、B公司的毛利＝6－1×2－1＝3(M)，即A公司倒贴8M、B公司赚3M毛利。

3.4.2 生产线

生产线涉及投资、产能形成的时间节拍和数量、维修费、折旧，以及占用的厂房空间资源，生产线的投资还要考虑未来市场竞争中生产品种的转产及其相关费用。这些都与公司的战略和计划相关，所以在决定生产线投资或变卖时要做以下谋划和精准的计算。

1. 投资什么样的生产线

生产线的选择要做成本和投资回收期分析。

下面我们做一个初步分析来引导大家计算分析。在手工沙盘规则中，初始状态中的每个公司都有3条手工线和1条半自动线，如图3-6所示。如果厂房还可建设2条生产线，那么应选择建设什么生产线？

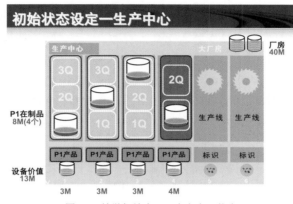

图3-6 教学年结束——生产中心状态

(1) 如果选择手工线，即买即用。

(2) 如果选择半自动线，投资安装2个季度，第3季度开产。

(3) 如果选择全自动线，投资安装4个季度，第5季度开产。

(4) 如果选择柔性线，投资安装4个季度，第5季度开产。

各生产线产能分析如表3-2所示。

表3-2 各生产线产能分析

生产线	1年				2年				3年			
	1季	2季	3季	4季	1季	2季	3季	4季	1季	2季	3季	4季
手工线												
半自动	4M	4M										
全自动	4M	4M	4M	4M								
柔性线	5M	5M	5M	5M								

从表3-2的甘特图中可以看到，三年中各生产线的产能如下。

○ 手工生产线3个。

    ◯ 半自动生产线4个。

    ◯ 全自动生产线7个。

    ◯ 柔性生产线7个。

虽然手工生产线和半自动生产线投资少、建线周期短，但是产能低且占用厂房空间资源，不利于扩大销售、占领市场、提升利润与权益。

表3-2中，全自动生产线投资16M，柔性线投资20M，但这两条生产线的产能一样。从投资和产能比来看，全自动线是首选；但柔性线投资比全自动线投资多1/4，可以无费用转产，并且能根据市场竞争的需要转换产品，赢得竞争主动权。因此，全自动线搭配一定的柔性线是比较好的选择。

2. 什么时候出售更新生产线

出售生产线能把相当于残值部分的固定资产变现为现金，当年的折旧不用计提，当年该条生产线的维护费也不用支付，但是比残值多的部分要计入费用。例如，一条柔性线的价值为20M，残值为4M，维护费为1M，则建成第2、3、4、5年的折旧分别是4M、4M、4M、4M。新建成的柔性线第2年出售，回收现金4M，不折旧4M、不交维护费1M，即节省成本5M，但是产生费用=20-4=16(M)，费用和节省成本相抵后实际产生的费用=16-5=11(M)，所以新的生产线出售很损伤权益。

↘ 思考

从教学年结束后的生产中心状态来看，如果第1年出售手工生产线会怎样呢？

产生费用=现值2M-残值1M=1(M)；节省的费用成本=折旧1M+维护费1M=2(M)。上述是否合算？什么时候出售、更新生产线？

3.4.3　融资与现金

企业生存发展的起点是投入股本金，企业发展是为了盈利，从而得到更多的资金，但若资金仅靠股东资本金和销售回款，则企业难以在有限的时间发展壮大。获取现金的主要渠道如下：股东资本金、长期贷款、短期贷款、订单抵押贷款、应收账款贴现、销售回款收现、现金流。

1. 长期贷款

企业要发展就要投资购买生产线、厂房等固定资产，做长期投资用，但固定资产投资需要比较长的回收期，因此利用长期贷款来投资比较安全。贷款需要利用规则，控制权益，扩大信贷。长期贷款的额度是"所有者权益×2-尚未归还的长贷"，5年还本付息，还本前每年付息。

按照初始状态设置，在第3年和第4年有要归还的长期贷款20M，因为初始权益是64M，实际上第1年的长期贷款额度=64×2-40=88(M)，而贷款规则是只能是10的整数且向下取整，所以实际长期贷款的额度是80M。

2. 短期贷款

短期贷款主要用于扩大企业规模，增加需要的流动资金，因此滚动式借还短贷比较好。短贷利息低，因此沙盘高手可以依靠短贷逐年滚动，但纯靠短贷滚动有一个前提，就是总能获取理想的订单，使资金回笼、权益回升理想。订单获取一旦不理想，就会导致现金流枯竭，从而陷入困境，甚至破产倒闭。

3. 应收账款贴现

贴现也是获取现金的渠道之一，就是把没有收现的销售款抵押给银行以提前获取资金，银行会收取一定的费用。拓展者贴现的规则是每7个销售应收款可以得到6个现金，产生1个贴现财务费用；拿6个应收款贴现也要付出1个贴现费。因此贴现额要算准，拿7的倍数的应收款贴现才合算。按照目前规则，不论应收账期长短，贴现费用都一样，但当有两张应收款可以贴现时，应先贴现账期长的，留下账期短的收现。

4. 现金流

有的企业到年底时，只有很少的现金，但年初投放广告、缴纳税金、第1季度上年到期的贷款还本付息、购买原材料等都需要资金，从而导致现金断流，企业破产。因此，企业在年末时就要为明年甚至为今后长远预留需要的现金。

还有的企业在某个季度借入高额度的短期贷款，导致下一年该季度要归还高额的短期贷款和利息而陷入现金断流的绝境。财务总监切记要均衡现金流，避免某个时点巨大的现金流出。

总之，考虑资金的安全与成本，长短贷结合，辅以贴现、订单抵押贷款，比较有利；利用规则，控制权益，尽量扩大信贷，投入生产经营中。而贷款的额度、方式和时间则要结合战略和整体计划，利用电子表格工具来精细计算。

3.4.4 厂房、采购与库存

1. 厂房

厂房是买还是租没有定论，各有优缺点。在拓展者沙盘规则中，每个公司初始都拥有大厂房，可容纳6条生产线，价值40M，租金为5M。如果某个季度出售厂房，则4个季度后可以获得40M的自有资金且不需要还本付息，以发展产能、提升销售，但是每年要付出5M的租金。在手工沙盘中，前半段运营资金紧张，因此租厂房比较合理。

如果决定卖掉厂房，应该提前做计划。实战中，有的公司在资金紧张、无可奈何时才出售厂房，然后拿40M的厂房应收款贴现。由于贴现是按7M的倍数贴现，所以40M的厂房应收款最多只有35M贴现，剩下5M为4个季度的应收款，而35M的贴现中只可以收到30M的现金，需付出5M的贴现费。但实际上，为了30M的现金，要付出的代价是5M贴现费和年底5M的厂房租金，成本高达10M，比高利贷利息还要高！

2. 采购

采购运营是按照生产品种和数量的计划、物料清单及现有材料库存，运用计划管理表格工具做出采购计划。其中，R1、R2需要提前1个季度下订单，R3、R4需要提前2个季度下订单。

3. 库存

丰田公司采用准时生产(just-in-time，JIT)模式，精益生产，追求成品、半成品、原材料的"零库存"，避免物料积压与资金浪费；采购追求的是在需要时采购适量的原材料，多余的库存是浪费。丰田公司实施"零库存"模式的前提是在产业链中处于强势地位，对消费者有影响力，对上游的零部件商和下游的经销商有控制力。

沙盘公司面对的是零售市场，加上对手的竞争，这是一个完全竞争的市场，公司对产业链不具备特殊的控制力。企业应尽量做到销售最大化，产成品零库存，并根据公司的战略计划和市场的竞争变化提前预订或预留一定的原材料，以应对市场竞争变化转换品种的需要，把握迅速变化的市场机会。

3.4.5　情报收集

企业沙盘推演实战对抗性极强，因此，收集对手商业情报和研究对手是胜利的关键。ERP沙盘推演每年经营结束、广告投放之前，都有一个互相参观盘面的环节，这是收集对手情报的重要时刻。情报收集主要包括：研发品种、生产线种类及产能、原材料采购、产成品库存、资金、贷款，以及最主要的市场供需的情报。情报收集、分析是广告投放的重要依据。

3.5　计划图表工具

3.5.1　计划、工具要点

战略用计划说话，计划用数据说话，数据用计划图表工具说话。

生产需要工具，管理也需要工具，计划更需要依靠工具。计划不是文字，而是精确的资源数量和时间的安排，这里的资源包括现金、产品、半成品、原材料、生产线、市场、认证等。精准的计划要依靠甘特图工具，但高效率地推演对抗还要用Excel电子表格设定出来，并建立各个变量、表格之间的数据逻辑关系，这也是现代企业面对复杂产品或业务需要用ERP管理软件的逻辑。在大数据时代，企业只有拥有功能强大的管理工具软件处理数据才能高效精准地处理业务，这是精准计划的基础，而精准的计划是宏伟战略的基础。

计划是整体的计划，制定产品和市场战略后，就要考量对应的计划，包括：在哪个细分市场投放广告，投入多少，用什么生产线生产，多少生产线，什么时候投资，采购什么，采购多少，需要筹集多少钱，长贷、短贷、高利贷、固定资产变卖如何安排等。计划必须按照规则和流程制订，各种计划之间要按照规则和流程协调。市场开拓、产品研发、生产线投资生产协调分析表如表3-3所示。

表3-3　市场开拓、产品研发、生产线投资生产协调分析表

项目	第1年				第2年				第3年			
	1季	2季	3季	4季	1季	2季	3季	4季	1季	2季	3季	4季
区域开拓				1M								
P2研发		2M	2M	2M								
手工线					5M							
自动线	4M	4M	4M	4M								

计划管理表格至少包括：①运营流程表，如表3-4所示；②生产采购计划表，如表3-5所示；③生产线投资与产品投资计划表，如表3-6所示；④综合管理费用明细表，如表3-7所示；⑤利润表，如表3-8所示；⑥资产负债表，如表3-9所示；⑦广告投放表，如表3-13所示。

> ↘ 案例

假设规则：区域市场开拓要投资1年；P2产品研发需要3个季度；自动线投资安装要4个季度，第5个季度才可以开始生产；手工生产线即买即用，如果第1季度投产，则第4季度才产出。

若要在第2年进入区域P2市场，就要协调上述规则，在表3-3中做出计划。如果第1年第2季度开始连续研发P2产品，则第1年第4季度研发完毕，第2年第1季度才能开始生产。如果计划用手工生产线生产，则第2年第1季度可以购买安装手工线并开始生产，第2年第4季度才有产出；如果用1条自动线，但考虑P2要到第2年第1季度才能开始生产，所以必须第1年第1季度开始投资自动线，第1年第4季度投资完毕，第2年第1季度开始生产，连续生产到第4季度时能产出3个产品。

3.5.2　运营流程表

教学年运营流程表如表3-4所示，以教学年为例，其中折旧不属于现金流动，用括号括起来。

表3-4　教学年运营流程表

运营步骤	1季度	2季度	3季度	4季度
新年度规划会议(年初现金)	35			
参加订货会/登记销售订单	−1			
制订新年度计划				
支付应付税	−1			
季初现金盘点	33	44	52	38
更新短贷/还本付息/申请短期贷款(高利贷)	20			
原材料入库/更新原料订单	−1	−1	−2	−3
下原料订单	1R1	2R1	2R1/1R2	2R1/1R2
更新生产/完工入库	1P1	2P1	1P1	2P1
投资新生产线/变卖生产线/生产线转产	−4	−8	−8	−4
开始下一批生产	−1	−2	−1	−3
更新应收款/应收款收现		+22		
出售厂房				
按订单交货	22M，1Q			
产品研发投资	−2	−2	−2	
支付行政管理费	−1	-1	-1	−1
季末现金对账	44	52	38	27
支付利息/更新长贷款/申请长期贷款				20-4
支付设备维护费				−5
支付租金/购买厂房				
计提折旧				(4)
新市场开拓/ISO认证投资				−2
年末结账				36

3.5.3　生产采购计划表

生产采购计划表要根据产品结构树BOM(产品的原材料构成)、原材料的采购提前期、各种生产线的生产节拍编制，逐条生产线、逐个季度推算。

本案例以图2-36所示盘面为例，假定生产持续、不转产、不更换生产线，图2-36左边起第1、2、3、4条生产线，分别对应表3-5中的第1、2、3号手工线和4号半自动生产线，则1、2、3、4季度合计产出P1的数量节拍是1212。

原料订单方面，P1=1R1+1M，R1需提前1季度下订单；3号手工线第1季度生产1P1需要1R1，原料订单已经在初始盘面设定(见图2-36)；第2、3、4季度和第2年第1季度投产P1的数量节拍是2121，则第1年4个季度原料订单R1，下订单节拍是2121。

第1年生产及采购计划表如表3-5所示。

表3-5　生产计划及采购计划表

生产线		第1年				第2年				第3年			
		1季度	2季度	3季度	4季度	1季度	2季度	3季度	4季度	1季度	2季度	3季度	4季度
1 手工	产品			¬P1⌐			¬P1						
	原料		R1										
2 手工	产品		¬P1⌐			¬P1							
	原料	R1			R1								
3 手工	产品	¬P1⌐			¬P1⌐								
	原料			R1									
4 半自动	产品		¬P1⌐		¬P1⌐								
	原料	R1		R1									
合计	产品	1P1	2P1	1P1	2P1	1P1							
	原料	2R1	1R1	2R1	1R1								

3.5.4　生产线投资、产品研发与生产计划

生产线投资、生产、转产、产品研发计划表如表3-6所示。

表3-6　生产线投资、生产、转产、产品研发计划表

生产线	1年				2年				3年			
	1季	2季	3季	4季	1季	2季	3季	4季	1季	2季	3季	4季
手工线	5M			转产								
半自动	4M	4M	建成投产		转产	生产						
全自动	4M	4M	4M	4M	建成投产	转产	生产					
柔性线	5M	5M	5M	0	5M	建成投产	转产					
P2		2 M	2 M	2 M	开产							
P3	2 M	2 M	2 M	0	2 M	开产						
P4	2 M	2 M	0	2 M	2 M	2 M	开产					

（1）手工生产线，即买即用，如果第1季度购买即可开始生产，到第4季度才能产出；当季可以转产。表3-6中，手工线第1年建成需要维修费，第2年开始折旧。

(2) 半自动生产线，投资2个季度，第3个季度可以开产，老产品下线，生产线停产1个季度并支付1M转产费，下个季度才能开始生产其他产品。表3-6中，半自动线第1年建成需要维修费，第2年开始折旧。

(3) 全自动线，投资4个季度，第5个季度可以开产，转产要停产1个季度。表3-6中，全自动线第2年建成需要维修费，第3年开始折旧。

(4) 柔性线，转产不需要停产，产品下线当季可以转产。表3-6中，柔性线第2年建成需要维修费，第3年开始折旧。

(5) P2、P3、P4分别需3、4、5个季度研发，投资完毕的下一季度开产，0表示暂停投资。

3.5.5 财务报表

综合管理费用明细表、利润表、资产负债表的编制如表3-7～表3-9所示。

表3-7 综合管理费用明细表编制

项目	数据来源	备注
管理费	每年4M	
广告费	当年广告投入	
保养费	各生产线维修费总和	
租金	厂房租金	
转产费	本年生产线转产费	
市场准入开拓	本年市场开拓费	□区域　□国内　□亚洲　□国际
ISO资格认证	本年资格认证费	□ISO 9000　　□ISO 14000
产品研发	本年各产品研发费	P2(　　)　P3(　　)　P4(　　)
其他	变卖生产线时净值-残值部分	
合计	上面各项相加	

表3-8 利润表编制

项目		数据来源
销售收入	+	所有本年已交货订单总额，未收现的应收款也是销售
直接成本	−	所有本年已交货订单原材料和人工费总和
毛利	=	销售收入-直接成本
综合费用	−	综合费用合计
折旧前利润	=	毛利-综合费用
折旧	−	各条生产线分别折旧的总和
支付利息前利润	=	折旧前利润-折旧
财务收入/支出	+/−	长贷、短贷、抵押贷、贴现的利息
其他收入/支出	+/−	紧急采购超出正常成本部分
税前利润	=	支付利息前利润-财务支出+其他收入
所得税	−	税前利润除以4向下取整
净利润	=	税前利润-所得税

注：①违约订单交货后，扣除罚金的销售收入计入本年销售收入，生产成本也计入本年直接成本；罚金除以4，向上取整。

②所得税，税前利润填补前期所有亏损后开始计税。

表3-9　资产负债表编制

资产	数据来源	负债和所有者权益	数据来源
流动资产：		负债	
现金	盘点盘面现金库	长期负债	长期贷款－1年内到期的长贷
应收款	已销售但没回款额度	短期负债	盘点短期贷款、抵押贷款
在制品	盘点生产线在制品价值	应付账款	盘点应付账款
成品	盘点成品库产品价值	应交税金	利润表所得税
原料	盘点原料库原料价值	1年内到期的长期负债	盘点1年内到期的长期贷款
流动资产合计	以上五项之和	负债合计	以上五项之和
固定资产：		所有者权益：	
土地和建筑	厂房价值之和	股东资本	股东资本不增加下为50M
机器与设备	盘点生产线净值之和	利润留存	上年利润留存＋上年年度净利
在建工程	在建生产线价值	年度净利	利润表中净利润
固定资产合计	以上三项之和	所有者权益合计	以上三项之和
资产总计	固定资产＋流动资产	负债和所有者权益总计	负债＋所有者权益

注：出售生产线或厂房是把固定资产转为流动资产，并可能产生费用，不属于收入。

案例

某公司6年沙盘实战的财务报表如表3-10～表3-12所示。

表3-10　某公司6年财务报表——费用和销售构成表

年份	管理费	广告费	设备维护	厂房租金	转产费	市场开拓	ISO认证	产品研发	其他	总计	P1			P2			P3			P4		
											收入	数量	成本	收入	数量	成本	收入	数量	成本	收入	数量	成本
1年	4	12	4			2	2	4		28	30	6	12									
2年	4	11	4	5		2	2	9		37	28	6	12	13	2	6						
3年	4	5	4	5	1	2				21	9	2	4	80	10	30						
4年	4	9	4	5		1	1	2		26				110	14	42						
5年	4	10	6	8						28				97	13	39	40	5	20			
6年	4	23	8							35	38	6	12	75	10	30	99	11	44			

表3-11　某公司6年财务报表——利润表

项目	1年	2年	3年	4年	5年	6年
销售收入	30	41	89	110	137	212
直接成本	12	18	34	42	59	86
毛利	18	23	55	68	78	126
综合费用	28	37	21	26	28	35
折旧前利润	－10	－14	34	42	50	91
折旧	4	4	5	18	18	15
息前利润	－14	-18	29	24	32	76
财务收/支	4	12	13	14	14	16
额外收/支						
税前利润	－18	－30	16	10	18	60
税						15
净利润	－18	－30	16	10	18	45

表3-12　某公司6年财务报表——资产负债表

流动资产	1年	2年	3年	4年	5年	6年	负债	1年	2年	3年	4年	5年	6年
现金	68	13	30	39	55	29	长期负债	120	120	100	80	80	100
应收	30	66	55	70	68	136	短期负债			20	60	80	100
在制品	6	11	12	12	17	23	应付款						
产成品	6	2		6	8		应交税					0	15
原材料	1				3		1年期长贷						
流动合计	111	92	103	127	151	188	负债合计	120	120	120	140	160	215
固定资产	1年	2年	3年	4年	5年	6年	**权益**	1年	2年	3年	4年	5年	6年
土地和建筑	40					70	股东资本	50	50	50	50	50	50
机器和设备	5	16	51	33	47	64	利润留存	16	-2	-32	-16	-6	12
在建工程	12	30		24	24		年度利润	-18	-30	16	10	18	45
固定合计	57	46	51	57	71	134	权益小计	48	18	34	44	62	107
资产总计	168	138	154	184	222	322	负债权益总计	168	138	154	184	222	322

3.5.6　广告投放表举例

某公司第3年在本地、区域、国内的广告投放如表3-13所示,按照细分市场投放,本地P1投1M,本地P2投2M,本地P3投3M。其中,ISO认证9000/14000,在取得资格后还需做ISO广告才可以获取有认证要求的订单。在表3-13中,国内ISO 9000(9K)、14000(14K)分别投放1M广告,国内市场各产品均有效。

表3-13　某公司第3年在本地、区域、国内的广告投放

本地						区域						国内					
产品	广告	单额	数量	9K	14K	产品	广告	单额	数量	9K	14K	产品	广告	单额	数量	9K	14K
P1	1			1		P1					1	P1	3			1	1
P2	2					P2	3					P2	3				
P3	3					P3	5					P3	5				
P4						P4	6					P4	9				

广告投放完毕,订货会获取订单后,在单额、数量中填写获取订单的相应数据。

3.6　年度计划方法及案例

投放广告,获得销售订单后,下一步做什么?怎么做计划?这是初学者普遍的问题。

↘ 要点

在ERP沙盘搏战前要预先做出战略——计划组合方案:运用"运营流程表"评估现金流,如果某年的某个季度的某个步骤中现金流为负,说明方案不可行,需要修正;运用"费用表—利润表—资产负债表"评估方案的所有者权益,如果所有者权益太低,说明需要修正。财务报表数据是评价公司的依据,没有现金不行,太多现金又浪费,因此必须平衡现金和权益。每年开始运营前应规划预算出本年的财务报表,并预测未来两三年的财务报表。

到底哪种方案最优？这是一个组合商战游戏，广告最多或产能最大、产品最高端、贷款多不是最优，我们不仅要设计一个组合变量方案，还要看对手的战略。世事如棋局，这个游戏的"灵魂"就是算计、变！

↘ 年度计划基本步骤

(1) 投放广告，获取销售订单。

(2) 做出生产采购计划表，确定交货季度、应收款收款季度。

(3) 进一步做出生产线投资、产品研发、市场开拓计划表。

(4) 用运营流程表，根据上面计划，安排财务借贷和还款计划，做出年度运营流程计划。

(5) 做出财务三表(费用表、利润表、资产负债表)，评估现金流和权益，能否持续发展。

(6) 进一步调整各项计划，直至认为可行。

↘ 案例

下面以初始盘面为起点，做第1年的计划为案例，说明其中的基本步骤和方法。

(1) 某公司投放广告7M，获得订单：本地市场，数量5P1，销售额25M，账期2Q(季度)。

(2) 做出生产采购计划表，合并做出生产线投资、产品研发、市场开拓计划，如表3-14所示的生产采购、投资研发等计划表。

此处，生产、采购、生产线投资、产品研发、市场开拓、认证投资等合成在一个大表中，有利于协调各个计划之间的时间和数量的配合，便于找出计划配合中存在的问题。

根据图2-36所示的初始盘面图，初始库存有3P1；根据表3-14所示的生产采购、投资研发等计划表，可以知道，P1第1年4个季度产出数量节拍是1212，则到第2季度累计产出3P1，加上初始库存3P1，一共有6P1库存；所以，在第2季度可以按订单交货——5P1，销售额25M，账期2Q(季度)。因此，在第1年第4季度可以收到25M应收账款。

表3-14 生产采购、投资研发等计划表

生产线		第1年				第2年				第3年			
		1季度	2季度	3季度	4季度	1季度	2季度	3季度	4季度	1季度	2季度	3季度	4季度
1 手工	产品			P1			P1						
	原料		R1										
2 手工	产品		P1			P1							
	原料	R1											
3 手工	产品	P1			P1								
	原料			R1									
4 半自动	产品	P1		P1									
	原料	R1		R1									
产出、原料订单合计	产品	1P1	2P1	1P1	2P1	1P1							
	原料	2R1	1R1	2R1,1R2	2R1,2R2								
生产线投资	自动线2条	8M	8M	8M	8M								
产品研发		P2	2M	2M	2M								
市场开拓、认证					4M								

(3) 用运营流程表，根据上面计划，安排财务借贷和还款计划，做出年度运营流程计划。表3-15所示为某公司第一年运营流程计划表。

根据该公司的生产采购、投资研发等计划(见表3-14)，第3季度需申请短贷20M，才能有足够资金投资生产线，资金不断流；第4季度也要申请短贷20M，才能保证投资生产线、研发产品等需求，资金不断流。从表3-15可以看出，该公司第1、2季度没有按照生产采购计划下原料订单。

表3-15　某公司第一年运营流程计划表

	运营步骤	第1季度	第2季度	第3季度	第4季度
1	新年度规划会议(年初现金)	35			
2	参加订货会(广告投放金额)	−7			
3	制订新年度计划				
4	支付应付税	−1			
5	季初现金盘点(请填余额)	27	16	3	11
6	更新短期贷款/还本付息				
7	申请短期贷款			20	20
8	原材料入库/更新原料订单	−1			−3
9	下原料订单			2R1，1R2	2R1，2R2
10	更新生产/完工入库				
11	投资新生产线/变卖生产线	−8	−8	−8	−8
12	贴现				
13	开始下一批生产	−1	−2	−1	−2
14	更新应收款/应收款收现				25
15	出售厂房				
16	按订单交货		25M，2Q		
17	产品研发投资		−2	−2	−2
18	支付行政管理费	−1	−1	−1	−1
19	其他现金收支情况登记(如，贴现)				
20	支付长期贷本金利息				−4
21	更新长期贷款/申请长期贷款				40
22	支付设备维护费				−4
23	支付租金/购买厂房				
24	计提折旧				(5)
25	新市场开拓				−3
26	ISO资格认证投资				−1
27	期末现金对账(请填余额)	16	3	11	68

❖ 说明：

该运营流程表在标准版基础上有改进，增加"贴现"行，将长短贷款的还本付息与申请贷款分开。

(4) 做出财务三表，即费用表、利润表、资产负债表。

根据该公司的生产采购、投资研发等计划(见表3-14)，以及第一年运营流程计划表(见表3-15)，可以做出该公司第一年的综合费用表，如表3-16所示。

表3-16　某公司第一年的综合费用表

项目	金额	备注
管理费	4	
广告费	7	
保养费	4	
租金		
转产费		
市场准入开拓	3	
ISO认证	1	
产品研发	6	
其他		
合计	25	

根据该公司的销售订单、运营流程计划表、费用表，可以做出该公司第1年的利润表，如表3-17所示。

表3-17　某公司第一年的利润表

项目	上年数	本年数
销售收入		25
直接成本		10
毛利		15
综合费用		25
折旧前利润		−10
折旧		−5
支付利息前利润		−15
财务收入/支出		−4
其他收入/支出		
税前利润		−19
所得税		
净利润		−19

根据上面各表，可以做出该公司第一年的资产负债表，如表3-18所示。

表3-18　某公司第一年的资产负债表

资产	期初数	期末数	负债和所有者权益	期初数	期末数
流动资产：			负债：		
现金	35	68	长期负债	40	80
应收款		0	短期负债		40
在制品	8	8	应付账款		
成品	6	8	应交税金	1	
原料	3	1	一年内到期的长期负债		
流动资产合计	52	85	负债合计	41	120
固定资产：			所有者权益：		
土地和建筑	40	40	股东资本	50	50
机器和设备	13	8	利润留存	11	14

（续表）

资产	期初数	期末数	负债和所有者权益	期初数	期末数
在建工程		32	年度净利	3	−19
固定资产合计	53	80	所有者权益合计	64	45
资产合计	105	165	负债和所有者权益总计	105	165

【点评】

计划不匹配。第一个问题，根据该公司的上述计划表，第2年第1季度才能开始生产P2，但是该公司第1年第3季度就订购R2，第4季度原料R2到货。第二个问题，该公司第一年年末只剩下1R2库存，第1年第4季度订购2R1、2R2，可以满足第2年第1季度2条自动线建成生产P2的需要；但是原有生产P1的3条手工线和1条半自动线，因没有原料投入，处于停工待料状态。

3.7　新手工沙盘实战案例分析

➦ 新手工沙盘实战案例3-1——研发与产能不匹配，费用控制不合理

表3-19～表3-21是某公司新手工沙盘实战案例财务报表。

表3-19　新手工沙盘实战案例3-1——费用和销售构成表

年份	管理费	广告费	设备维护	厂房租金	转产费	市场开拓	ISO认证	产品研发	其他	总计	P1			P2		
											收入	数量	成本	收入	数量	成本
1	4	3	4			1		4		17	14	3	6			
2	4	10	5	5		1		8		33	14	3	6	13	2	6
3	4	10	4	5		1		2		26	28	6	12	25	3	9
4	4	2	5	5					6	22				30	4	12
5	4	7	2	5					5	23				37	5	15
6																

表3-20　新手工沙盘实战案例3-1——年利润表

项目	1年	2年	3年	4年	5年
销售收入	14	27	53	30	37
直接成本	6	12	21	12	15
毛利	8	15	32	18	22
综合费用	17	33	26	22	23
折旧前利润	−9	−18	6	−4	−1
折旧	4	4	7	5	2
息前利润	−13	−22	−1	−9	−3
财务收/支	4	4	10	10	8
额外收/支			10		
税前利润	−17	−26	−1	−19	−11
税					
净利润	−17	−26	−1	−19	−11

表3-21　新手工沙盘实战案例3-1——资产负债表

资产						负债+权益					
流动资产	1年	2年	3年	4年	5年	负债	1年	2年	3年	4年	5年
现金	15	82	10	21	34	长期负债	40	80	60	40	40
应收		13	44	2		短期负债		40		20	20
在制品	8	3		15		应付款					
产成品	10	18		6	12	应交税					
原材料	7	4				1年期长贷					
流动合计	40	120	54	44	46	负债合计	40	120	60	60	60
固定资产	1年	2年	3年	4年	5年	权益	1年	2年	3年	4年	5年
土地和建筑	40					股东资本	50	50	50	50	50
机器和设备	5	23	16	19	8	利润留存	16	-1	-27	-28	-47
在建工程	4		12			年度利润	-17	-26	-1	-19	-11
固定合计	49	23	28	19	8	权益小计	49	23	22	3	-8
资产总计	89	143	82	63	54	负债权益总计	89	143	82	63	52

【点评】

(1) 第1年，保守开局，研发费用为4M，在建工程为4M，显示研发慢，产能建设不足。

(2) 第2年，把厂房卖掉用于还贷，以后每年还需支付5M租金费用，不合算；没有大规模的生产线投资，这与产品研发不匹配，并且年末还剩余82M现金，资源浪费；毛利为15M，但是综合费用为33M，此时应该削减费用，如削减产品研发、厂房租金费用。

(3) 第3年，按照规则，第2年权益为23M，可以借入20M～40M短期贷款，补充流动资金，加大投资生产线，但该公司没有，所以现金几乎断流。

(4) 第4年，投放2M广告获得30M销售额，效费比高，但是单产能有限，无法扩大销售，总销售额比第3年还低，继续亏损，权益进一步下降。面临现金和权益双重困境，最后难逃破产。

> 🔽 企业实战案例3-1——有研发无收入

中国网财经8月11日讯(记者 牛荷)，据上交所官网近日披露，北京盛诺基医药科技股份有限公司(以下简称"盛诺基")正式接受科创板首轮问询。日前，盛诺基对首轮问询进行了回复。中国网财经记者发现，与已登陆科创板的泽璟制药一样"流血"上市的盛诺基，正面临着新品研发失败、营运资金不足、持续亏损等方面的风险。

频繁股权融资3年连亏超5亿元

资料显示，盛诺基成立于2008年5月5日，是一家专注于肝细胞癌、乳腺癌、非小细胞肺癌、淋巴瘤等多个恶性肿瘤领域，以中药创新药为先导，延伸布局化学创新药和生物大分子创新药的医药研发企业。

盛诺基自成立以来已进行多轮股权融资和股权转让：2008年5月5日至2016年12月31日，共进行了6次增资和1次股权转让；2017～2019年，又进行了3次增资和4次股权转让。

但记者注意到，尽管已进行了多轮股权融资，盛诺基仍然处于大幅亏损的状态。从财务数据来看，2018年和2019年，盛诺基的营收分别为38.59万元、1.07万元，营收合计为39.66万元；2017～2019年，归属于母公司所有者的净利润分别是-0.85亿元、-1.28亿元、-3.12亿元，3年净利润累计亏损5.25亿元且亏损数额逐年攀升。

盛诺基在招股书中透露，其目前的所有产品均处于研发阶段，尚未上市，因此没有经常性营业收入产生，未来产生的收入取决于主要产品的研发成功和商业化目标顺利实现。

截至2019年12月31日，盛诺基累计未弥补亏损金额4.66亿元，预计首次公开发行后短期内仍无法盈利和进行现金分红，甚至可能触发《上市规则》中强制退市条款的规定，面临终止上市的风险。

资料来源：中国财经. 盛诺基冲刺科创板：3年连亏超5亿元所有产品均处研发阶段"没有收入"[EB/OL]. 2020-08-11 [2022-01-08]. http://finance.china.com.cn.

【点评】

新品研发，所有产品均处于研发阶段，尚未投产，无法上市，因此没有经常性营业收入产生，3年连亏超5亿元，必然导致营运资金不足、持续亏损。摆脱困境有赖于产品研发成功，然后投产、销售，实现营业收入，弥补亏损，回流现金。

上述新手工沙盘实战案例3-1与本案例企业的情况类似，问题的根源是生产与研发不匹配，导致资金不足、持续亏损，拆东墙补西墙。

➥ 新手工沙盘实战案例3-2——多品种，大产能，资源匹配

某公司新手工沙盘实战案例6年财务报表如表3-22～表3-24所示。

表3-22　新手工沙盘实战案例3-2——费用和销售构成表

年份	管理费	广告费	设备维护	厂房租金	转产费	市场开拓	ISO认证	产品研发	其他	总计	P1			P2			P3			P4		
											收入	数量	成本	收入	数量	成本	收入	数量	成本	收入	数量	成本
1年	4	2	1			2	1	10	6	26	14	3	6									
2年	4	10	5			1	2	4		26	24	5	10	13	2	6	39	5	20			
3年	4	12	5			2			8	31	12	1	6	78	10	30	56	7	28			
4年	4	9	6	3		1	1	2		26				91	12	36	73	9	36	34	4	20
5年	4	15	9	3				1		32				61	8	24	100	12	48	93	10	50
6年	4	21	9							34				45	7	21	131	15	60	117	12	60

表3-23　新手工沙盘实战案例3-2——利润表

项目	1年	2年	3年	4年	5年	6年
销售收入	14	76	146	198	254	293
直接成本	6	36	64	92	122	141
毛利	8	40	82	106	132	152
综合费用	26	26	31	26	32	34
折旧前利润	−18	14	51	80	100	118
折旧	2	0	16	16	19	28
息前利润	−20	14	35	64	81	90
财务收/支	4	14	15	24	16	21
额外收/支						
税前利润	−24	0	20	40	65	69
税				9	16	17
净利润	−24	0	20	31	49	52

表3-24　新手工沙盘实战案例3-2——资产负债表

资产							负债+权益						
流动资产	1年	2年	3年	4年	5年	6年	负债	1年	2年	3年	4年	5年	6年
现金	78	35	13	68	103	28	长期负债	120	120	100	100	120	40
应收	14	38	80	85	179	181	短期负债	40	60	80	120	180	100
在制品	2	17	17	23	37		应付款						
产成品	12	6	10		0		应交税	0	0		9	16	17
原材料	1				0	1	1年期长贷						
流动合计	107	96	120	176	319	210	负债合计	160	180	180	229	316	157
固定资产	1年	2年	3年	4年	5年	6年	权益	1年	2年	3年	4年	5年	6年
土地和建筑	40	40	40	40	40	70	股东资本	50	50	50	50	50	50
机器和设备	2	84	68	68	97	69	利润留存	14	-10	-10	10	41	90
在建工程	51		12	36			年度利润	-24	0	20	31	49	52
固定合计	93	124	120	144	137	139	权益小计	40	40	60	91	140	192
资产总计	200	220	240	320	456	349	负债权益总计	200	220	240	320	456	349

【点评】

(1) 优点是品种多，产能大，产品高端，信贷多，资源布局匹配。

(2) 第1年，同时研发P2、P3，处理旧生产线，投资高效率生产线，为销售布局。

(3) 第1、2年，广告投入适度，略超或低于毛利。

(4) 第3、4年，权益拉升后，继续扩大产能建设，研发新品种P4，以高端产品争夺市场老大。

(5) 第4、5年，随着权益继续拉升，信贷充足，扩大短贷，降低财务费用。

(6) 原材料库为0，第4年后成品库存为0，显示对市场和对手把握较好，计划细致。

(7) 风险是前期品种多，拉满长贷，如果与类似公司对决，则结果难以意料。

➡ 企业实战案例3-2——辅仁的多品种、大产能

作为中国制药百强企业的辅仁药业集团，多年来以市场需求为立足点，在多品种、大产能的基础上强化细分市场，以产业化方式建立具有吸引力的产业化价值链，实现从医药制造业向医药创造业跨越的关键一步。

"不创新的企业不是好企业，不创新的企业家算不上真正的企业家，创新是企业家精神的精髓，是企业发展的引擎。"辅仁药业董事长朱文臣始终强调创新的重要性。

运管创新——独辟蹊径定道路

辅仁起源于老子故里、中原腹地鹿邑，厚重的文化积淀及朴素的人文理念赋予它"百姓药辅仁造"的使命。

21世纪初，时值国有企业改革，辅仁没有像其他药企一样斥巨资打造单一品牌，而是致力于国有企业重组，迅速聚集资源，在实现社会使命的同时，打造出一个企业高速发展的平台。2001年，收购了第一批GMP认证企业——河南怀庆堂制药有限公司，构建了大普药的生产格局；2003年，重组河南老牌国有企业开封制药集团，补充了西药品种的生产；2005年，重组上市公司ST民丰，辅仁堂制药有限公司借此成功上市；2006年，并购信阳天康制药厂(现河南同源制药有限公司)，丰富了中药制剂品种……

重组兼并是对资源的重新组合，在完成国有企业改革重组的过程中，辅仁也完善了自己的产品网，打造出"大普药"的格局，奠定了其行业地位。迄今为止，辅仁已拥有水针剂、冻干粉针剂、口服固体制剂等23个剂型，近1000个品种，制剂综合产能位居全国制药行业前茅。在2012年公布的国家基本药物目录中，辅仁药业集团有187个品种入选，成为全国入选品种较多的制药企业之一。

营销创新——立足市场寻价值

辅仁在营销规划上一直以市场需求为立足点，在创立前期采取的营销方式主要是围绕"全球通用名药中国制造商"这一初期目标，确立"以多品种为核心，大产能为基础，大营销为支持，带动大品牌建立"的经营指导策略，并打造全终端覆盖的营销网络，坚持社区和农村市场的开拓，意在提供更多可以满足百姓各种需求的药物品种，同时提供最便利的购买渠道，践行"百姓药辅仁造"的企业使命。

2012年，辅仁结合新的市场环境提出在市场营销方面要实现"两条腿走路"：不仅要发挥既有优势，长期坚守"大品种主导、利润导向、产品结构支撑"的基本营销指导思想；更要在大品种和单品品牌上下功夫，用最强大的产品群支撑相对应的营销队伍，培育出具有引领作用的单品品牌，建立全国具有影响力的OTC产品运作团队，践行"聚焦品类、单点突破"的营销法则。

模式决定资源的配置格局，模式越独特，获取的资源将会越丰富。只有会"分"，才能更好地"合"。现阶段，辅仁在多品种、大产能的基础上强化细分市场，按产品功能分化营销方向，分力出击，大力推广事业部制，培育队伍的专业性，调配企业授权，激活原动力；为特色产品、针剂、冻干及相对应临床产品加强临床队伍的建设，按病种分类组建营销队伍，逐渐培育出在某一方面的优势，启动行业专家形象，实施专业化运作。

科研创新——勇搭平台谋发展

"医药行业现在是往两个方面分化，一是大健康产业，二是研发。许多企业以赢取最大利润为目的，但要想真正具有持续盈利能力、得到持续发展，还是要回到产业的本质上来。"辅仁药业集团董事长朱文臣说。

科研创新、新药研制才是医药行业持续发展的永动力。辅仁药业在并购的同时，大力投资创新事业，相较于国内企业普遍不到2%的科研投入，辅仁药业每年投入研发的资金占销售总额近6%。2008年以来，辅仁已经向国家申报了50多个新药品种，进入临床试验的有29个，是全国最多的企业之一。凭借这样骄人的成绩，辅仁连续两年入围工信部举办的中国医药企业十佳研发线评选，并分别获得全国第三与第七的成绩。在"国家重大新药创制"项目中，辅仁立项项目数量也名列前茅。

自2012年开始，辅仁与医药科研部门合作，在郑州新区开建总占地面积367亩的新药创制科技园，主体工程包括药物研究院、新药孵化园、新药安全性评价中心、医药金融产业园、医药信息情报中心、后勤保障中心六大部分，届时将汇集国内外知名医学专家和新药研发机构，集产学研于一体，共同搭建一个无"围墙"的及高水平、高效率、多成果的研究基地。这是辅仁集团实现从医药制造业向医药创造业跨越的关键一步。

资料来源：健康一线. 辅仁药业辟蹊径定道路 勇搭平台谋发展[EB/OL].2016-08-26 [2022-01-08]. http://www.vodjk.com.

【点评】

辅仁药业的多品种、大产能策略是建立在科研创新、新药研制基础之上的，其从研发、生产、销售到资本扩张，资源布局匹配。

> ↘ 新手工沙盘实战案例3-3——广告标王是双刃剑

某公司新手工沙盘实战财务报表如表3-25～表3-27所示。

表3-25 新手工沙盘实战案例3-3——费用和销售构成表

年份	管理费	广告费	设备维护	厂房租金	转产费	市场开拓	ISO认证	产品研发	其他	总计	P1			P2			P3			P4		
											收入	数量	成本	收入	数量	成本	收入	数量	成本	收入	数量	成本
1年	4	7	4	0	0	2	1	12	0	30	30	6	12									
2年	4	10	6	5	0	0	0	2	0	27	18	4	8	13	2	6						
3年	4	36	5	5	0	0	0	0	0	50				37	5	15	18	2	8			
4年																						
5年																						
6年																						

表3-26 新手工沙盘实战案例3-3——利润表

项目	1年	2年	3年	4年	5年	6年
销售收入	30	31	55			
直接成本	12	14	23			
毛利	18	17	32			
综合费用	30	27	50			
折旧前利润	−12	−10	−18			
折旧	5	3	6			
息前利润	−17	−13	−24			
财务收/支	4	8	20			
额外收/支						
税前利润	−21	−21	−44			
税						
净利润	−21	−21	−44			

表3-27 新手工沙盘实战案例3-3——资产负债表

资产							负债+权益						
流动资产	1年	2年	3年	4年	5年	6年	负债	1年	2年	3年	4年	5年	6年
现金	16	36	28				长期负债	60	80	60			
应收	30	53	0				短期负债	40	60	40			
在制品	8	16					应付款						
产成品	6	14	10				应交税	0	0	0			
原材料	3	6	10				1年期长贷						
流动合计	63	125	48				负债合计	100	140	100			
固定资产	1年	2年	3年	4年	5年	6年	权益	1年	2年	3年	4年	5年	6年
土地和建筑	40	0					股东资本	50	50	50			
机器和设备	8	37	30				利润留存	14	−7	−28			
在建工程	32						年度利润	−21	−21	−44			
固定合计	80	37	30				权益小计	43	22	−22			
资产总计	143	162	78				负债权益总计	143	162	78			

【点评】

该公司第1、2年研发P2、P3产品，投资14M；安装2条自动生产线，投资32M；销售不理想，权益从43M降到22M。第3年本应守住基本盘，寻求最小的广告博取最大的销售，以减少亏损或权益回升，但该年投放了36M的巨额广告，导致综合费用高达50M，而毛利只有32M，第3年权益为-22M，亏损严重，破产倒闭。

➥ 企业实战案例3-3——广告标王是"双刃剑"

对于央视来说，每年的11月18日是一个重要的日子，这一天，央视会举行黄金资源广告招标大会。从1995年起，在央视的广告招标大会中已经有多届"标王"称雄，他们所折射的是行业的变迁、经济信号的传递及自身发展的戏剧性演变。

第一届孔府宴酒：1994年11月2日，在首届中央电视台广告竞标中，孔府宴酒以3 079万元夺得1995年"标王"桂冠。夺标当年，"孔府宴"就实现销售收入9.18亿元，利税3.8亿元，主要经济指标跨入全国白酒行业前三，成为国内知名品牌。但决策失误、结构调整不力和盲目扩张使得企业很快陷入困境，2002年6月，"孔府宴"品牌最终被零价转让给山东联大集团。

第二、三届秦池：1995年11月8日，秦池酒在第二届标王竞标会上以6 666万元抢摘"王冠"。1996年，原为山东省临朐县一个小型国有企业的秦池在成为"标王"后，收入高达9亿多元；1996年11月8日，秦池又以3.2亿元的天价卫冕"标王"成功。由于没有及时将经济效益转化为发展后劲，并且在1997年初遭媒体曝光"勾兑"事件后，秦池销售一落千丈，当年的辉煌已是过眼云烟。

第四届爱多VCD：1997年8月，央视第四届标王竞标会上，当时的VCD盟主爱多以2.1亿元戴上"标王"桂冠。但随着VCD市场的萎缩，创始人胡志标盲目实施多元化战略，铤而走险，开始造假诈骗，于2004年2月被捕入狱。

第五、第六届步步高VCD：1998年后，社会上对"标王"议论纷纷，央视开始淡化"标王"的概念。当年的"标王"为步步高电子有限公司，它在央视投入的广告总额为1 059亿元，并在2000年以1 026亿元蝉联冠军。近年来，新视听技术崛起，VCD市场利润空间被不断压缩，步步高逐渐淡出市场。

第七、第八届娃哈哈：2001年和2002年，娃哈哈分别以2 211万元和2 015万元获得"标王"。从"喝了娃哈哈，吃饭就是香"到"天堂水，龙井茶"，娃哈哈已成为中国比较具有价值的品牌之一。2004年，娃哈哈销售收入达到114亿元。

第九届熊猫手机：2002年年底，马志平以1.088 9亿元让市场表现平平的熊猫手机成为2003年度广告的"标王"，熊猫手机虽然借此一举扬名并带动了销售的提升，但在竞争激烈的手机市场中却未能胜出。由于缺乏核心技术，熊猫手机在巨额广告与薄利销售的矛盾中掉进了债务的无底洞。

资料来源：央视网. 命运各异：历届央视广告"标王"的沉浮录[EB/OL].2005-11-21 [2022-01-08]. http://www.cctv.com.

【点评】

广告是经营中最灵活的要素，同时也是一把双刃剑。它可以提高销售额，但当广告费超过可以带来的边际销售毛利后，就会导致亏损，可能会拖垮公司。广告只是企业经营中的一个变量，企业经营要揣摩对手，把握客户需求，精准计算市场供需，权衡费用与收益，寻求研发、产能、财务资源等系统的匹配最优。

→ 新手工沙盘实战案例3-4——盲目多元化

某公司新手工沙盘实战案例6年财务报表如表3-28～表3-30所示。

表3-28 新手工沙盘实战案例3-4——费用和销售构成表

年份	管理费	广告费	设备维护	厂房租金	转产费	市场开拓	ISO认证	产品研发	其他	总计	P1 收入	P1 数量	P1 成本	P2 收入	P2 数量	P2 成本	P3 收入	P3 数量	P3 成本	P4 收入	P4 数量	P4 成本
1年	4	8	5	0	0	1	1	6	0	25	20	4	8									
2年	4	10	5	0	2	2	1	16	1	41	28	6	12									
3年	4	10	4	5	0	0	0	0	0	23	17	4	8	58	8	24						
4年																						
5年																						
6年																						

表3-29 新手工沙盘实战案例3-4——利润表

项目	1年	2年	3年	4年	5年	6年
销售收入	20	28	75			
直接成本	8	12	32			
毛利	12	16	43			
综合费用	25	41	23			
折旧前利润	−13	−25	20			
折旧	5	4	5			
息前利润	−18	−29	15			
财务收/支	4	9	24			
额外收/支	0					
税前利润	−22	−38	−9			
税						
净利润	−22	−38	−9			

表3-30 新手工沙盘实战案例3-4——资产负债表

资产							负债+权益						
流动资产	1年	2年	3年	4年	5年	6年	负债	1年	2年	3年	4年	5年	6年
现金	56	33	13				长期负债	80	80	60			
应收	0	10	19				短期负债	20	80	40			
在制品	10	13					应付款	0					
产成品	6	13					应交税	0	0	0			
原材料	2	11					1年期长贷	0	0	0			
流动合计	74	80	32				负债合计	100	160	100			
固定资产	1年	2年	3年	4年	5年	6年	权益	1年	2年	3年	4年	5年	6年
土地和建筑	40	40					股东资本	50	50	50			
机器和设备	16	28	35				利润留存	14	−8	−46			
在建工程	12	16					年度利润	−22	−38	−9			
固定合计	68	84	35				权益小计	42	4	−5			
资产总计	142	164	67				负债权益总计	142	164	95			

【点评】

该公司第1年的权益是42M，第2年的权益断崖式降到4M，第3年的权益降到-5M，最后破产倒闭，主要问题出在过早产品多元化。第1、2年的P2、P3、P4产品同时研发，研发费投资22M，而第1、2年合计毛利才28M，虽然第2年投资安装了新的生产线，但是没有一个新产品投入市场销售。在第2年销售不理想的情况下，如果预算权益降到4M，应该果断控制综合费用，如停止研发投资的16M，则第2年还会剩下20M的权益，第3年也有东山再起的机会。该公司产品过早多元化，研发和产能不匹配，广告投放和生产也不匹配，不懂得控制费用，最终导致破产倒闭。

➤ 企业实战案例3-4——海航的多元化

海航起初是海南省地地道道的国企，但1993年经过陈峰等人的运作成为中国首家国有民营化的航空企业。同年5月，海航开始践行"店小二"精神，笑迎八方客，真诚服务旅客，其董事长陈峰甚至在空中为乘客倒茶，这直击彼时中国民航业的痛点——服务差。此后，"服务至上"成为海航的传统和经营的最高指令，该精神成就了海航连续9年获得SKYTRAX——全球航空公司奖(航空业的奥斯卡)五星航空公司的称号。

2008年海航集团确立了八大业务板块：航空、旅业、商业、物流、实业、机场、置业、酒店。2012年8月被优化为航空、物流、资本、实业、旅业五大板块。董事长陈峰抛出了"超级X计划"，即2020年海航集团营业收入要达到8 000亿元～10 000亿元，进入"世界100强"；2030年营业收入要达到15 000亿元，进入"世界50强"。

这个宏伟计划预示着海航踏上了"以多方融资为支撑、以快速并购为主要手段的多元化战略扩张之路"。2009年，海航集团旗下公司发展到200家；2010年，发展到311家；2011年6月，发展到700家。

海航的资本运作，从上市融资到全球的"买买买"模式，在2015～2017年达到了顶峰，希尔顿酒店、德意志银行皆收入囊中。2016年和2017年两年间，海航集团拥有高达5 600亿元的净投资。2017年，海航集团总资产和总负债都创下历史新高，分别是1.23万亿元和7 365亿元，是2008年的39倍和34倍，这意味着3年的疯狂并购再造了近3个海航。

但2018年开始，海航陷入流动性困境，随之而来的是经营困境，如今负债7 000亿元，主动请求当地政府介入。

2019年，海航再度登上SKYTRAX"全球最佳航空公司TOP10"榜单，排名上升至第7位，其旗下的海口美兰国际机场为全球第8家、国内(除港、澳、台地区)首家SKYTRAX五星级机场。同年，海航在中国民营企业500强中仅次于华为，以6 000多亿元的营收位列第二；在《财富》世界500强的榜单中也不缺海航的身姿(2015年为第464位，2016年为第353位，2017年为第170位)。

2020年2月29日下午，海航集团官方宣布：海南省人民政府牵头成立了"海南省海航集团联合工作组"，将全面协助、全力推进海航集团风险处置工作。

资料来源：搜狐网.盲目多元化：方正和海航的共同宿命[EB/OL].2020-03-06[2022-01-08].https://www.sohu.com.

【点评】

"鸡蛋不要放在一个篮子里"，当公司发展到一定阶段，多元化就成为企业经营战略之一。多元化曾在20世纪五六十年代被西方发达国家企业广泛采用，但20世纪80年代末到整个90年代，过度多元化给全球诸多跨国公司带来苦果，有的陷入困境、有的走向破产，因为多元化要耗费产品研发、企业开办等诸多费用，需要现金流支撑，以及与生产、销售、财务等诸多环节的匹配。因此，多元化是有前提的，需要所有者权益和现金流的支持，两者缺一不可，一厢情愿的多元化可能会导致权益和现金流失衡，这必然使企业陷入困境。企业沙盘推演和企业实战皆如此。

➤ 新手工沙盘实战案例3-5——绝境逢生

某公司新手工沙盘实战案例6年财务报表如表3-31～表3-33所示。

表3-31 新手工沙盘实战案例3-5——费用和销售构成表

年份	管理费	广告费	设备维护	厂房租金	转产费	市场开拓	ISO认证	产品研发	其他	总计	P1			P2			P3			P4		
											收入	数量	成本	收入	数量	成本	收入	数量	成本	收入	数量	成本
1年	4	5	5	0	1	4	1	16	2	38	20	4	8			0			0			0
2年	4	8	5	0	0	2	1		1	21	10		4	22	4	12			0			0
3年	4	11	6	0	0	0	0			21	24	5	10	47	6	18	59	7	28			0
4年	4	6	5	0	0	1	0			16			0	75	10	30	50	6	24			0
5年	4	7	6	3	0	0	0		8	32	5	1	2	51	7	21	43	5	20			0
6年	4	9	8	0	0	0	0			21			0	13	2	6	70	8	32	90	9	45

表3-32 新手工沙盘实战案例3-5——利润表

项目	1年	2年	3年	4年	5年	6年
销售收入	20	32	130	125	99	173
直接成本	8	16	56	54	43	83
毛利	12	16	74	71	56	90
综合费用	38	21	21	16	32	21
折旧前利润	−26	−5	53	55	24	69
折旧	4	5	6	10	10	12
息前利润	−30	−10	47	45	14	57
财务收/支	4	14	20	10	10	15
额外收/支						
税前利润	−34	−24	27	35	4	42
税						12
净利润	−34	−24	27	35	4	30

表3-33 新手工沙盘实战案例3-5 —— 资产负债表

资产							负债+权益						
流动资产	1年	2年	3年	4年	5年	6年	负债	1年	2年	3年	4年	5年	6年
现金	93	50	8	29	38	9	长期负债	120	120	100	80	80	80
应收	0	7	4	55	47	103	短期负债	40	60	0	40	80	60
在制品	11	18	19	21	23		应付款						
产成品	14	15	2	2	0		应交税	0	0	0	0	0	12
原材料	6	7	3	0	0		1年期长贷						
流动合计	124	97	36	107	108	112	负债合计	160	180	100	120	160	152
固定资产	1年	2年	3年	4年	5年	6年	权益	1年	2年	3年	4年	5年	6年
土地和建筑	40	40	50	40	40	70	股东资本	50	50	50	50	50	50
机器和设备	16	29	47	36	44	72	利润留存	14	−20	−44	−17	18	22
在建工程	10	20	0	5	40		年度利润	−34	−24	27	35	4	30
固定合计	66	89	97	81	124	142	权益小计	30	6	33	68	72	102
资产总计	190	186	133	188	232	254	负债权益总计	190	186	133	188	232	254

【点评】

该公司第1年综合费用为38M，其中研发费用为16M，P2、P3全部研发投资完毕，P4研发1季度，用力过猛，当年毛利为12M。第2年综合费用为21M，而毛利才16M，加上第1年的长期贷款120M，导致第2年长期贷款利息就为12M，权益直降到6M，濒临破产！关键的第3年，该公司立足原有产能，停止扩张，尽量控制综合费用，以最少的广告费博取尽可能大的销售额，第3年净利为27M，权益为33M，探底回升，最终权益为102M。

➲ 企业实战案例3-5——TCL：鹰已重生

2013年7月3日，福布斯中文版发布的"2013年中国最佳CEO"榜单中共有50位CEO入选"2013中国上市公司最佳CEO"，TCL集团董事长兼CEO李东生榜上有名。

至此，曾经发表著名的企业反思文章《鹰的重生》的李东生和他的TCL终于可以宣布：鹰已重生。

逆境描述：

多年前，李东生和他的TCL几乎淡出人们的视线，而在此之前，TCL曾风光无限。

2002年可以说是TCL和李东生无限风光的一年，这一年的年度经济人物评选获奖者之一便是李东生。借这个势头，TCL正式吹响了国际化的号角，在一年多的时间里，先后收购了欧洲老牌企业施耐德、汤姆逊和阿尔卡特的部分业务，扬起了中国企业通过并购进军海外市场之风。

但这一次趋势似乎并没有站在TCL这边，尽管李东生已经预料到全球彩电业将实现从CRT到平板的转型，但他没有料到这一场转变来得如此之快。几乎是一夜之间，家电市场上充斥着平板电视，汤姆逊的CRT技术几乎成为废纸。从2005年起，TCL经历了长达5年的严冬，李东生也在痛苦中度过了"一生中最难过的日子"。2004年、2005年和2006年的上半年，TCL都报出了巨额亏损。其中，2006年上半年TCL公司亏损7.38亿元，在国际化的道路上受到了严重创伤。

逆转故事：

2006年6月的一天，李东生对旗下并购汤姆逊后组建的合资公司TTE进行了大调整，以期尽快扭亏为盈。

产业调整，静待时机

TCL集团花了整整5年时间重组法国汤姆逊公司的业务团队，并整合业务架构、关闭不盈利的工厂，以及对其原有生产线进行改造转型，这些工作直到2009年前后才接近尾声。经过5年漫长的消化，TCL将主要精力放到了产业升级调整上。

在CRT向平板电视变革的过程中，为了改变"缺芯少屏"和受制于人的状况，在李东生的带领下，TCL集团投资了245亿元的巨资建设8.5代液晶面板生产线，意图打通彩电的上下游产业链。

2011年，TCL有了翻身的机会，当时，全球面板厂商普遍陷入持续亏损，面板货源供应及价格都利好于整机企业，这竟然歪打正着地帮助了"缺芯少屏"的本土彩电企业避免因面板供货不稳定及价格差而导致的整机毛利率过低的状况，因此，也让外资企业在面板整机一体化优势上并不明显。这无疑是2011年TCL集团多媒体业务业绩大增的主要原因之一。

除了面板供应的外部因素，TCL集团业绩背后更主要的原因是企业内控。TCL集团等本土彩电企业多年来在激烈竞争的彩电领域里拼杀，长期因"缺屏少芯"而形成了严格的内部把控及精细化运营管理上的独特优势，2011年在有效控制库存和新产品快速上市的表现上更是可圈可点，并且对市场变化的把控能力有了明显提升。

重生时刻：

企业的国际化是一项长跑，而不是冲刺，要有耐力和坚韧意志。2005～2006年，我们在美国和欧洲的业务先后巨额亏损，这几乎将我们压垮。但我们咬紧牙关坚持了下来，于是才有今天移动通信业务国际化的成功，才有彩电业务依然坚守欧美市场，并正在打造液晶全产业链。这是李东生微博中的一段话。

李东生说，回头去看，如果没有当年两大跨国并购，TCL的彩电和手机业务未必能坚持到现在，也不会有如今的业绩，更不会有目前国际化的TCL。

资料来源：民商网. 中国企业起死回生启示录[EB/OL]. 2013-09-23[2022-01-08]. https://www.ce-china.cn.

【点评】

TCL的实战案例和上面的沙盘实战案例如出一辙，它们都选择不让国际化研发成本沉没，瞄准市场需求，继续发力，成功研发产品，并生产销售，最终起死回生。

第 4 章

商战 ERP 沙盘推演

4.1   商战有何不同

　　商战ERP沙盘推演，以下简称商战电子沙盘或商战[①]，采用全计算机化监控运作，流程、规则、市场都有所不同。商战(电子)沙盘和新手工沙盘的主要差别如表4-1所示。

表4-1   商战(电子)沙盘与新手工沙盘的主要差别

项目	商战沙盘	新手工沙盘
上课方式	教师+若干沙盘公司(组)	教师+1名前台交易人员(贷款)+若干沙盘公司(组)
数据处理	"网络+"模式，"教师机+沙盘公司(组)机"联网，教师机实时管理交易过程，实时获取各个公司的订单、走盘过程、报表录入等数据	"网络+"模式，"教师机+交易员机+沙盘公司(组)机"联网，教师机实时获取各个公司的订单、走盘过程、报表录入等数据
初始盘面	只有现金，如600W	现金、长贷、短贷、生产线、厂房、在制品、库存产品、原材料、原料订单等
走盘	运营流程表记录、各种交易电子化、手工沙盘推进、可以年内还原	运营流程表登记、贷款申请登记、电子现金流量表登记、手工沙盘推进、沙盘计算机数据录入，年内可以按季度回推
广告	公司计算机录入投放广告，教师机读取，按规则排序	公司计算机录入投放广告，教师机读取，按规则排序
订货会	订货会+竞单会，市场总监选单，教师机自动登记订单	订货会，投影订单，市场总监选单，教师机选入，公司计算机同步显示
交货期	1、2、3、4季度	加急(1季度)，或者本年内
采购	运营流程表记录、原料订单及采购交易计算机控制登记，可紧急采购	运营流程表登记、原料订单及采购交易计算机录入、手工沙盘推进
生产	公司计算机操作生产、停产、转产，推进	运营流程表记录、手工沙盘推进生产、停产、转产，推进
交货	手动交货，计算机交易应收登记、自动收现，可紧急采购成品交货	运营流程表记录、手动交货，计算机交易应收登记、手工沙盘推进

[①] 本书商战的规则、市场预测等资料来源于新道公司，根据教学需要有改动。

(续表)

项目	商战沙盘	新手工沙盘
融资	长贷、短贷、高利贷，融资额度、贷款份数规则有变	长贷、短贷、订单抵押贷款
贷款	公司计算机操作、教师机按设定规则控制，年初长贷	运营流程表记录、前台借款还款登记、手工沙盘推进、计算机录入，年末长贷
生产线买卖安装	公司计算机操作、教师机按设定规则控制，规则有变，有租赁线	运营流程表记录、计算机录入买卖安装、手工沙盘推进，无租赁线
厂房、研发、认证	沙盘公司计算机操作、教师机按设定规则控制，4个厂房，规则有变	运营流程表记录、计算机录入投资、计算机沙盘推进
财务报表	公司计算机填报、教师机自动审核	计算机财务报表填制，教师机审核

❖ **说明：**

从本章开始货币单位用 W，与前三章货币单位 M 不同，如本章商战沙盘初始股本金是 600W，前三章新手工沙盘初始股本金是 50M。

4.2　商战运营流程

4.2.1　运作

商战电子沙盘采用电子与实物沙盘相结合的方式运作企业，所有运作必须在商战模拟平台上记录，手工沙盘只作为辅助运作工具。考虑到商业情报的获取，每年运行完成后，必须按照当年年末的结束状态将运作结果摆在手工沙盘上，以便现场各队收集情报。商战电子沙盘的操作界面(见图4-1)主要有三大块：投资、交易区，厂房、生产运作区，公司信息区。

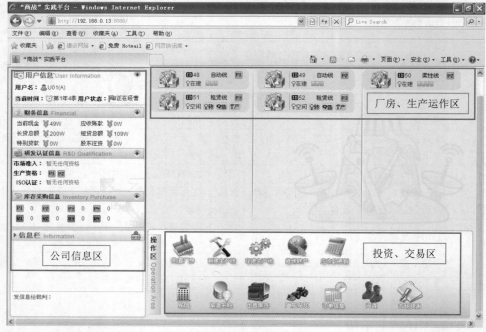

图4-1　商战电子沙盘的操作界面

每个"公司"标配5人——总经理、财务总监、营销总监、采购总监、生产总监。

4.2.2 流程

商战沙盘的运营流程,也分年初、年中、年末,商战电子沙盘运营流程表如表4-2所示。

表4-2 商战电子沙盘运营流程表

用户_____ 第____年经营

操作顺序	企业经营流程	每执行完一项操作,CEO请在相应的方格内记录。				
	操作名称	系统操作	1季	2季	3季	4季
年初	新年度规划会议					
	广告投放	输入广告费,确认				
	选单及招标竞单	选单及招标竞单				
	支付应付税	系统自动				
	支付长贷利息	系统自动				
	更新长期贷款/长期贷款还款	系统自动				
	申请长期贷款	输入贷款数额并确认				
1	季初盘点(请填余额)	产品下线生产线完工(自动)				
2	更新短期贷款/短期贷款还本付息	系统自动				
3	申请短期贷款	输入贷款数额并确认				
4	原材料入库/更新原料订单	需要确认金额				
5	下原料订单	输入并确认				
6	购买/租用——厂房	选择并确认,自动扣现金				
7	更新生产/完工入库	系统自动				
8	新建/在建/转产/变卖生产线	选择并确认				
9	紧急采购(随时进行)	随时进行输入并确认				
10	开始下一批生产	选择并确认				
11	更新应收款/应收款收现	系统自动				
12	按订单交货	选择交货订单确认				
13	产品研发投资	选择并确认				
14	厂房出售(买转租)/退租/租转买	选择并确认,自动转应收款				
15	新市场开拓/ISO资格投资	仅第4季允许操作				
16	支付管理费/更新厂房租金	系统自动				
17	出售库存	输入并确认(随时进行)				
18	厂房贴现	随时进行				
19	应收款贴现	输入并确认(随时进行)				
20	季末收入合计					
21	季末支出合计					
22	季末数额对账[(1)+(20)-(21)]					
年末	缴纳违约订单罚款	系统自动				
	支付设备维护费	系统自动				
	计提折旧	系统自动				( )
	新市场/ISO资格换证	系统自动				
	结账					

年初的工作主要是投放广告、参加订单会、长贷更新申请，如图4-2～图4-5所示。

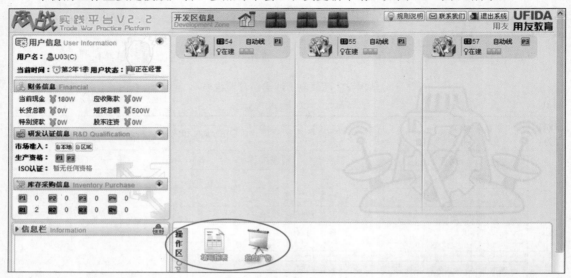

图4-2　年初——填写报表、投放广告

图4-3　年初——参加订货会

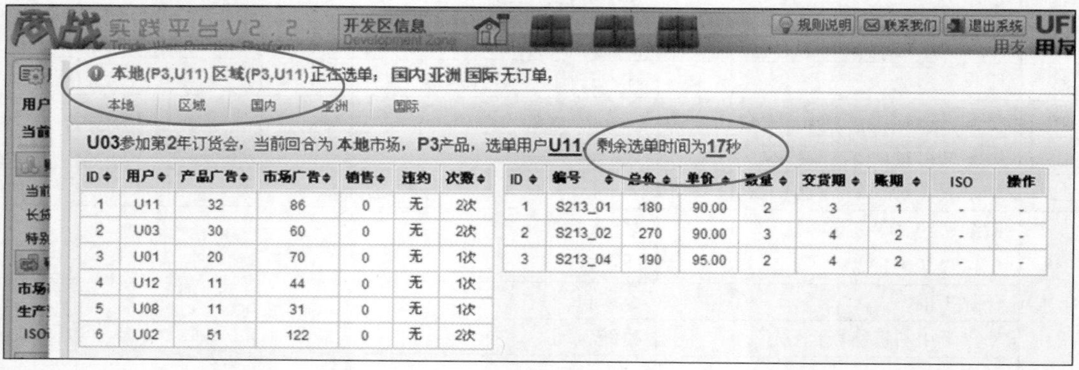

图4-4　年初——选单

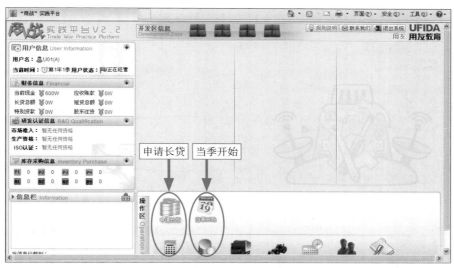

图4-5　年初操作——申请长贷

年中的主要工作是4个季度的生产经营，如图4-6～图4-11所示。

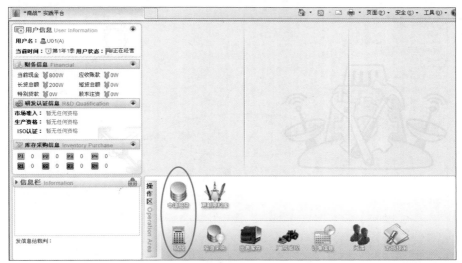

图4-6　年中——申请短贷

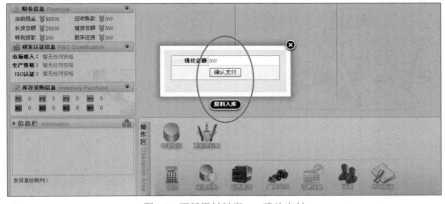

图4-7　更新原材料库——确认支付

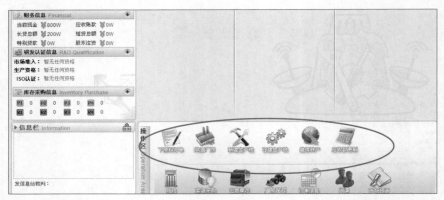

图4-8　年中——下原料订单、购置厂房、新建生产线、在建生产线、继续转产

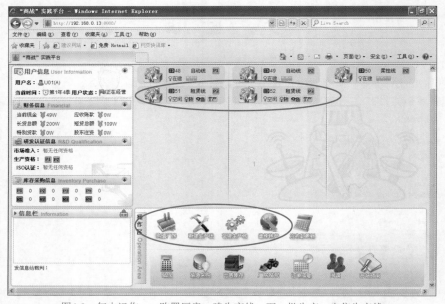

图4-9　年中运作——购置厂房、建生产线、下一批生产、出售生产线

图4-10　应收款更新

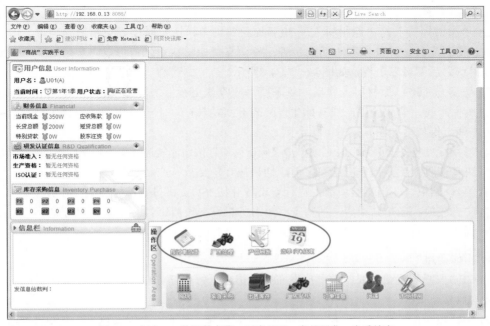

图4-11 年中——按订单交货、厂房处理、产品研发、当季结束

年末的主要工作是市场和ISO认证投资、提交上年财务报表、互相参观盘面收集情报，如图4-12所示。

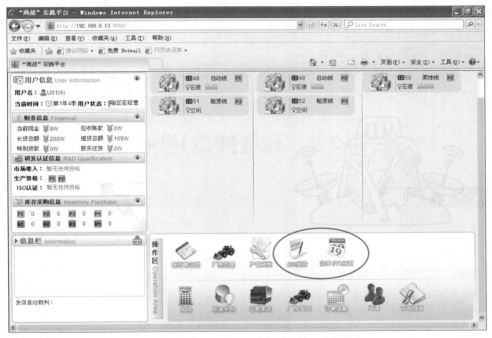

图4-12 年末——新市场开拓/ISO投资、当年结束

↘ 特别提醒

(1) "申请长期贷款"与"当季开始"：每年年初先单击"申请长贷"按钮进行操作，再单击"当季开始"按钮开始当年第1季度的经营，直接单击"当季开始"按钮则不能进行长期贷

款，如图4-5所示。

(2) "申请短贷"与"原材料入库/更新原材料订单"：每季度"更新原材料库"时必须单击"确认支付"按钮才能继续下面的步骤；确认支付原材料费之前可以"申请短贷"，确认支付原材料费之后不可以短贷，如图4-6、图4-7所示。

(3) 厂房与生产：原材料入库后，每季度"应收款更新"之前，购买租用厂房、新建/在建/转产/变卖生产线、建成的生产线开始生产、转产等，转产、下一批生产、出售生产线直接在相应的生产线上操作，如图4-8、图4-9所示。

(4) 每季度"应收款更新"时必须单击"确认操作"按钮才能进行下一步操作，如图4-10所示。

(5) 更新应收款后，当季度结束之前，切记按订单交货、产品研发，如图4-11所示。

(6) 第4季结束，即当年结束前，进行新市场开拓/ISO资格投资，如图4-12所示。

(7) 广告投放：当年结束后，填写上一年财务报表、投放广告，如图4-2所示。

(8) 订货会：两个市场同时选单，留意选单剩余时间，如图4-4所示。

➤ 操作要点

(1) CEO按照经营记录表中的顺序发布执行指令，每项任务完成后，在任务后对应的方格中做运营的数据记录。

(2) 出错较少的整体运作流程：电子表格筹划运算——纸质流程表填写——沙盘推演——输入计算机系统。

(3) 每年年初长期贷款操作，先"申请长贷"，再"当季开始"；如直接"当季开始"则不能进行"申请长贷"操作。

(4) 生产线转产、下一批生产、出售生产线均在相应生产线上直接操作。

(5) 应收款收回由系统自动完成，不需要各队填写收回金额。

(6) 只显示可以操作的运行图标。

(7) 选单时两个市场同时选单，必须注意各市场状态(正在选单、选单结束、无订单)，选单时各队需要单击相应的"市场"按钮，一个市场选单结束，系统不会自动跳到其他市场。

4.3 商战沙盘规则

4.3.1 生产规则

1. 生产线

生产线投资安装生产规则如表4-3所示。每个季度都可以投资建设或租赁生产线，当季扣除相应现金，生产线投资完毕的下个季度叫作建成；生产线建成当年不折旧；当年建成的生产线，停产、转产中生产线都要交维修费。

表4-3　生产线投资安装生产规则

生产线	购置费	安装周期	生产周期	总转产费	转产周期	维修费	残值
手工线	45W	无	2Q(季)	0	无	10W/年	5W
租赁线	0	无	1Q(季)	20W	1Q(季)	60W/年	−100W
自动线	150W	3Q(季)	1Q(季)	20W	1Q(季)	20W/年	30W
柔性线	200W	4Q(季)	1Q(季)	0	无	20W/年	40W

- 只有空的并且已经建成的生产线方可转产。
- 生产线不允许在不同厂房间移动。
- 租赁线不需要购置费，不用安装周期，不计提折旧，维修费可以理解为租金；其在出售时(可理解为退租)，系统将扣100W/条的清理费用，记入损失；该类生产线不计小分。
- 不论何时出售生产线，从生产线净值中取出相当于残值的部分计入现金，净值与残值之差计入损失；手工线不计小分。

2. 生产线折旧(平均年限法)

折旧规则如表4-4所示。当年建成生产线当年不计提折旧，当生产线净值等于残值时不再折旧，但可继续使用。

表4-4　折旧规则

生产线	购置费	残值	建成第1年	建成第2年	建成第3年	建成第4年	建成第5年
手工线	45W	10W	0	10W	10W	10W	10W
自动线	150W	30W	0	30W	30W	30W	30W
柔性线	200W	40W	0	40W	40W	40W	40W

3. 厂房

厂房规则如表4-5所示。厂房每季均可租或买，当季扣除相应现金，租满一年的厂房在满年的季度(如第2季租的，则在以后各年第2季为满年，可进行处理)，需要用"厂房处理"进行"租转买""退租"(当厂房中没有任何生产线时)等处理；如果未加处理，则原来租用的厂房在满年季末自动续租；厂房不计提折旧；生产线不允许在不同厂房间移动。

厂房使用可以任意组合，但总数不能超过4个，如可租4个小厂房、买4个大厂房、租1个大厂房买3个中厂房。

厂房出售得到4个季度账期的应收款，紧急情况下可进行厂房贴现(4季贴现)，直接得到现金，若厂房中有生产线，则要扣租金。

厂房全额贴现在系统"厂房贴现"中操作；如果出售的厂房应收部分贴现，则在系统应收"贴现"中操作，应收期从出售厂房开始计算。

表4-5　厂房规则(商战)

厂房	买价	租金	售价	容量
大厂房	440W	44W/年	440W	4条
中厂房	300W	30W/年	300W	3条
小厂房	180W	18W/年	180W	2条

4.3.2　采购规则

1. 原料订购

原材料采购规则如表4-6所示。

表4-6　原材料采购规则(商战)

名称	购买价格	提前期
R1	10W/个	1季
R2	10W/个	1季
R3	10W/个	2季
R4	10W/个	2季

2. 紧急采购

紧急采购付款即到货，原材料价格为直接成本的2倍，成品价格为直接成本的3倍。

紧急采购原材料和产品时，直接扣除现金。上报报表时，成本仍然按照标准成本记录，紧急采购多付出的成本计入费用表的损失项。

4.3.3　融资

财务融资贷款规则如表4-7所示。

表4-7　财务融资贷款规则

贷款类型	贷款时间	贷款额度	年息	还款方式
长期贷款	每年年初	所有长贷和短贷之和不能超过上年权益的3倍－未还贷款	10%	年初付息，到期还本；每次贷款为大于10的整数
短期贷款	每季度初		5%	到期一次还本付息；每次贷款为大于10的整数
资金贴现	任何时间	视应收款额	10%(1、2季)，12.5%(3、4季)	变现时贴息，可对1、2季应收联合贴现(3、4季同理)
库存拍卖	原材料八折，成品按成本价			

所有长贷和短贷之和不能超过"上年权益的3倍－未还贷款"，每次贷款额度为大于10的整数，即贷款数额可以是11、101等，但是不能贷款8、9等个位数。

有应收账款可以随时贴现，贴现费视该笔应收款的应收款账期而定；1、2季应收款贴现，每10W扣1W贴现费；3、4季应收款贴现，每8W扣1W贴现费；贴现费小数点向上取整。可对1、2季应收款联合贴现(3、4季同理)，例如，一个数额为7W、账期为1W的应收款和另一个数额为3W、账期为2的应收款，可以两个应收款一起贴现，收到9W现金，支付1W贴现费。

↘ 特别提醒

贴现费视该笔应收款的应收款账期而定，而不是视运行季度而定。应收款账期是随运行时间流动的，具体步骤以"更新应收账款"为界限。例如，某笔订单，第1个季度按订单交货、3个季度应收期，运行到第2季度"更新应收账款"后，应收账期是2个季度。

↘ 思考

某年第4季度交订单一张，4个季度的应收账期，当季度准备贴现，贴现费应该怎么计算？运行2个季度"更新应收账款"后，准备贴现，贴现费又应该怎么计算？

↘ 提示

参考第二章的图2-35，在"财务中心"做沙盘推演。

4.3.4 市场资格和产品

1. 市场准入

市场开拓规则如表4-8所示。市场开发投资完毕的下一年拥有市场准入资格；市场开发完成后，领取相应的市场准入证，可以在年初进入该市场投放广告、获取订单。开发费用按开发时间在年末平均支付，不允许加速投资，但可中断投资。

拥有市场资格后无须交维护费；中途停止使用，也可继续拥有资格并在以后年份使用。

表4-8　市场开拓规则

市场	开发费	时间
本地	10W/年	1年
区域	10W/年	1年
国内	10W/年	2年
亚洲	10W/年	3年
国际	10W/年	4年

2. ISO资格认证

ISO认证投资规则如表4-9所示。投资完毕的下一年拥有ISO认证资格，ISO开发完成后，领取相应的认证，拥有资格后就可以选择相应资格要求的订单，而不需要另外投放ISO广告。开发费用按开发时间在年末平均支付，不允许加速投资，但可中断投资。

表4-9　ISO认证投资规则(商战)

认证	ISO 9000	ISO 14000
时间	2年	2年
费用	10W/年	15W/年

3. 产品研发和BOM

表4-10所示为产品研发及产品结构树(BOM)，其中P4产品需要P1产品做物料。

表4-10　产品研发及产品结构树(BOM)

名称	开发费用	开发周期	加工费	直接成本	产品结构树(BOM)
P1	10W/季	2季	10W/个	20W/个	R1
P2	10W/季	3季	10W/个	30W/个	R2+R3
P3	10W/季	4季	10W/个	40W/个	R1+R3+R4
P4	10W/季	5季	10W/个	50W/个	P1+R2+R4

4.3.5 选单和竞单

1. 选单规则

1) 最小得单广告额——6W

投6W广告有一次选单机会，每增加12W多一次机会。例如，投6W广告有机会获得1张单，投18W有机会获得2张单，投30W有机会获得3张单。如果投小于6W的广告则无选单机会，但仍扣广告费，对计算市场广告额有效。

2) 选单顺序

(1) 按本市场本产品广告投放额的大小依次选单。

(2) 如果两队本市场本产品广告额相同，则看本市场广告投放总额。

(3) 如果本市场广告总额也相同，则看上年本市场销售排名。

(4) 若仍无法决定，则先投广告者先选单。

(5) 第一年无订单。

3) 两个市场同时选单

选单时，两个市场由系统控制同时开单，各队需要同时关注两个市场的选单进展，其中一个市场先结束，则第三个市场立即开单，即任何时候会有两个市场同开，除非到最后只剩下一个市场选单未结束。例如，某年有本地、区域、国内、亚洲4个市场有选单，系统将本地、区域同时放单，各市场按P1、P2、P3、P4顺序独立放单；若本地市场选单结束，则国内市场立即开单，此时区域、国内两市场保持同开；紧接着区域市场结束选单，则亚洲市场立即放单，即国内、亚洲两市场同开。选单时各队需要单击相应的"市场"按钮，一个市场选单结束，系统不会自动跳到其他市场。

↘ 提请注意

(1) 每张单的选单时间为45秒，出现确认框要在倒计时大于5秒时单击"确认"按钮，否则可能造成选单无效。

(2) 在某细分市场(如本地、P1)有多次选单机会，只要放弃一次，则视同放弃该细分市场所有选单机会。

(3) 商战规则一般不设置市场老大；如果根据教学需要想要设置市场老大，系统会根据年末市场实际销售额来计算市场老大，对于违约的公司，系统会自动扣减其销售额，并计算某个市场最终的老大；如果销售额一样，则由系统判定。

(4) 若具有ISO 9000、14000资格，则可以选有相应资格要求的订单，不需要另外投放ISO广告。

2. 竞单会

竞单会界面如图4-13所示。系统一次放3张订单同时竞争，并显示所有订单。

图4-13　商战界面——竞单会

参与竞标的订单标明了订单编号、市场、产品、数量、ISO 要求等，而总价、交货期、账期三项为空。竞标订单的相关要求说明如下。

1) 投标资质

(1) 参与投标的公司需要有相应市场、ISO 认证的资质，但不必有生产资格。

(2) 中标的公司需为该单支付 6W 标书费，计入广告费。

(3) 准备参加竞单会的公司必须在订货会之前储备足够的现金，以投放广告和竞单标书费。

(4) 现金余额<(已竞得单数+本次同时竞单数)×6，则现金不足，不能再竞，即必须有一定现金库存作为保证金。

(5) 如果用户已经投标，之后又进行了某些活动而扣除了现金(如间谍)，导致其现金不足以交招标费，则系统自动回收其所竞得的相应订单。例如，某队当前现金为 15W，参与了某轮竞单投标，之后进行间谍活动导致剩余现金为 14W，该队此 3 张订单均中标，则最后系统将只给予 2 张订单，第 3 张订单收回作废；如果其进行间谍活动导致库存现金只剩余小于标书费 6W，则 3 张订单均收回作废。

(6) 为防止恶意竞单，对竞单张数进行限制，如果{某队已竞得单的张数>ROUND(3×该年竞单总张数÷参赛队数)}，则不能继续竞单。

↘ **提请注意**

(1) ROUND 表示四舍五入。

(2) 若现金余额=(已竞得单数+本次同时竞单数)×6，则可以继续参与竞单。

(3) 参赛队数指经营中的队伍，包括破产继续经营的队伍，但破产退出经营的队伍则不算在其内。

(4) 如某年竞单，共有 8 张，10 队(含破产继续经营)参赛，则(3×8)÷10=2.4，四舍五入取 2，当一队已经竞得到 2 张单，因为 2=2，还能继续竞单；但如果已经竞得 3 张，3>2，则不可以继续参与竞单。

2) 投标

(1) 参与投标的公司需根据所投标的订单，在系统规定时间(90 秒，以倒计时秒形式显示)内填写总价、交货期和账期三项内容。

(2) 确认后由系统按照以下公式计算：得分=100+(5-交货期)×2+应收账期-8×总价÷(该产品直接成本×数量)，以得分最高者中标。如果计算分数相同，则先提交者中标。

(3) 总价不能低于(可以等于)成本价，也不能高于(可以等于)成本价的 3 倍。

(4) 每轮竞单时间为 90 秒，必须为竞单留足时间，若在倒计时小于等于 5 秒时再提交，则可能无效。

(5) 竞得订单与选中订单一样，算作市场销售额。

3) 案例

某年一共有 7 张竞单，系统每轮放 3 张竞单，即第一轮放 3 张竞单，第二轮放 3 张竞单，第三轮放 1 张竞单，则第一轮、第二轮都需要准备至少 18W 现金才能参与竞单，第三轮需要 6W 现金。

如果企业有 14W 现金，则第一轮、第二轮都不能参与竞单，只能参与第三轮竞单。如果打算三轮都参与竞单，至少要准备 24W 现金，第一轮如果竞得 1 张订单，库存现金剩下 18W，可以参加第二轮；如果第二轮又竞得 1 张订单，库存现金剩下 12W，则还可以参加第三轮竞单。

3. 交货期、违约

订单的交货期有可能是1、2、3、4季度(Q)，订单必须在规定季或提前交货，应收账期从交货季开始算起。应收款收回系统自动完成，不需要各队填写收回金额。

违约订单立即作废取消，违约金年末系统自动扣除，并计入其他损失。

4.3.6 重要参数及特殊计算

1. 重要参数

(1) 初始资金为600W。

(2) 每市场每产品选单时第一个队选单时间为65秒，自第二个队起，选单时间设为45秒。

(3) 信息费10W/次/队，即交10W可以查看一队企业信息，交费企业以Excel表格形式获得被间谍企业的详细信息。选单会结束后至竞单会结束前，间谍费会提高至10 000W/次/队。

(4) 违约金比例为20%。

(5) 所得税税率为25%，累计净利弥补历年累计亏损后，开始计税。

计税案例：第一年净利-200W，第二年净利+100W，第三年净利+180W；则第一、二年累计净利为100-200=-100(W)，第二年净利还不足以弥补第一年亏损的200W，不计税；到第三年，净利=100+180-200=80(W)，所得税=80×25%=20(W)，第二、三年累计净利为280W，弥补第一年亏损的200W后还多出80W，税率25%，计税20W，计入应付税20。

❖ **说明：**

> 以上参数，每轮教学、比赛会有差异，由教师、裁判掌握。

2. 取整规则(均精确或舍到个位整数)

(1) 违约金扣除——四舍五入。

(2) 库存拍卖所得现金——四舍五入。

(3) 贴现费用——向上取整。

(4) 扣税——四舍五入。

(5) 长短贷利息——四舍五入。

3. 特殊费用项目

(1) 库存折价拍卖折价部分、生产线变卖高出残值部分、紧急采购高出正常成本部分、订单违约罚金部分计入综合费用的"其他损失"项目。

(2) 增减资计入股东资本或特别贷款(均不算所得税)。

↘ **提请注意**

增资只适用于破产队。

4.3.7 竞赛评分

1. 成绩计算

完成预先规定的经营年限，将根据各队的最后分数进行评分，分数高者为优胜。

总成绩=所有者权益×(1+企业综合发展潜力÷100)-罚分。

企业综合发展潜力系数如表4-11所示。

表4-11 企业综合发展潜力系数(商战)

项目	综合发展潜力系数
自动线	+8/条
柔性线	+10/条
本地市场开发	+7
区域市场开发	+7
国内市场开发	+8
亚洲市场开发	+9
国际市场开发	+10
ISO 9000	+8
ISO 14000	+10
P1产品开发	+7
P2产品开发	+8
P3产品开发	+9
P4产品开发	+10

如有若干队分数相同,则最后一年在系统中先结束经营(而非指在系统中填制报表)者的排名靠前。

生产线建成即加分,无须生产出产品,也无须有在制品。手工线、租赁线、厂房无加分。

2. 罚分规则

(1) 运行超时扣分。运行超时有两种情况:一种是指不能在规定时间完成广告投放(可提前投广告);另一种是指不能在规定时间完成当年经营(以单击系统中"当年结束"按钮并确认为准)。建议处罚:按10分/分钟(不满一分钟算一分钟)计算罚分,最多不能超过10分钟。

(2) 报表错误扣分。必须按规定时间在系统中填制资产负债表,如果上交的报表与系统自动生成的报表对照有误,则建议在总得分中扣罚50分/次,并以系统提供的报表为准修订。

(3) 年度运作中可以不摆实物沙盘,但是建议过程中摆物理盘面。巡盘期间(每年经营结束后,由裁判宣布巡盘间谍时间)需要如实回答巡盘者提问,不能拒绝巡盘者查看计算机屏幕及其中任何信息(巡盘者不可操作他队计算机,只能按要求查看信息)。巡盘时各队至少留一人。

以上为参考建议,罚分由教师具体掌握。

3. 破产处理

当参赛队权益为负(指当年结束系统生成资产负债表时为负)或现金断流时(权益和现金可以为零),企业破产。

4.4 商战经营分析

与"新手工"沙盘相比,"商战"沙盘的运营流程、规则和市场发生了变化,"企业"经营管理也必须顺势而为。下面做主要的解读分析。

1. 市场环境

除订货会之外，在某些年度另有竞单会，这意味"企业"面临的是"零售为主，招标为辅"的市场。年初有适当的成品库存或适当的原材料库存，也许能应对市场的供需变化，抓住稍纵即逝的市场机会。

2. 融资

长短贷额度合计不超过上年所有者权益的3倍，意味着融资额度减少，前期现金流吃紧，但是贴现利息降低，融资成本降低。

3. 开局

商战规则下，每个公司初始都没有产品，市场竞争者初期选择什么产品进入市场，开局不确定性大，因此更需研究对手，精细计划，方案选择要有一定抗风险性能力。公司初创处处用钱，资源有限，因此要选择某一个或某两个产品研发，并投入市场。如果一开始选择3个产品，甚至直接4个产品一起开发、生产，则研发费用大，产能分散，在细分市场竞争力不强；好处是竞争风险分散，避免单个产品竞争扎堆。

4. P4产品

高端产品P4机会与风险并存。商战规则中，P4产品要使用P1产品做中间产品，这意味着生产P4的同时还要研发P1，而且要专门有生产线生产P1，以作为材料生产P4用，这样，一条生产线产生的利润实际上要打5折。这时候就要考虑P4产品的利润是否合算，当然，如果很多公司面对P4知难而退，只有你在生产，那么"天下"就是你的了。

5. 广告与订单

在商战规则沙盘中，广告投放单位变为6W有机会获得一张订单，以后每增加12W有机会多拿一张订单。同时，广告投放更灵活，例如，投6W和7W都有机会拿一张订单，但是投7W可以比投6W的公司优先获得订单。

相对于资本金600W，广告投放单位变为6W后的投放费用实际上比新手工沙盘少了。那么，到底需投放多少广告？不同的对手，广告投放的心理不一样，但第2年的广告很关键，有了第2年的对比，剩下年的广告就可以有参照。第2年的广告投放，要在研究市场预测和第1年情报收集基础上做决定，包括估算拟进入的细分市场的订单张数、每张订单数量的分布、哪些队伍和自己有竞争、竞争对手的产品、竞争对手的产能、原材料订购、资金等。如果拟进入的细分市场供需平衡，可以少投广告；如果拟进入的细分市场供过于求，则投放的广告要多一些。

6. 产销计划

在商战规则沙盘中，订单交货期可能是第1季度、第2季度、第3季度、第4季度，也就是说要在订单规定的交货季度及其之前交货。所以，哪张订单可以选，哪张订单不可以选，要很清晰，生产总监和营销总监要密切配合，精细计算出本公司各个季度的产出产品节拍、数量。一旦不能交货，订单将被取消，并按照订单额罚款20%。所以，有库存或者产出集中在每一年的前期，有利于交货，并可获取其他公司不能得到的订单。

7. 生产线

手工生产线投资少，2条手工线大体等于1条自动线的产能，而且没有安装周期、转产周期和费用，利于在前期确立产能优势，但是手工占用厂房空间，后期优势会不如自动线或者柔性线。

租赁线是独特的生产线，没有安装周期，用得好可以出奇制胜。它的产能和自动线一样，维修费是自动线的一倍多，也利于在前期确立产能优势，但是租赁线不能加分，后期更换需早做谋划。

自动线安装周期为3个季度，需要和产品研发周期配合，避免出现生产线建设过早而没有产品生产，或者产品研发完毕却没有生产线生产。

需要对生产线做投资回收期分析。

8. 土地与厂房

企业使用厂房的季度要购买或者支付租金，会对前期造成现金流压力。

大、中、小厂房的生产线容量分别是4、3、2，竞争前期，生产线建设不多，投资中小厂房似乎也够用，而且投资不大，现金流压力不大；但是后期发展，中小厂房空间不足的缺点就显示出来了，而且在厂房还有生产线的情况下，厂房不能退租。这是选择厂房时必须考虑并做出精确计划的。

9. 竞单会

(1) 性质。

订货会类似一个零售市场，厂商在事先不知道具体订单的情况下按照市场预测投放广告、争夺订单。竞单会则类似投标市场，竞单年份随市场预测同时公布。系统投放订单，各公司参与竞争，这时商战市场不确定性增大，也是精彩之处。

(2) 竞什么？——竞总价、交货期、账期。

竞单是在订货会之后的争夺订单环节，给博弈增加了不确定性和精彩之处。系统按照"得分$=100+(5-$交货期$)\times2+$应收账期$-8\times$总价$\div($该产品直接成本$\times$数量$)$"或者"得分$=100+(5-$交货期$)\times2+$应收账期$-8\times$单价$\div$该产品直接成本"计算，以得分最高者中标。总价不能低于(可以等于)成本价，也不能高于(可以等于)成本价的3倍。

(3) 怎么竞争。

参与投标的公司需根据所投的订单，在系统规定的时间填写总价、交货期、账期三项内容。参与竞标的订单标明了订单编号、市场、产品、数量、ISO要求等，而总价、交货期、账期三项为空。竞拍会的单子中，价格、交货期、账期都是根据各个队伍的情况自己填写选择的，系统默认的总价是成本价、交货期为1期交货、账期为4账期，如修改需手工修改。

(4) 参加竞单会需要多少钱。

系统一轮放3张订单同时竞单，中标的公司需为竞争到的单支付6W标书费，只要参加一轮，系统默认可能获得3张竞单，需要准备$3\times6=18$W现金。

(5) 获得竞单需要扣除多少钱。

中标的公司每竞争到1张单需为该单支付6W标书费，在竞标会结束后一次性扣除，计入广告费。

(6) 如何竞到单。

竞单可能会得到成本价的3倍的超级利润，也可能用成本价阻止其他队伍获取超级利润。单价低、交货期快、账期长、分数高的，优先得单。

例如，某公司拟以1交货期、4季度应收账期、成本的3倍来竞单，则：

得分$=100+(5-1)\times2+4-8\times60\div20=100+8+4-24=88$

例如，某公司拟以1交货期、0季度应收账期、成本的2.5倍来竞单，则：

得分$=100+(5-1)\times2+0-8\times2.5=100+8+0-20=88$

表4-12说明不同产品交货期减少1季度对单价的影响，应收账期增加1季度对单价的影响。

竞单得分案例如表4-13所示。

表4-12 交货期——应收账期和单价的关系

单位：W/个

产品	直接成本	交货期减1对单价的影响	应收账期增1对单价的影响
P1	20	+5	+2.5
P2	30	+7.5	+3.75
P3	40	+10	+5
P4	50	12.5	+6.25

表4-13 竞单得分案例

产品	出价比	成本	数量	单价	总价	交货期	账期	竞单得分	每1价格变化分数变化
P4	1.020	50	4	51	204	1	4	103.840	0.16
P3	1.025	40	4	41	164	1	4	103.800	0.2
P2	1.033	30	4	31	124	1	4	103.733	0.267
P1	1.050	20		21		1	4	103.600	0.4
P1	3.000	20		60		4	0	78.000	
P4	1.000	50		50		1	4	104.000	

注：出价比＝单价÷成本价。

学员需利用流程表、费用表、利润表、资产负债表等做推演，以验证自己的战略与计划构想。

4.5 商战沙盘企业实战案例

➥ 商战沙盘实战案例4-1——高端差异取胜

表4-14～表4-19所示为某公司商战沙盘实战案例财务报表等资料。

表4-14 商战沙盘实战案例4-1——费用表

单位：W

年度	第1年	第2年	第3年	第4年	第5年	第6年
管理费	40	40	40	40	40	40
广告费	0	58	60	190	246	867
维护费	0	320	320	320	400	480
损失	0	0	0	0	0	0
转产费	0	0	0	0	0	0
租金	44	88	88	132	176	44
市场开拓费	50	30	20	10	0	0
产品研发费	60	10	0	0	40	0
ISO认证费	25	25	0	0	0	0
信息费	0	0	0	0	0	0
合计	219	571	528	692	902	1431

表4-15　商战沙盘实战案例4-1——利润表

单位：W

年度	第1年	第2年	第3年	第4年	第5年	第6年
销售收入	0	1 254	1 678	2 147	2 894	3 645
直接成本	0	480	600	820	1 120	1 440
毛利	0	774	1 078	1 327	1 774	2 205
综合费用	219	571	528	692	902	1 431
折旧前利润	−219	203	550	635	872	774
折旧	0	0	160	160	160	280
支付利息前利润	−219	203	390	475	712	494
财务费用	0	66	130	115	110	261
税前利润	−219	137	260	360	602	233
所得税	0	0	45	90	151	58
年度净利润	−219	137	215	270	451	175

表4-16　商战沙盘实战案例4-1——资产负债表

单位：W

类型/年度	第1年	第2年	第3年	第4年	第5年	第6年
现金	99	49	532	827	679	831
应收款	0	525	662	556	2 025	2 558
在制品	0	280	280	280	360	0
产成品	0	0	200	100	20	100
原料	0	0	0	0	0	0
流动资产合计	99	854	1 674	1 763	3 084	3 489
厂房	0	0	0	0	0	1 320
机器设备	0	800	640	480	920	1 240
在建工程	800	0	0	600	600	0
固定资产合计	800	800	640	1 080	1 520	2 560
资产总计	899	1 654	2 314	2 843	4 604	6 049
长期贷款	0	0	0	494	1 103	1 693
短期贷款	518	1 136	1 536	1 256	1 896	2 669
特别贷款	0	0	0	0	0	0
所得税	0	0	45	90	151	58
负债合计	518	1 136	1 581	1 840	3 150	4 420
股东资本	600	600	600	600	600	600
利润留存	0	−219	−82	133	403	854
年度净利	−219	137	215	270	451	175
所有者权益合计	381	518	733	1 003	1 454	1 629
负债和所有者权益总计	899	1 654	2 314	2 843	4 604	6 049

表4-17 商战沙盘实战案例4-1——厂房信息

ID	名称	状态	容量	购价	租金	售价	最后付租	置办时间
8	大厂房	购买	0/4	440W	44W/年	440W	—	第1年1季
25	大厂房	购买	0/4	440W	44W/年	440W	—	第2年1季
36	大厂房	购买	0/4	440W	44W/年	440W	—	第4年1季
42	大厂房	租用	0/4	440W	44W/年	440W	第6年1季	第5年1季

表4-18 商战沙盘实战案例4-1——产品研发信息

名称	研发费	周期	完成时间
P1	10W/季	2季	第1年2季
P3	10W/季	4季	第5年4季
P4	10W/季	5季	第2年1季

表4-19 商战沙盘实战案例4-1——生产线信息

ID	名称	厂房	产品	累计折旧	建成时间	开建时间
24	柔性线	大厂房(8)	P4	160W	第2年1季	第1年1季
26	柔性线	大厂房(8)	P4	160W	第2年1季	第1年1季
28	柔性线	大厂房(8)	P4	160W	第2年1季	第1年1季
29	柔性线	大厂房(8)	P4	160W	第2年1季	第1年1季
86	租赁线	大厂房(25)	P1	0	第2年1季	第2年1季
88	租赁线	大厂房(25)	P1	0	第2年1季	第2年1季
90	租赁线	大厂房(25)	P1	0	第2年1季	第2年1季
92	租赁线	大厂房(25)	P1	0	第2年1季	第2年1季
134	自动线	大厂房(36)	P1	30W	第5年1季	第4年2季
135	自动线	大厂房(36)	P1	30W	第5年1季	第4年2季
136	自动线	大厂房(36)	P1	30W	第5年1季	第4年2季
137	自动线	大厂房(36)	P1	30W	第5年1季	第4年2季
169	自动线	大厂房(42)	P3	0	第6年1季	第5年2季
170	自动线	大厂房(42)	P3	0	第6年1季	第5年2季
171	自动线	大厂房(42)	P3	0	第6年1季	第5年2季
172	自动线	大厂房(42)	P3	0	第6年1季	第5年2季

【点评】

研发高端产品，以产品差异化取胜。第1年，该公司选择高难度的P1、P4产品研发开局，建设4条柔性生产线；第2年，订单获取理想，配套上4条租赁线，生产节拍搭配，产出P4投放市场，在P4获取足够资本后，第6年进入P3市场。成本控制方面，开局选择短贷，购买厂房，费用低；柔性线搭配租赁线，轻重资产搭配，产能节拍和费用都能兼顾；财务费用始终控制较低；原材料库存始终为0，显示计划细致。

风险：前期的纯短贷，如果遇到订单获取不理想，容易陷入困境。

➴ 【企业实战案例4-1】——差异化开拓新天地

五菱宏光MINIEV是在2020年7月上市的一款小型新能源汽车，其用户群定位在三、四线城市，以2.88万元～3.88万元的指导价，成功俘获"80后"年轻中坚人群。半路杀出来的宏光MINIEV一枝独秀，其销量不仅让蔚来、小鹏、理想黯然失色，还力压特斯拉，成为国潮新能源汽车典范。上汽通用五菱公布的数据显示，公司2020年新能源产品销量强劲增长，全年销量突破160万大关，其中，宏光MINIEV累计销售127 651辆，连续3个月蝉联新能源汽车销售冠军。新能源汽车国家大数据联盟联合多家权威机构发布的《中国小型纯电动乘用车出行大数据报告》显示，在2020年，上汽通用五菱在小型纯电动乘用车领域的市场占有率高达51%，产品月均上线率达到93%，俨然成为行业领导者。

上汽通用五菱在新能源汽车领域的多年技术积淀和强大的体系实力，在宏光MINIEV身上得到了充分体现，起步价为2.88万元，百公里耗电量仅为8度，每公里花费仅5分钱，格外方便的三合一充配电系统，再加上极低的车辆保养及维护成本，为用户节省大量用车成本，年养护成本不足燃油车的10%，可以轻松满足广大用户城市代步出行的经济实用需求。

纵观2020年的新能源汽车市场，几乎每一个"玩家"都喜欢把特斯拉当成"假想敌"，似乎只要推出新车型，就千方百计要从智能驾驶、续航里程、零百加速等各个方面超过特斯拉。这样的对标最初也能起到一些"蹭热度"的效果，但也模糊了自身的产品定位和特色，无形中又造成了新的"千车一面"。

出乎人意料的是，恰恰是从一开始就没有刻意要超过谁或者打败谁、只是为了解决城市用户出行"最后一公里"痛点这个人民心声而生、看起来特别普通甚至平凡的宏光MINIEV，没有抢任何人的市场，而是自己开拓出了一片新天地，不经意间对特斯拉产品实现了销量反超。

资料来源：搜狐网.销量直逼特斯拉 宏光MINIEV如何逆袭新能源车市场[EB/OL]. 2020-09-25[2022-01-18]. https://www.sohu.com.

【点评】

五菱宏光MINIEV不是依靠广告，而是对乘用车代步市场需求精准把握，"人民代步需要什么，就造什么"，以产品差异化开拓出了一片新天地，不经意间成为销量明星。在销量快速增长的过程中，五菱品牌拓宽了中国新能源汽车发展的"赛道"，并通过丰富的营销活动使广大消费者对电动车辆的喜爱度增加。

➥ **商战沙盘实战案例4-2——经营不善，盲目扩张**

表4-20～表4-24所示为某公司商战沙盘实战案例财务报表等资料。

表4-20 商战沙盘实战案例4-2——费用表

单位：W

年度	第1年	第2年	第3年	第4年	第5年	第6年
管理费	40	40	40	40	40	0
广告费	0	76	55	61	7	0
维护费	60	60	100	100	40	0
损失	0	60	0	0	218	0
转产费	0	0	0	20	0	0
租金	36	36	54	54	36	0
市场开拓费	50	30	20	10	0	0
产品研发费	50	0	40	10	0	0
ISO认证费	25	25	0	0	0	0
信息费	0	0	0	0	0	0
合计	261	327	309	295	341	0

表4-21　商战沙盘实战案例4-2——利润表

单位：W

年度	第1年	第2年	第3年	第4年	第5年	第6年
销售收入	0	779	770	729	227	0
直接成本	0	280	280	270	90	0
毛利	0	499	490	459	137	0
综合费用	261	327	309	295	341	0
折旧前利润	−261	172	181	164	−204	0
折旧	0	90	90	150	60	0
支付利息前利润	−261	82	91	14	−264	0
财务费用	0	55	124	167	104	0
税前利润	−261	27	−33	−153	−368	0
所得税	0	0	0	0	0	0
年度净利润	−261	27	−33	−153	−368	0

表4-22　商战沙盘实战案例4-2——资产负债表

单位：W

类型/年度	第1年	第2年	第3年	第4年	第5年	第6年
现金	319	405	336	97	431	0
应收款	0	340	354	262	0	0
在制品	70	70	100	150	0	0
产成品	0	30	60	170	260	0
原料	0	0	10	20	0	0
流动资产合计	389	845	860	699	691	0
厂房	0	0	0	0	0	0
机器设备	450	360	570	420	60	0
在建工程	50	100	0	0	0	0
固定资产合计	500	460	570	420	60	0
资产总计	889	1 305	1 430	1 119	751	0
长期贷款	550	939	939	939	939	0
短期贷款	0	0	158	0	0	0
特别贷款	0	0	0	0	0	0
所得税	0	0	0	0	0	0
负债合计	550	939	1 097	939	939	0
股东资本	600	600	600	600	600	0
利润留存	0	−261	−234	−267	−420	0
年度净利	−261	27	−33	−153	−368	0
所有者权益合计	339	366	333	180	−188	0
负债和所有者权益总计	889	1 305	1 430	1 119	751	0

表4-23 商战沙盘实战案例4-2——产品研发信息

名称	研发费	周期	完成时间
P1	10W/季	2季	第1年2季
P2	10W/季	3季	第1年3季
P4	10W/季	5季	第4年1季

表4-24 商战沙盘实战案例4-2——订单列表

市场	产品	数量	总价	得单年份	交货期	账期	ISO	交货时间
区域	P1	6	340W	第2年	4季	1季		第2年4季
本地	P1	2	135W	第2年	2季	1季		第2年1季
区域	P2	2	151W	第2年	3季	1季		第2年3季
本地	P2	2	153W	第2年	3季	2季		第2年2季
区域	P1	6	354W	第3年	4季	3季	ISO 9000	第3年4季
区域	P1	2	125W	第3年	3季	2季		第3年1季
本地	P2	4	291W	第3年	4季	2季	ISO 9000	第3年3季
区域	P1	4	228W	第4年	4季	1季		第4年3季
本地	P4	2	262W	第4年	4季	2季		第4年4季
区域	P2	3	239W	第4年	2季	2季		第4年1季
国际	P2	3	227W	第5年	1季	1季	ISO 9000	第5年1季

【点评】

该公司第5年所有者权益为-188W，破产。第1年选择P1、P2产品开局，该年没有订单，但是已经产生60W设备维护费，不合算；第2年紧急采购P2产品交货，产生了60W额外损失，显然是没有按照自己的产出节拍选择订单，加上第1年的维护费，白白损失120W；第3年，由于第2年微微盈利，所以信贷不支持第3年扩张，但该公司仍然盲目扩张，强行研发P4并增加租用小厂房，两项增加58W费用，直接导致第3年净利由微微盈利变为亏损-33W，信贷能力下降；另外，扩建生产线又导致现金流吃紧，财务费用上升，第4年亏损扩大，第5年资不抵债，破产倒闭。

➤ 【企业实战案例4-2】——恒大的多元化

恒大在2021年年初时，曾重新对外公布了战略，其中包括已经上市的恒大地产、恒大汽车、恒大物业、恒腾网络及恒大健康等共8个业务。但在恒大拼凑的投资地图中，除主营业务外，几乎所有行业都在亏损，而且这些板块与主营业务的关联度很小。房地产行业近年来毛利率、净利率不断下降，2020年，恒大净利率已降至6%，明显低于10%左右的行业平均水平。

根据恒大半年报，恒大的贷款平均年利率为9.02%，相比之下，碧桂园的融资成本为5.6%、旭辉为5.4%、龙湖仅为4.1%。不断下降的利润被高昂的融资成本吞噬，经营现金流自然难以恢复正常。

这就不难理解恒大为什么不能老老实实盖房子，而要开展高风险的多元化扩张了——恒大将资金配置到金融项目上，而不是长期投资。事实上，这些行业更接近金融项目融资功能。

这是一个经典的困境案例：很难说企业在缺钱的时候是否需要杠杆，或者杠杆是否会导致企业更加缺钱。

恒大的多元化布局从体育产业开始。多元化投资烧尽了巨额资金，却没有产生明显的回报。因此，恒大的困境往往被外界总结为无序、多元化扩张的失败。然而，这是对现象的逐现象总结，却没有解释深层次动因。

从金融的视角，恒大的扩张大致可以分为以下三条路径。

(1) 债务手段。

房地产永续债成为重要的融资方式，很多在港上市的内地房企，如R&F、雅居乐、碧桂园等，都采用过永续债的形式进行融资，但恒大是首创者。

恒大集团早期用恒大冰泉加速推进多元化布局，在恒大现金流迅速恶化后率先试水永续债融资，尽管这些永续债券成本高昂，但它们最好被纳入权益资本，而不是资产负债表。于是2013年年报中，恒大总资产规模增加1 091亿元，负债规模增加数百亿元，但资产负债率非但没有上升反而下降。

在此基础上，仅2013年恒大就通过债务融资485亿元。这一时期恒大主要靠举债融资，为多元化扩张铺平了道路。

(2) 金融手段。

早在2015年，恒大开始涉足金融市场，通过收购中新大东方人寿，后更名为恒大人寿，在此基础上成立了恒大金融集团。恒大人寿的资产规模预计在2018年底达到1 000亿元以上，从而激活了数百亿资金投资权益资产。

恒大人寿的关联交易也受到市场关注，像2016年初，恒大人寿披露，17亿元保险资金通过人寿资产4笔债务投资计划投资于恒大地产在合肥的商业地产项目，偿债主体合肥粤泰商业运营是恒大地产集团的全资子公司。

在这些私募基金的包装下，保险资金流向恒大供应链企业，这些企业成为恒大的战略投资者，保险资金成为恒大的重要资金来源。

此外，恒大还斥资超百亿收购盛京银行股份，通过成为盛京银行控股股东，变相获得了银行和互联网金融的牌照。

各种手段的背后，恒大通过各类金融产品的多层嵌套，以及各种关系的母子公司来规避金融监管，但风险也在不断累积。一次恒大的理财产品被曝出赎回危机，其原本是恒大集团理财平台，但包装之后就变成了又一个资金来源。

(3) 上市手段。

恒大斥资9.5亿港元收购新媒体后，更名为新媒体恒大健康，再注入一家整形医院，发展医疗整形行业。如此包装后，恒大9.5亿港元的投资在一年内扩大了50倍。

此后，恒大与深深房A达成协议，希望借壳A股上市，进一步扩大资金来源。为此，恒大出台了1300亿的战略投资，但由于监管政策，进展并不顺利。

2020年7月，恒大健康宣布更名为恒大汽车，此后，恒大专注于"造车"，短短半年多时间资金上涨了10倍，市值甚至超过了母公司中国恒大。

如今，深陷债务危机的恒大走上了另一条摆脱困境的道路，即全力保证恒大首款车型量产，或者继续让市场相信恒大可以量产。这种"以车脱困"的模式，与贾跃亭的FF如出一辙。

但事实上，造车前的恒大已经亏损了177亿元。截至2020年底，恒大累计投入474亿元，其中249亿元用于研发和技术采购，另外225亿元用于建厂。

亏损但不影响项目的融资能力，或许这就是理解多元化扩张的底层逻辑。

事件背后的利益相关：

恒大的债务大部分是有足够价值的土地和项目担保的，真正承受巨额亏损风险的是恒大应付账款和各种隐形债务，主要有以下几种。

(1) 首先是商票兑付风险。在恒大的流动负债中，应付账款和票据高达42%，这关联众多中小企业的生存问题。

(2) 其次，是恒大财富理财产品的风险。由于这些理财产品大多由恒大产业链和项目相关公司发行，产品的逻辑经常是多层嵌套，往往是恒大集团的授信背书，风险管控不力。

(3) 最后，是管理风险。尽管深陷债务积累和支付的困境，恒大始终保持着高比例分红的传统。近几年恒大保持了48%的分红率，近一半的利润已经分配给股东，而同时在过去10年，恒大累计分红超千亿元。

所谓掏空，就是把上市公司的资产转移给大股东的行为。高现金分配和对管理者不合理的高劳动报酬是上市公司常见的掏空方式。

反思恒大模式

虽然当前媒体集中认为恒大的扩张模式有问题，但放在当年，恒大模式却是一种激进而有效的模式。

公司在运作自己主业的同时也作为现金流和最初担保，以此向银行借贷并购，并购之后抵押，然后再并购、再抵押。不仅是恒大，海航也是这样。在房地产高歌猛进的时候，这种猛加杠杆的做法自然能够让公司翻倍挣钱，所以恒大从默默无闻到登上中国房地产第一的宝座，多少离不开这种模式。

也就是说，如果房价保持上涨，那么恒大的市值也将会继续增长，但事与愿违，由于2019年紧张的国际关系、2020年的疫情暴发，以及2021年国家对房地产行业的调控，恒大模式变成了防范金融风险案例，停摆了。

截至2021年上半年，恒大的总负债是1.967万亿。其中，应付供应商款和应付票据9 511.33亿元，占总债务的48.28%；长期借款3 317.26亿元，占总债务的16.84%；短期借款2 400.49亿元，占总债务的12.19%；应付供应商(第三方)6 669.02亿元，占总债务33.85%；以美元计价的债务为人民币1 343.9亿元，占总负债6.82%，占长短期债务23.5%；银行及其他借款为5 099.11亿元，占总负债25.88%，占长短期债务89.18%；此外，还有负债(担保)5 568.64亿！但是，账上现金及等值物只有867.72亿元。与此同时，恒大土地储备、物业资产及其他资产的理论总规模高达2.3万亿，与1.96万亿的债务相比，似乎还没有到"资不抵债"的地步，但是在恒大债务爆雷的背景下，其资产在急速缩水，旗下上市公司市值下跌了8倍，加速处置的资产包括房子都在打折出售，尽管如此，很多资产仍然难以转让出去，资产变现能力很差。这意味着，恒大事实上已经走到"资不抵债"的地步。

资料来源：手机网易网.《央行回应恒大事件，如何在商业的角度进行分析和反思？》[EB/OL]. 2021-10-28[2022-01-18]. https://3g.163.com/dy/article/GNCSTBHO0532AH7Q.html.

【点评】

恒大经营管理不善、盲目多元化扩张，最终导致风险爆发。

多元化需要开发新的品种、新的业务以及开办新的公司，因此需要更多的费用，而需要更多的资金也就有更多的负债。当所有者权益、信用、现金流跟不上多元化扩张时，就会出现债务、现金流危机，甚至崩盘。恒大跃居房地产头部开发商后，高歌猛进、多路出击，如矿泉水、汽车、足球、金融，房地产赚来的那点钱全都填进了无底洞。恒大把多元化作为融资的手段，杠杆化融资在主营业务顺利的时候还可以支撑高负债经营，一旦入不敷出、负担不起，则出现雪崩式亏损。商战沙盘实战案例4-2中的模拟公司，在第3年多元化开放新品种、扩张，这与恒大的盲目扩展如出一辙。

第 5 章

数智 ERP 沙盘推演

5.1 数智有何不同

数智ERP沙盘推演(以下简称"数智沙盘"或"数智"[①]),是用友新道新推出的实训课程,高仿真经营,在延续手工沙盘、商战沙盘经典框架的基础上加以改变。沙盘推演最终评分排名由所有者权益和发展力的综合计算,变为所有者权益、数智化投资、业务处理精准度和商业信誉的综合计算;计划时间精度为季度;选单排序由广告、上年销售排名,变为按广告、市场占有率、商誉、报价、生产管理特性研发值综合计算的排名;年中由各个总监串行操作变为各个总监并行操作。

数智沙盘与商战沙盘的主要差别如表5-1所示。

表5-1 数智沙盘与商战沙盘的主要差别

项目	数智沙盘	商战沙盘
上课方式	教师机+若干沙盘公司,每公司4台机	教师机+若干沙盘公司,每公司1台机即可
破产评判	现金流为负数	现金流为负数,或者所有者权益为负数
经营成果评价	最终得分:Z=[所有者权益+数智化建设得分(即数智化建设费用)×10-扣分(即预算控制使用率扣分)]×商誉×(1+本年碳中和率+上年碳中和率)	经营为主,最后一年所有者权益、发展力分、扣分
市场环境	投标市场为主+网络零售为辅	零售市场为主+投标市场为辅
运作流程	年初、年中、年末,五大经理并行操作	年初、年中、年末,五大经理串行操作
时间精度	季度	季度

---

① 本书"数智"的规则、流程、市场订单等资料来源于新道科技发布的2023年沙盘模拟经营大赛国赛、省赛文件。

(续表)

项目	数智沙盘	商战沙盘
时间控制	每年分为分析与计划,以及1、2、3、4季度,5个阶段运行,每个季度15分钟,共300分钟,不含选单时间 每次选单5或10分钟,系统控制,季度内自己把控	年中50分钟,各季度自己把握
走盘	各种交易电子化,回推上一季度需申请	运营流程季度表、各种交易电子化,可以年内或者季度还原
违规违约	订单取消,扣罚金,并影响商誉,从而影响选单因子	订单取消,扣罚金,影响权益
广告投放	促销广告,按地域市场投放	按地域的产品细分市场投放
决定选单排序因子	根据公式Y=知名度(即等同于广告费)+市场占有率(初始值为1)×商誉值×(参考价-报价)+1 000×特性值(即生产管理特性研发值),算出各队伍得分	决定选单因子排序:(1)细分市场广告大小、(2)市场广告大小、(3)上年市场销售排名
订货会	类似投标市场,先看到订单再投放促销广告,然后获取订单,多个订单同时申请,每年2次订货会	类似零售市场,先投放广告再选订单,逐个订单竞争,每年初1次订货会
交货期	1、2、3、4季度,逾期未交货订单取消,影响企业商誉	1、2、3、4季度,逾期未交货订单取消
销售订单	投标市场,竞投报价及数量,价格和数量弹性大,违约订单取消,扣罚金	零售市场,订单约定价格、数量,违约订单取消,扣罚金
生产线建设投资	一次投资完成,安装周期结束后一季度,开始使用生产	按安装周期季度平均投资,完成安装投资的下一季度开始使用生产
市场开拓投资	一次投资完成,开拓周期完成的下一季度拥有资格	按年平均投资,开拓周期完成的下一年初拥有市场资格
产品研发投资	一次投资完成,研发消耗时间后一个季度,拥有产品生产资格	按季度平均投资,研发投资完成的下一季度拥有产品生产资格
采购	不可以取消订单,若当季未完成收货操作,系统自动完成收货,并扣减企业商誉值,紧急采购需成本加倍	可以紧急采购但成本加倍,下订单必须采购
产能	不同生产线需要不同等级工人,不同等级工人效率不同,工人效率与产能相关	生产线产能固定,工人级别无差别,
人工费	工人月薪×生产周期(月)+计件工资×件数,不同等级工人月薪、计件工资不同	人工费固定,生产线生产,成本相同
长贷还款方式	每季度支付利息,到期还本付息	不需要每季度支付利息,到期还本付息
融资	长期银行融资、短期银行融资、直接融资、贴现,长短银行融资和直接融资合计额度不超过上年所有者权益3倍,延迟还款将被扣罚违约金,影响企业商誉	长贷、短贷、贴现,长短贷合计额度不超过上年所有者权益3倍,贷款到期必须还款,否则破产
贷款时间	长短贷均可在每年年中任何日期	长贷每年年初,短贷每季度初
资金调配	总经理、总监申请,财务总监调配资金	不需要内部调配
数字化管理	有数字化生产、销售、财务、人力管理	无数字化管理

数智沙盘的计算涉及的公式更多，主要计算公式如表5-2所示。

表5-2　数智沙盘的主要计算公式

序号	类别	公式
1	综合	最终得分Z=[所有者权益+数智化建设得分(即数智化建设费用)×10-扣分(即预算控制使用率扣分)]×商誉×(1+本年碳中和率+上年碳中和率)
2	销售	标的得分Y=知名度(即等同于广告费)+市场占有率(初始值为1)×商誉值×(参考价-报价)+1000×特性值(即生产管理特性研发值)
3	生产	实际产量=基础产能×(1+初级工组效率之和÷4+高级工组效率之和)×班次加成
4	生产	计件工资=实际产量×(初级技工计件工资+高级技工计件工资)=初级技工数量×初级技工计件+高级技工数量×高级技工计件
5	生产	在制品成本=原材料+工人月薪×生产周期(月)+计件工资×件数
6	生产	特性研发费用=(目标值-当前值)×单位研发费用
7	人力	赔偿金=(N+1)×月薪，N=员工入职年限，向上取整
8	销售	会员指数=热度×商誉×引流参数×0.000 1
9	销售	零售指数Y=会员指数×(单价承受能力-定价)×0.01
10	生产	排放量=产品数量×该产品单位排放+产线单次排放×生产次数
11	生产	每支队伍的碳排放量=$A×(1-Ax÷A)÷(N-1)$

5.2　数智沙盘案例背景

　　某公司是一家刚刚融资成功的摩托公司。公司在筹备阶段就以美观的设计、安全的性能指标，获得过国际上的多项设计大奖。现在国产摩托品牌小样对团队进行了投资，使得企业有了一笔启动资金；并且随着网络营销的浪潮，公司董事会决定启用一批年轻人，使用数字营销手段，除传统市场外，建立新零售体系，用数据驱动营销，助力企业快速发展。现在你们将分别担任"总经理""财务总监""人力总监""生产总监""营销总监"，相信大家能在未来的四年中完成企业盈利、品牌推广，闯出属于自己的一片天地。公司背景如下。

1. 公司架构

总经理下辖财务总监、人力总监、生产总监、营销总监。

2. 公司资产

目前只有600 000现金作为股本金，所有的一切从零开始。

3. 市场调研

不同年份不同季度的产品需求不同，以第一年为例，如图5-1所示。

年份	季度	编号	市场	产品	特性	供应商参考价格(元)	数量	交货期(季)	账期(季)	认证
1	2	1	国内市场	小羊单车	安全舒适	2075	10000	4	1	ISO 9000
1	2	2	国内市场	小羊单车	外形拉风	2160	200	4	2	ISO 9000
1	2	3	国内市场	小羊单车	外形拉风	1944	400	3	1	ISO 9000
1	2	4	国内市场	小羊单车	外形拉风	1992	100	4	2	ISO 9000
1	2	5	国内市场	小羊单车	外形拉风	2438	1000	4	2	ISO 9000
1	2	6	国内市场	小羊摩托	安全舒适	3168	100	4	2	ISO 9000
1	2	7	国内市场	小羊摩托	科技体验	3430	100	3	1	ISO 9000
1	2	8	国内市场	小羊摩托	科技体验	3535	400	4	2	ISO 9000
1	2	9	国内市场	小羊摩托	科技体验	3640	200	4	2	ISO 9000
1	2	10	国内市场	小羊摩托	外形拉风	2890	1000	4	2	ISO 9000
1	3	11	国内市场	小羊单车	外形拉风	2156	1000	4	2	ISO 9000
1	3	12	国内市场	小羊单车	科技体验	2068	1000	4	2	ISO 9000
1	3	13	国内市场	小羊摩托	外形拉风	3399	1000	4	2	ISO 9000
1	3	14	国内市场	小羊摩托	科技体验	2706	1000	4	2	ISO 9000

图5-1　数智沙盘市场调研案例(第一年)

注意，市场调研是市场详单的缩减版，系统规则中详单数量较多，不同的规则详单数量不同，这里以某一规则为例。详单中会列示具体的年份季度、单张订单量、单张订单价格等。

4. 市场信息

公司可开拓的三大市场分别为"国内市场""亚洲市场""国际市场"。

各个市场相当于各个销售渠道，销售市场不断扩大，开拓时间也随之增加，为了确保能在规定时间内选择订单，各企业应当提前做好准备。开启订货会时间与市场调研和详单中的年份季度相同。

各市场间无关联，只有拥有市场资质才能在该市场中销售产品。

5.3　数智沙盘通用流程及规则

5.3.1　各季度运营时段流程(建议)

运营年数为4年，共16个季度。

每年分市场分析与运营计划阶段、第一季度、第二季度、第三季度、第四季度，5个阶段运行，每个季度15分钟，共300分钟，不含选单时间；每次选单5或10分钟，根据规则情况，一般为6～10次选单不等，总选单时间为60～100分钟。

数智沙盘各季度运营时段安排(建议)，如表5-3所示。

表5-3　数智沙盘各季度运营时段安排表

运营流程	阶段	时长(分钟)
第一年经营	下发规则详单+战略规划	10+30
	一季度运营	15
	二季度广告+选单	5+10
	二季度运营	15
	三季度广告+选单	5+5
	三季度运营	15
	四季度运营+填制报表及下载三表	15+10
第二年经营	第一年总结+第二年运营计划	10+30
	一季度运营	15
	二季度广告+选单	5+10
	二季度运营	15
	三季度广告+选单	5+5
	三季度运营	15
	四季度运营+填制报表及下载三表	15+10
第三年经营	第二年总结+第三年运营计划	10+30
	一季度运营	15
	二季度广告+选单	5+10
	二季度运营	15
	三季度广告+选单	5+5
	三季度运营	15
	四季度运营+填制报表及下载三表	15+10
第四年经营	第三年总结+第四年运营计划	10+30
	一季度运营	15
	二季度广告+选单	5+10
	二季度运营	15
	三季度广告+选单	5+5
	三季度运营	15
	四季度运营+填制报表及下载三表	15+10
结果统计		540

每季度经营时间，由教师决定，教师可根据教学需求更改经营时间。

5.3.2　季度中各岗位任务清单

和新手工沙盘、商战沙盘的岗位串行操作不同，数智沙盘每季度各岗位操作无先后顺序，各企业可自由进行决策。

在经营中，各岗位总监应当按时完成当季操作任务，确保企业能够顺利经营。

季度时段用于经营本季度各岗位工作，具体任务时间如表5-4所示。

表5-4　季度时段各岗位任务清单表

岗位	任务1	任务2	任务3	任务4	任务5	任务6
财务总监	【融】 融资管理	【收】 应收账款	【付】 应付账款	【费】 费用管理	【控】 预算控制	【表】 报表管理
人力总监	【选】 招聘管理	【用】 岗位管理	【育】 培训管理	【留】 激励管理	无	无
生产总监	【人】 工人管理	【机】 设备管理	【料】 库存管理	【法】 设计管理	【研】 研发管理	无
营销总监	【渠】 销售渠道	【产】 产品研发	【促】 促销广告	【竞】 竞单管理	【售】 交付管理	无

5.3.3　数智沙盘结果评分

(1) 经营结果最终得分Z=[所有者权益+数智化建设得分(即数智化建设费用)×10-扣分(即预算控制使用率扣分)]×商誉×(1+本年碳中和率+上年碳中和率)。

(2) 碳中和率保留4位小数，四舍五入。如上年中和率为34.81%，本年中和率为0，则计算时需×(1+0.348 1+0)。

(3) 按最终得分降序排列，第一名为100分，第二名为97分，以此类推。

5.3.4　企业知名度&商誉值

(1) 企业知名度是公众对企业名称、商标、产品等方面的认知和了解程度。某市场的企业知名度越高，其得分越高，分配订单时就越优先。

(2) 促销广告与企业知名度的比例为1:1，投放的广告越高，企业知名度就越高。

(3) 商誉值扣减情况如表5-5所示。

表5-5　违约行为商誉值扣减表

序号	违约行为	系统处理	商誉值扣减
1	订单未按时交货	系统判断为违约，自动扣除违约金	商誉值-1
2	未按时支付工人工资	季度结束后系统自动扣除	商誉值-5
3	原材料未按时收货	季度结束系统自动收货	商誉值-1
4	未按时支付贷款利息和本金	季度结束后系统自扣除	商誉值-1
5	未按时支付应付账款	季度结束后系统自动扣除	每笔账款商誉值-1
6	未按时支付管理费用	季度结束系统自动扣除	商誉值-1
7	网络营销销售产品，在切换季度时，库存量小于填写的产品数量		商誉值-1
8	设备部门预算资金使用率为X，当$X<80\%$或$X>120\%$时		扣减10 000分值

5.3.5 社会责任、数据咨询和碳中和

1. 社会责任

该界面为教学功能，包含一流企业、用于创新、诚信守法、社会责任、国际视野等页面。这里重点讲解社会责任，其他页面可在系统中查看。

当教师开启"精准扶贫"事件，次季"社会责任"页面的捐款按钮亮起，各企业可在该页面进行捐款，捐款额能税前扣除。现金随捐款金额实际扣除。

捐款可减免纳税，具体按下列公式执行。

(1) 设捐款金额为X。

(2) 若$X \geqslant$税前利润×12%，按税前利润12%扣除，应交税费=税前利润×(1-12%)×20%。

(3) 若$X \leqslant$税前利润×12%，按实际X值扣除，应交税费=(税前利润-X)×20%。

2. 数据咨询

"数据咨询"按钮用于购买其他企业情报，支付一定数量金额，即可获取其他企业详细信息。

(1) 规则中的情报费用，为单次购买单个企业费用(不同规则，情报费不同)。

(2) 有效期为1季(如第2年3季度购买某组信息，则本季度任意时间均可查看该组企业信息，但切到第2年4季度时，查看权限消失)。

(3) 单次可购买多组信息，也可在不同季度多次购买同一家企业信息。

可查看的权限包括财务信息(资产负债表)、产品库存、原料库存、产线明细(产线种类、是否生产、产品种类、特性、数量等)、科研明细(技术研发)、会员明细。

3. 碳中和

企业在使用生产线生产产品时，会产生碳排放。沙盘世界中，第二年实现碳达峰，第三年和第四年企业需要碳中和。

(1) 以前两年的总碳排放为峰值，第三年开始分配碳排放额度。

(2) 生产制造的过程会产生碳排放，碳排放有两个影响因素，即生产的产品和使用的生产线，具体查看规则表。

(3) 在开产时计算碳排放，其公式为：排放量=产品数量×该产品单位排放+产线单次排放×生产次数。

(4) 分配算法：碳排放越少的，次年分配的碳排放量越高。

① 设定上一次(第三年按前两年计算，第四年按第三年计算)总碳排量为A，N支队伍为$A1$、$A2$、$A3 \cdots \cdots An$；

② Ax是某支队伍上年的碳排放量；

③ 给每支队伍的碳排放量=$A \times (1-Ax \div A) \div (N-1)$。

④ 注意，开放双碳时一定要保证多组经营。仅单组经营时，无法被分配到排放量。

(5) 当碳排放不足时，无法进行生产。

(6) 第四年按第三年碳排放总量为基数，计算各企业第四年所分配的碳排放量。

(7) 碳排放后，可通过植树造林进行中和，中和掉的碳排放不代表碳排量增加。

(8) 碳中和需花费现金，具体金额看规则。

5.4　各总监运营规则

运营规则会因不同的教学场景、不同的比赛场景而不同，本书的规则讲解仅为示例规则，以帮助学员理解规则，参与沙盘实训或者比赛时请查看具体规则。

5.4.1　销售总监相关规则

1. 销售总监任务清单

销售总监任务清单如表5-6所示。

表5-6　销售总监任务清单表

序号	任务	意义
1	渠	开拓销售渠道
2	产	申请产品和认证ISO资质
3	促	投放促销广告
4	竞	参加订货会
5	售	交付获取的销售订单

2. 销售渠道规则

销售渠道包含国内、亚洲、国际3个市场，销售渠道规则如表5-7所示。

表5-7　销售渠道规则表

渠道名称	开拓周期	需要资金
国内市场	1季度	10 000
亚洲市场	3季度	30 000
国际市场	4季度	40 000

- ❑　开拓市场资金，一次性投入，期间无法中断和加速。
- ❑　以投入资金的季度开始计时，经过开拓周期之后的下一个季度完成开拓，获得市场资质。
- ❑　例如，第1年第2季开拓亚洲市场，在第2年第1季才可在该市场销售产品。
- ❑　只有获得市场资质后才允许在该市场销售产品。

3. 产品资质规则

产品资质包含产品、ISO认证。产品研发规则如表5-8所示，ISO认证规则如表5-9所示。

表5-8　产品研发规则表

产品名称	编号	消耗时间(季)	消耗资金(元)
小羊单车	P1	1	10 000
小羊摩托	P2	2	20 000
小羊pro	P3	4	40 000

- 产品研发资金，一次性投入，期间无法中断和加速。
- 以投入资金的季度开始计时，经过消耗时间之后的下一季度完成研发，获得产品生产资质。
- 例如第1年第2季研发小羊摩托，在第1年第4季才可生产该产品。
- 已获得产品资质后才允许生产线开工生产。
- 没有获得产品资质，依然可选取订单(如第1年第2季选单时，可选择小羊摩托产品的订单)。
- 产品应当配合特性开产，具体如何搭配，根据"市场订单"而定。

表5-9　ISO认证规则表

ISO认证名称	认证周期	需要资金
ISO 9000	1季度	10 000
ISO 21000	3季度	10 000
ISO 26000	4季度	20 000

- ISO认证资金一次性投入，企业无法中断或加速。
- 以投入资金的季度开始计时，经过认证周期之后的下一季度完成认证，获得ISO认证资质。例如，第1年第1季投资认证ISO 9000，在第1年第2季才可获得使用该资格。
- 只有获得认证资格后，才允许选取有该资格的订单。

4. 促销广告投放规则

数智沙盘的促销广告是按地域市场投放，这一点和新手工沙盘、商战沙盘按细分市场(地域市场的某产品)投放广告比较有很大不同。促销广告投放规则如表5-10所示。

表5-10　促销广告投放规则表

市场名称	当前知名度	当前排名	操作
国内市场	0	1	投放
亚洲市场	0	1	投放
国际市场	0	1	投放

促销广告用于提升某一市场的企业知名度，企业知名度是计算分单得分的一个因素，得分越高者，越有选单的优先权；越靠前选单的企业，越容易分到想要的订单。

- 促销广告可在竞单前任意时间投放，其有效期仅用于一次竞单，竞完单后，企业知名度归零；竞单时无法投放。
- 促销广告分市场投放，每个市场投放的广告只影响本市场当季的企业知名度得分。
- 促销广告可在竞单开始前多次投放，总额度依次累计叠加。

5. 竞单规则

数智沙盘的市场环境是投标市场，这一点和新手工沙盘、商战沙盘有很大不同，这也意味着，数智沙盘竞单的价格和数量有较大的弹性。竞单规则案例如表5-11所示。

表5-11　竞单规则案例表

订单编号	市场	产品	特性需求	参考价	数量	交货期	账期	ISO要求	申报数量	操作
DD5	国内市场	小羊单车	安全舒适	2 500	250	4季度	1季度	ISO 9000	0	申报

1) 订单申报

○ 选手以队为单位进行订单申报，可同时进行所有市场、产品的订单申报，即选择一张订单，填写数量和价格。申请产品的数量将被显示在订单表的"申报详情"栏中。

○ 所有岗位均可进行任何市场的订单申报，当多次对同一张订单进行申报时，系统只接受最新一次单击"申报"的产品数量。

○ 在申报处，输入0，则为取消该市场申报的订单。

2) 订单分配

○ 申报分组。

○ 并非企业申报即入围，入围需要3个条件：企业有订单中的市场资质、企业有订单中的 ISO资质、企业报价未超过参考价。

○ 每个订单生成入围列表。

3) 标的分配

○ 各队标的得分Y=知名度(即等同于广告费)+市场占有率(初始值为1)×商誉值×(参考价−报价)+1 000×特性值(即生产管理特性研发值)。

○ 市场占有率表示上次在该市场获取的订单数量在该市场的百分比，网络营销的销售量不算在内。

○ 得分最高的队伍，可以获得所申报的全部数量。

○ 按照排名顺次分配，直到数量不足。

○ 当所剩数量不足分配时，只分配剩余数量。

○ N组分数相同时，分配顺位相同，当剩余数量A不满足其申报数量时，抽取其中最小的申报数量M，每队分配M数量；若A还小于NM，则每队分配$A÷N$(向下取整)的订单。

6. 销售订单交付规则

○ 销售订单为企业在"竞单"中申请并完成分配后，企业所获取的订单。

○ 订单状态：当年分配的所有订单，均可在销售总监的"售"任务中查询，且显示"交货"状态。

○ 所有订单必须在当年订单规定的交货季度前(包括本季)，按照订单规定的数量交货，订单不能拆分交货。例如，交货期为3季度，则不迟于当年第3季交货，以此类推。

○ 交货季度后仍未完成交货的订单，将产生违约金，并且扣除1点商誉，原订单显示"违约"状态，不能执行交货操作。

○ 单击交货时，要判断库存中符合条件的产品是否充足。(产品、特性)若充足，则扣除相应数量的产品库存，交货完成日期是应收账款的起点日期。

○ 当本订单为"已交货"状态，订单的"成本"列会显示在表格中。

5.4.2　生产总监相关规则

1. 生产总监任务清单

生产总监任务清单如表5-12所示。

表5-12　生产总监任务清单表

序号	任务	意义
1	人	招聘管理
2	机	设备管理
3	料	原料管理
4	法	设计管理
5	研	研发管理

2. 人工管理规则

生产线配比情况如表5-13所示。

表5-13　生产线配比情况表

线型	安装日期	基础产量	状态	产品标识	班次	手工工人	高级技工	实际产量	操作
传统线	1年2季度	30	停产	小羊单车	8小时	2	1	55	保存

班次规则如表5-14所示。

表5-14　班次规则表

班次名称	班次编码	产量加成(倍)	效率损失(%)
8时制	BC1	1	2%
12时制	BC2	1.2	50%

人工管理分为"设备管理"和"在职工人"两个板块。

○ 在"设备管理"页面，需要填写"班次""初级工""高级工""保存"这几个操作按钮。

○ 可针对"停产"状态的生产线，进行人员配置。

○ 在"班次"列下，按班次规则选择一个班次。

○ 在"初级工"和"高级工"列下，按照生产线规则配置产线需要的工人。

○ 单击"保存"按钮，在"实际产量"列中显示具体数值，产线配置完成。

○ "班次"表示此线生产工人的工作时长，分为"8时制""12时制"，班次不同，所产出的产能加成不同(注意，"12小时制"表示一方面工人产量加倍，另一方面工人效率加速降低)。

○ "实际产量"由基础产量、班次、工人效率计算得出。公式为：实际产量＝基础产能×(1＋初级工效率÷4＋高级工效率)×班次加成(最终结果向下取整)。其中基础产能在生产线规则表中读取，工人效率按照实际招聘的工人效率读取，班次加成则在班次规则表中读取。

○ "在职工人"栏列出了本企业已入职的工人，在该页面的"招聘需求填报"处填写工人需求，分别包含种类(手工还是高级)、数量、效率等要求。填写完毕后该需求转接到"人力资源总监"页面。

3. 生产设备规则

生产设备有三种线型，分别为传统线、自动线、智能线，生产设备规则如表5-15所示。

表5-15　生产设备规则表

线型名称	购买价格(元)	安装周期(季)	生产周期(季)	产量	转产周期(季)	转产价格(元)	残值(元)	维修费用(元)	需要初级工人	需要高级工人
传统线	50 000	0	2	30	0	0	5 000	500	2	1
自动线	100 000	1	1	30	1	5 000	15 000	1 500	1	1
智能线	200 000	2	1	40	0	0	30 000	5 000	0	1

- ○　生产线的"购买价格"为一次性费用，期间无法中断或加速。
- ○　"安装周期"是指生产线自购买到可以使用的期限，安装周期完成的下一季度可以开产。例如，第1年第1季购买安装全自动性线，安装周期为1季，在第1年第2季即可安装完成，开始使用。
- ○　"生产周期"为生产一次产品需要的时间。
- ○　"产量"为生产线的基础产量(实际产量的计算基数)。
- ○　"转产周期"为转产一次需要的季度数，转产条件。
- ○　只能在"停产"状态时启动转产操作。
- ○　资金账户必须有足够支付转产费用的资金。
- ○　"转产价格"为转产一次所需花费的金额。
- ○　"残值"为生产线折旧够年限时，该产品的价值(无论何时，直接出售生产线，均可获得与残值相等的金额)。
- ○　"维修费用"是指生产线维修的费用，产线建成满一年需交维修费，系统自动扣除。例如，第1年第2季购买一条安装周期为0的产线，则产线的建成时间为第1年第2季，维修费将在第2年第1季跳转到第2年第2季时扣除。
- ○　"初级工"和"高级工"为该生产线生产产品需要的工人数量。

4. 产品图纸

产品图纸规则如表5-16所示。

表5-16　产品图纸规则表

产品名	产品标号	碳排放量	环保金属	天然橡胶	五金耗材	动力系统
小羊单车	P1	7	1	1	0	0
小羊摩托	P2	6	1	1	1	0
小羊pro	P3	5	1	1	1	2

产品图纸规则是一个产品构成所用的原料种类和数量。组织生产时，需要按照此配方准备原料。碳排放量表示生产一件该产品所需要的碳排放量，即所造成的碳污染。

(1) 生产线生产的先决条件如下。

- ○　需拥有该产品的生产资质；
- ○　有充足的原材料；
- ○　生产线是否停产状态；
- ○　工人是否配置好；
- ○　BOM更新完成；
- ○　现金是否充足。

(2) 满足产品生产条件后，单击"开产"按钮，开启生产周期。

(3) 开始生产时，需支付工人计件工资；工人计件工资表如表5-17所示。

计件工资＝实际产量×(初级工计件工资＋高级工计件工资)＝初级工数量×初级工计件＋高级技工数量×高级技工计件。

例如，传统线需要2个初级工和1个高级工，假设一季度实际产量为55，则计件工资＝55×(50×2＋100)＝11 000。

表5-17　工人计件工资表

名称	编码	初始期望工资(元)	计件工资	效率(%)
初级工	GR1	500	50	50
高级工	GR2	1 500	100	60

初级期望工资，即工人初始期望的月薪。

(4) 在制品成本＝原材料＋工人月薪×生产周期(月)＋计件工资×件数(如传统线生产产品，生产周期为2季，应当按6个月的工人工资计算)。

5. 生产线折旧

系统中产线均折旧4年，按平均年限折旧法进行折旧，如表5-18所示。

表5-18　生产线折旧表

线型名称	购买价格(元)	残值(元)	折旧
传统线	50 000	5 000	11 250
自动线	100 000	15 000	21 250
智能线	200 000	30 000	42 500

○　折旧额＝(购买价格－残值)÷4。

○　折旧不会对现金流造成影响，由系统自动扣除，产线建成满一年开始折旧。

例如，第1年第1季开始购买安装智能线，则第1年第3季度智能线建成，那么在第2年第2季跳转至第2年第3季时，计提折旧。

6. 原料库存规则

原材料库存规则如表5-19所示。

表5-19　原材料库存规则表

材料名称	材料编码	基础价格(元)	数量	送货周期(季)	账期(季)
环保材料	R1	500	500 000	1	0
天然橡胶	R2	500	500 000	1	0
五金耗材	R3	500	500 000	2	0
动力系统	R4	500	500 000	2	0

○　"基础价格"为购买材料需支付的价格。

○　"剩余数量"会随着各个企业的购买更新。

○　需根据实际使用原料时间，提前订购原材料，订购原材料时无须支付费用，"订货期＋送货周期"为可收货日期(如第1年第1季订购环保材料50个，则第1年第2季才可对环保材料进行收货和使用)；订购的原材料无法撤销。

- 在收货季度当季可进行收货操作；若当季未完成收货操作，系统自动完成收货，并扣减企业商誉值。
- 收货完成后，自动产生应付账款，"账期"即为应付账款的期限，表示多长时间内需要付款(收货下单时无须付款，但该部门需要预算费用)。

需要时，产品或原料出售可按照成本价格的80%出售，规则如表5-20所示。

表5-20　库存处理规则表

资产名称	资产编码	处理价格(倍)
产品	1	0.8
原料	2	0.8

7. 设计管理规则

产品设计管理规则如表5-21所示。

表5-21　产品设计规则表

特性名称	编码	设计费用(元)	升级单位成本(元)	初始值	上限
外形拉风	T1	1 000	1 000	1	500
科技体验	T2	1 000	2 000	1	1 000
安全舒适	T3	2 000	3 000	1	1 000

在产品原型中选择对应的产品名称(P1、P2、P3)+特性(T1、T2、T3)即组成全新的产品，设计完成时需支付设计费用。

每次设计完成后，均有个版本号，版本号按照设计次数，从1.0开始，按1.1、1.2……以此类推。每次设计需重新支付设计费用(无论是否设计过)。

8. 特性研发管理规则

如表5-20所示，初始特性研发值为1，每次研发目标值不得小于当前值，输入目标之后，计算出研发所需费用。

特性研发费用=(目标值-当前值)×单位研发费用。

单击"研发"按钮，立刻扣除费用。

特性研发增加有助于企业获取订单，参见"销售总监相关规则-竞单规则-标的分配公式"。

5.4.3　人力总监相关规则

1. 人力总监任务清单

人力资源总监任务清单如表5-22所示。

表5-22　人力总监任务清单表

序号	任务	意义
1	选	招聘管理
2	用	岗位管理
3	育	培训管理
4	留	激励管理

2. 招聘管理相关规则

招聘管理规则如表5-23所示。

表5-23　招聘管理规则表

序号	任务
1	人力资源需求
2	人力资源市场

(1) 在"招聘管理"页面会呈现两个画面，其中"人力资源需求"即为生产总监在"人"任务中填写的人员需求招聘(若生产总监没写招聘需求，人力总监也可自行招聘，与生产总监协商好即可)。

(2) "人力资源市场"即为人才市场，系统随机投入一批工人，人力总监应当依照"等级""基础效率""期望月薪"来选择性价比较高人员，选取成功，单击"发放offer"按钮即可。注意，人力资源市场不参与竞争，工人不会随各企业发的薪资不同而择优入职。

(3) 初始期望工资(元)：表示工人平均的月薪，市场中的工人月薪以此规则为基础，上下浮动。

(4) 计件：表示工人生产时，单件产品的计件工资。

(5) 每季度数量：即市场中初始的工人数量，假设第1年第2季度招了4个初级工和5个高级工，则在第1年第3季度工人数量仍会恢复到初始。

(6) 效率(%)：表示工人的平均效率，市场中工人效率20%上下浮动。

(7) 发放offer时，应当填写工资，工资可随意填写。

① 设开出工资为X；

② 设期望工资为M；

③ 当$X \div M < 70\%$时，工人一定不会入职；

④ 当$X \div M$取值在70%～100%区间时，工人随机入职；

⑤ 当$X \div M \geqslant 100\%$时，工人一定入职。

(8) offer发放完成可单击"修改"按钮用于修改工人工资，以最后一次录入的薪资为准。

(9) 企业开出offer后，下季度入职，入职后下季度发放薪资。

招聘规则可以概括为：一季度招聘，二季度入职，三季度发月薪，计件工资开产时计发。

3. 员工管理相关规则

"员工管理"页面显示本企业所有的在职员工，岗位管理规则案例如表5-24所示。

表5-24　岗位管理规则案例表

序号	姓名	等级	月薪	状态	操作	操作
1	张三	初级工	500	工作中	发薪	解聘
2	李四	高级工	1 500	空闲	发薪	解聘
3	王五	初级工	450	培训中	发薪	解聘

○ "等级""月薪"和"状态"为当季该员工的情况。状态分为三种，"工作中"表示该员工目前正在生产中，不可进行解雇操作；"培训中"表示该员工正在接受培训，无法进行其他操作；只有"空闲"状态的工人可被解聘。

- ○ "发薪"即为发放薪水,薪水=月薪×3。
- ○ 企业可解聘任意员工,解雇时需要支付赔偿金,赔偿金=(N+1)×月薪。N为员工入职年限,向上取整。只有空闲状态的工人可被解聘(若解聘时,工人处于欠薪状态,同时需要支付欠薪)。
- ○ 页面有"统一发薪"按钮,单击可一键发放全部薪水。
- ○ 若员工某季度未被发放薪水,视为工资拖欠,跨越季度时系统强制扣除,且被拖欠工资的员工效率减半;若员工被连续拖欠工资两个季度,则该员工直接离职,企业被强行扣除等同于解聘的赔偿金,并扣除5点商誉值。

4. 培训管理规则

培训管理是指为提升工人的等级,对低等级员工进行培训,工人培训规则如表5-25所示。

表5-25 工人培训规则表

培训名称	消耗现金(元)	消耗时间(季)	原岗位	培训后岗位	工资涨幅
升级培训	5 000	1	初级工	高级工	100%

- ○ "消耗现金"为培训1个工人所需支付的现金(若培训3个工人,需支付15 000元)。
- ○ "消耗时间"为自开始培训到培训完成所需要的时间。培训结束后,员工可随意配置在生产线内,培训期间无法进行配置操作(如第1年第2季开始培训,则第1年第3季培训完成,在第3季时才可对员工任意支配)。
- ○ 培训人员在培训前为"初级工",培训结束后为"高级工",高级工无法再次培训。
- ○ "工资涨幅"为培训完成后,工人工资状况。例如表5-24中,王五原工资为450元,培训后王五工资为450×(1+100%)=900(元),工作效率不变。

5. 激励管理相关规则

员工激励规则如表5-26所示。

表5-26 员工激励规则表

激励名称	编码	提升效率比例(%)
激励	JL1	40
涨薪	JL2	100

激励管理用于提升工人的工作效率,分为奖金激励和涨薪激励两种方式。

- ○ 激励费为一次性费用,需立即支付,对薪资无影响。
- ○ 涨薪方式为增加工人的月薪,所以涨薪后不会直接支付费用,而是自涨薪季度起,之后每月月薪都需加上涨薪金额。
- ○ 提升效率比例(%)表示每一万元所提升的工人效率,如给某工人激励费10 000元,则该工人的效率增加40%。即,如果想通过激励的方式给某工人提升1%的效率,则需给该工人涨250元的激励费(如出现小数向上取整)。

5.4.4 财务总监相关规则

1. 财务总监任务清单

财务总监任务清单如表5-27所示。

表5-27　财务总监任务清单表

序号	任务	意义
1	融	融资贷款
2	收	应收账款收现
3	付	应付账款
4	费	支付各项费用
5	控	调拨预算费用
6	表	企业报表填写

2. 贷款类型及贷款方式

贷款融资规则如表5-28所示。

表5-28　贷款融资规则表

序号	贷款名称	额度上限(倍)	贷款时间(季)	还款方式	利率(%)
1	直接融资	三种总贷款额度	1	1(到期还本付息)	5
2	短期银行融资	不超过上年所有	4	1(到期还本付息)	10
3	长期银行融资	者权益的3倍	8	2(每季度支付利息，到期还本付息)	2

- 贷款额度：上年权益×额度计算倍数(上年权益额从上年"资产负债表"提取)。
- 贷款类型：可以自由组合，总贷款额度不得超过所有者权益的3倍，分为"直接融资""短期银行融资""长期银行融资"三种
- 贷款申请时间：各年正常经营的任何日期(不包括"年初"和"年末")。
- 贷款时间：为贷款期限，自贷款之季起，经过贷款时间后，必须归还本金(如第2年第1季申请短期融资10 000，贷款时间为4季，则需在第3年第1季归还10 000本金和1 000利息)
- 还款方式：分为1和2，1表示到期还本付息，贷款到期后，支付本金和利息；2表示每季度支付利息，到期还本付息，需每季度先支付相应利息，到期时还本金和当季度的利息。
- 贷款是以"套餐"方式提供的，贷款中规定了每类贷款的具体参数。如短期银行融资套餐，额度10 000，单击"确定"按钮即可完成贷款。
- 贷款完成后，会在"融资现状"页面中显示，如表5-29所示。

表5-29　融资现状表

套餐名称	起贷时间	还款时间	额度	利息
短期银行融资	1年3季度	2年3季度	10 000	1 000

- 系统每季提供本季到期贷款和利息的账单，在"费"页面中查询还款金额、归还贷款及利息。
- 产生的费用应当及时归还，否则系统自动扣除该费用，并且扣除商誉值。

3. 应收款贴现与应付款

1) 应收款贴现规则

贴现是指债权人在应收账期内，贴付一定利息提前取得资金的行为。不同应收账期的贴现利息不同，应收款贴现规则如表5-30所示。

表5-30　应收款贴现规则表

名称	收款期(季)	贴息(%)
4季贴现	4	10
3季贴现	3	7
2季贴现	2	5
1季贴现	1	3

贴现后，现金直接增加扣除贴息外的现金，贴息计入财务费用，系统自动扣除。

2) 应付账款规则

应付账款为企业应当支付但未支付的账款，计为短期负债，是指原材料收货后，不会立刻付款，产生1季(以规则为主)的应付账款。应付款案例如表5-31所示。

表5-31　应付账款案例表

款项	贷方	金额	备注	付款日期	操作
订购原材料	供应商	5 000	交易订单	1年3季度	付款

○　应付账款可提前支付，需注意，提前支付占用现金流。

○　应付账款逾期支付，系统自动扣除，并扣减企业商誉值。

4. 费用缴纳

费用包含管理费、贷款本金、贷款利息、维修费、折旧、所得税、违约金、情报费、碳中和费用等，如表5-32所示。

表5-32　费用缴纳类型表

类型	金额(元)
管理费	500/月
维修费	500(传统线)、1 500(自动线)、5 000(智能线线)
折旧	11 250(传统线)、21 250(自动线)、42 500(智能线线)
所得税	20%
违约金	20%
情报费	1 000
碳中和	5

○　"管理费"为固定费用，规则中列示的为月度管理费，实际支付时应当×3，需手动支付。

○　"贷款本金"和"贷款利息"均在"财-费"任务栏中，需手动支付。

○　"维修费"系统自动扣除，扣减现金流。

○　"折旧"系统自动扣除，不影响企业现金流。

○　"所得税"为企业盈利后所需要支付的费用，由系统自动扣除，无须手动支付。所得税税率为20%，当企业所有者权益超出初始权益时，按照20%支付所得税；若前期企业亏损至初始权益以下，需弥补以前亏损后，再计算所得税。

○　"违约金"为未按时交付订单应按违约处理，需要额外计算违约金(违约金=该订单收入总额×违约比例)，违约比例为20%。

○　"情报费"为购买其他企业信息时所花费的费用(不同规则，情报费不同)。

○　"碳中和费用"为中和1t碳排放所需花费的费用。

5. 预算控制

预算控制下有三个部门，分别为"市场营销部""生产设计部"和"人力资源部"，案例如表5-33所示。

表5-33　预算控制案例表

部门	上季度预算	上季度使用	上季度使用率	本季度预算
市场营销部	1 000	500	50%	3 000
生产设计部	1 000	500	50%	3 000
人力资源部	1 000	500	50%	3 000

- ○ 应在对应部门的"本季度预算"栏中填写预算好的金额，三个部门同时填写，单击"确定"按钮即为预算划拨成功，一旦确定无法更改。
- ○ 每季度预算金额会在下季度的"上季度预算"栏中显示；"上季度使用"栏中显示上季度本岗位具体使用金额；"上季度使用率"显示上季度资金使用金额占已调拨金额的比例，当比例<80%、>120%时，影响企业得分－10 000。
- ○ 当预算额度用完时，可依据使用情况多次向财务总监申请预算(在申请预算页面中无须各总监填写具体金额，系统自动计算)，财务总监可依照实际情况决定是否通过。

5.5　数智化开发规则

各岗位可开启数智化管理，规则如表5-34所示。

表5-34　数智化开发规则表

岗位编码	岗位	消耗金钱(元)	消耗时间(季)
1	营销	100 000	4
2	生产	100 000	4
3	人力	100 000	4
4	财务	100 000	4

单击"开启"按钮完成开发，开发需支付对应资金；"消耗时间"也可理解为开发周期，在开发周期内无法使用该功能。

例如，第1年第1季单击开发，消耗时间为4季，则第2年第1季完成开发，开始使用。

5.5.1　销售总监数智化管理

销售总监数智化系统开启后，界面呈现"网络营销"和"营销大数据"两个页面。
网络营销属于除投标市场以外的另外一个销售渠道——零售市场。
营销大数据可查看本企业销售渠道。

1. 网络营销

网络营销分为"网络投放"和"新媒体广告"两个部分。

- ○ 网络投放：可针对4类产品进行投放，每个产品输入两个值，即"定价"和"投放数量"(应输入正整数)。定价不可高于本产品成本的5倍，不可低于本产品成本；投放数量不得超过现有库存量。

○　新媒体广告：输入投放金额(正整数)，该金额转化为等量的热度值；会员指数代表会员数量，会员指数＝热度×商誉×引流参数×0.000 1，值向下取整。引流参数规则如表5-35所示。

表5-35　引流参数规则表

引流参数	引流名称
0.5	吸引会员

零售市场规则示意如表5-36所示。

表5-36　零售市场规则示意表

季度	目标产品	单价承受能力(元)	看重特定	每季购买数量
6	小羊摩托	4 000	科技体验	1 000
6	小羊摩托	4 100	安全舒适	1 000
8	小羊摩托	4 000	科技体验	1 000
8	小羊摩托	4 100	安全舒适	1 000
10	小羊摩托	4 200	科技体验	2 000
10	小羊摩托	4 300	外形拉风	2 000
10	小羊pro	6 000	科技体验	1 000
10	小羊pro	6 100	安全舒适	2 000

零售市场规则解释如下。

(1) 根据企业上架的种类，决定去满足哪些市场需求。

(2) "单价承受能力"是指用户在零售市场销售产品可承受的最高价格。

(3) 企业在申请订单时，输入的价格应具备两个条件。

○　不应高于"单价承受能力"中所列的价格。

○　定价的取值范围：设M＝该产品图纸的原料价值之和(从规则表里读取)，输入范围取$M\sim 5M$。

(4) 根据会员指数得出"零售指数"，零售指数Y＝会员数×(单价承受能力－定价)×0.01。

(5) 根据各队的上架量，得出"竞争指数"。

○　若零售指数小于等于上架量，则竞争指数＝零售指数。

○　若零售指数大于上架量，则竞争指数＝上架量。

(6) 根据入围队伍的竞争指数，计算出"销量"。

○　若各队伍的竞争指数之和小于等于市场需求数量，则销量＝竞争指数。

○　若各队伍的竞争指数之和大于市场需求数量，则按照比例进行分配(向下取整)，得出销量。

(7) 季度跳转时，自动扣除等同于实际销量的相应产品，入库日期早的优先。

2. 营销大数据

在营销大数据中可查看本季度的"总销售额""上季度销售额""零售销售额""上季度零售销售额""销售结构""各企业销售额对比""资金来源统计""各季度销售额""各季度销售额和成本""市场占有率"等多个板块。

通过各板块可看到其他企业经营情况，便于利用更多资源制定企业经营战略。

5.5.2　生产总监数字化管理

1. 智能生产

智能生产如同一个自动化脚本，会自动帮用户进行生产。

(1) 工厂一旦进入数智化时代，所有材料的送货周期为0，所有产线的转产周期为0，且转产不需要支付转产费。

(2) 在每条生产线上选择一种产品，单击开启智能生产，产线自动更新最新的BOM表，配置效率最高的工人，自动购买原材料。智能生产不会持续进行，每季度都需要操作一次(智能生产并非持续功能)。

(3) 当出现以下情况时，无法开启自动生产。

- ○　企业现金、预算不足；
- ○　工人不足；
- ○　市场无法购买足够的材料；
- ○　无图纸；
- ○　无产品资质。

2. 生产大数据

在生产大数据看板中可查看"上季度产能""产线数量""工人数量""原料库存""产品生产结构""各企业产线数量对比""各特性的特性值对比""各季度总产能""各季度出库入库产品数量""资产构成"。可依照大数据调整订单价格及合理安排产能。

5.5.3　人力总监数字化管理

1. 智能招聘

在智能招聘中，上半部分显示人力资源需求，单击"智能筛选"按钮，进行按需筛选，原则如下。

(1) 效率优先原则，筛选出来的结果，效率大于等于需求值。

(2) 数量最多展示8个，可单击更多，展示所有人员；展示人员均按照性价比降序排列。

(3) 智能招聘节省了人力总监招聘工人的时间，简化了人力总监的工作。

2. 人力大数据

在人力大数据中可查看"总人数""本年工资支出累计""平均工龄""人均工资""岗位类别结构""各企业平均工资""人力资源现状""各季度人员增长情况""每季度计件工资和固定工资"和"人力资源费用结构"，可根据人才市场现状进行调整及聘用员工，可降低人工成本。

3. 人力资源RPA

在"人力总监-留"页面，增加了一键激励按钮，可选择想要激励的工人种类和要达到的效率，单击"确定"按钮后，RPA机器人会自动算出费用，自动涨薪或激励。

5.5.4　财务总监数字化管理

1. 风险监控

风险监控下有9个财务指标，即"资产负债率""速动比率""已获利息倍数""现金总资产比""存货周转率""应收账款周转率""净资产收益率""营业利润比重"和"主营业务利润率"。各财务指标反映不同的财务状况,当指标外框变红时,表示该企业此项风险过高,应当马上降低该指标;当指标外框变黄时,表示该指标存在轻微风险,应当注意;当指标外框变绿时,表示该指标一切正常。

2. 财务大数据

在财务大数据下可查看企业的"总收入""总成本""总利润""权益""费用结构""各企业净利润对比""资金来源统计""各季度总预算使用情况""收入和资金需求"和"资产构成",便于分析本企业与其他企业的财务状况,方便制定战略。

3. 财务RPA

在"财务总监-应付账款"页面,增加了一键付款按钮,可通过RPA机器人选择批量支付本季度应付账款,可全部账款。

5.6　数智沙盘市场订单

数智沙盘市场订单案例,如表5-37所示。

数智沙盘市场订单,有可能被某公司独家竞标获得,也可能由几家公司竞标分配。

例如3号订单,国内市场-小羊单车-外形拉风特性,数量125,可能会被一家公司竞标获得;而1号订单,国内市场-小羊单车-安全舒适特性,数量4 500,可能由多家公司竞标分配。

选择订单,也需要计算交货期,例如表5-37中的3号订单和7号订单,要求不迟于第1年第3季度交货,能否交货,需要精准计算。

表5-37　数智沙盘市场订单案例

年份	季度	编号	市场	产品	特性	供应商参考价格(元)	数量	交货期(季)	账期(季)	认证
1	2	1	国内市场	小羊单车	安全舒适	2 500	4 500	4	1	ISO 9000
1	2	2	国内市场	小羊单车	外形拉风	2 400	250	4	2	ISO 9000
1	2	3	国内市场	小羊单车	外形拉风	2 400	125	3	1	ISO 9000
1	2	4	国内市场	小羊单车	外形拉风	2 400	250	4	2	ISO 9000
1	2	5	国内市场	小羊单车	外形拉风	2 300	750	4	2	ISO 9000
1	2	6	国内市场	小羊摩托	安全舒适	3 600	125	4	1	ISO 9000
1	2	7	国内市场	小羊摩托	科技体验	3 500	100	3	1	ISO 9000
1	2	8	国内市场	小羊摩托	科技体验	3 500	125	4	2	ISO 9000
1	2	9	国内市场	小羊摩托	科技体验	3 500	450	4	2	ISO 9000
1	2	10	国内市场	小羊摩托	外形拉风	3 400	1 000	4	2	ISO 9000
1	3	11	国内市场	小羊单车	外形拉风	2 200	1 000	4	2	ISO 9000
1	3	12	国内市场	小羊单车	科技体验	2 200	500	4	2	ISO 9000
1	3	13	国内市场	小羊摩托	外形拉风	3 300	500	4	2	ISO 9000
1	3	14	国内市场	小羊摩托	科技体验	3 300	1 000	4	2	ISO 9000

5.7　数智沙盘计划

1. 数智沙盘计划流程

数智沙盘计划流程，如图5-2所示。

(1) 根据市场订单规划销售计划。

(2) 根据销售计划规划生产计划。

(3) 根据成品生产计划规划生产线投资安装计划。

(4) 根据产品生产计划、产品图纸(物料清单)计算采购计划、人力资源计划。

(5) 根据销售计划、生产计划、采购计划、人力资源计划规划财务计划。

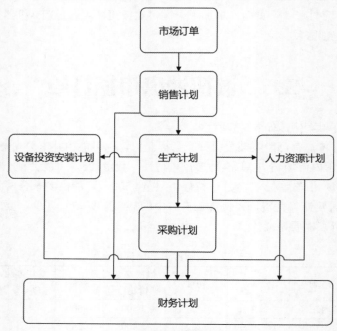

图5-2　数智沙盘计划流程图

2. 数智沙盘计划要点

1) 判断市场供需环境

数智沙盘的市场是竞标市场，竞价和可能竞得的订单数量会有很大弹性，这个特点和新手工沙盘、商战沙盘有很大不同。每个公司需要根据市场订单，估算整个市场能容纳的供给量，也就是估算市场能容纳的平均每个公司的生产线产能，从而判断市场是宽松型、均衡型，还是紧缩型；判断出市场供需环境类型，才能确定行动方向。

2) "英雄所见不同"

"英雄所见略同"，即产品特性同质化竞争，将导致市场恶性竞争、费用激增；"英雄所见不同"，即产品特性差异化竞争，则市场宽松、费用低，这才是追求的方向。

3) 滚动发展

数智沙盘中，产品与特性的组合，构成了多种组合选择，初期某种或者少品种特性发展，步步为营、滚动发展为上策。摊子铺得太大，过早多元化发展，意味着费用高，形不成局部竞争力。

4) 长短期贷款结合

固定资产投资回收期较长，有长期贷款支撑，可以保障现金流充裕。只看到短期贷款利率低，而依靠短期贷款支撑发展，一旦订单获取不理想，很可能会陷入资金断流。

5) 赔本的买卖不能做

数智沙盘是竞标市场，会让人有个错觉，广告打天下。但是广告打得再多，也要有边界，那就是赔本的买卖不能做。

3. 数智沙盘计划案例

下面的表5-38～表5-42，是某公司参加某场比赛，以7条智能线开局的第一年计划案例。

本案例的规则和市场订单，与上面的规则和市场订单不尽相同，目的是让读者学习数智沙盘计划的基本内容、逻辑、流程。

表5-38　数智沙盘计划案例——第一年现金流量计划

第一年现金流量计划				
初始权益(500 000)	第一季	第二季	第三季	第四季
季度规划	500 000	500	160	20
财务总监				
所得税				
维护费				0
违约金				
贷款本金		0	0	0
贷款利息		18 840	19 640	28 780
贷款额度	1 500 000	558 000	518 000	61 000
1季短贷				
四季短贷				
2年长贷	942 000	40 000	457 000	61 000
管理费	1 500	1 500	1 500	1 500
信息费				
碳中和费				
紧急采购(原料、产品)				
出售库存产品				
出售库存原材料				
变卖–生产线				
应收款到账	0	0	0	0
贴现	0	0	0	756 600
应付款				
机器人				
合计	1 440 500	20 160	436 020	787 340
人力总监				
工人培训				
工人激励			120 000	7 000
工人工资				70 000
辞退福利				
机器人				
预算	0	0	120 000	77 000

(续表)

第一年现金流量计划				
初始权益(500 000)	第一季	第二季	第三季	第四季
生产总监				
原料成本			210 000	210 000
机器设备	1 400 000			200 000
转产				
产品设计(BOM)			2 000	
产品研发				160 000
生产费用			84 000	84 000
机器人				
预算	1 400 000	0	296 000	654 000
营销总监				
市场开拓	10 000		20 000	
产品资质	20 000			
ISO资格认证	10 000	20 000		50 000
广告投放				
机器人				
预算	40 000	20 000	20 000	50 000
年末现金流量	500	160	20	6 340
年末扣除税收现金流量				6 340

表5-39　数智沙盘计划案例——第一年费用表

第一年综合费用表	
项目	值
贴息	23 400
管理费	6 000
利息	67 260
转产费	0
信息费	0
产品设计费用	2 000
研发费用	160 000
市场开拓	30 000
资质申请	20 000
认证申请	80 000
广告费用	0
辞退福利	0
培训费	0
激励费	127 000
人力费用	
数字化研发费用	0
产线维修费	0
违约金	0
碳中和费	0
合计	515 660

表5-40 数智沙盘计划案例——第一年利润表

第一年利润表

项目	值
销售收入	780 000
直接成本	300 000
毛利	480 000
综合费用	515 660
折旧前利润	−35 660
折旧	0
支付利息前利润	−35 660
营业外收支	
税前利润	−35 660
所得税	0
净利润	−35 660

表5-41 数智沙盘计划案例——第一年资产负债表

第一年资产负债表

资产	期初数	期末数	债&权	期初数	期末数
流动资产：			负债：		
现金	500 000	6 340	一年内长贷		
应收款	0	0	长期负债	0	1 500 000
在制品	0	364 000	短期负债	0	0
产成品	0	64 000	应付账款	0	70 000
原材料	0		应交税金	0	0
流动资产合计	500 000	370 340	负债合计	0	1 570 000
固定资产：			所有者权益：		
土地和建筑	0	0	股东资本	500 000	500 000
机器与设备	0	1 400 000	利润留存	0	0
在建工程	0	200 000	年度净利	0	−35 660
固定资产合计	0	0	所有者权益合计	500 000	464 340
资产总计	500 000	2 034 340	债&权合计	500 000	2 034 340

5.8 重要规则和数字化管理分析

　　数智沙盘涉及的数据计算较多，这里将实际产量、在制品成本和激励费用等主要数据做计算分析，也就是做出经营计划的基础。同时，数字化管理是数智沙盘有别于新手工沙盘、商战沙盘的重要特色，本节重点对关键的生产数字化管理、销售数字化管理做规则解读和计算分析。

1. 实际产量

　　实际产量与基础产能、工人数量、工人效率数和班次加成倍数相关，数智沙盘规则只是给出基础产能，我们还需要根据规则的计算公式计算出实际产量，这是估算市场供需对比和计划生产线布局的基础。

- 公式一：实际产量=基础产能×(1+初级工数量×初级工效率÷4+高级工数量×高级工效率)×班次加成倍数。
- 公式二：实际产量=基础产能×(1+初级工组效率之和÷4+高级工组效率之和)×班次加成倍数。

实际招聘中，每个工人的效率不同，使用公式二，但这里是根据基础数据计算，则使用公式一。

班次加成倍数，根据表5-14班次规则表，班次取8时制，产量加成1(倍)，即班次加成倍数1。实际产能是按原初级工效率50%、高级工效率60%，计算得出；激励后产量是按照激励后工人效率提升至100%计算；尾数向下取整。生产线实际产量计算表如表5-42所示。

表5-42 生产线实际产量计算表

线型名称	生产周期(季)	基础产能	需要初级工人	需要高级工人	初级工效率	高级工效率	实际产量	激励后产量	实际产量(取整)	激励后产量(取整)
传统线	2	30	2	1	50%	60%	55.5	75.0	55	75
自动线	1	30	1	1	50%	60%	51.8	67.5	51	67
智能线	1	40	0	1	50%	60%	64.0	80.0	64	80

2. 在制品成本

在新手工沙盘和商战沙盘中，在制品成本由原料成本和人工成本组成。在数智沙盘中，在制品成本则细化为三部分组成：原材料成本、工人月薪、计件工资。

公式：在制品成本=原材料+工人月薪×生产周期(月)+计件工资×件数。

例如，传统线生产产品，生产周期为2季，应当按6个月的工人工资计算。

所以，数智沙盘中，生产工人的工资由工人月薪(基础底薪)加计件工资，两部分组成。

1) 原料成本

在数智沙盘中，每种产品的原料成本如表5-43所示。

表5-43 产品原料成本表

产品名	R1数量	R2数量	R3数量	R4数量	R1价格	R2价格	R3价格	R4价格	原料成本
P1	1	1	0	0	200	200	200	500	400
P2	1	1	1	1	200	200	200	500	1 100
P3	1	1	1	2	200	200	200	500	1 600

2) 在制品成本计算

工人工资及效率规则表，如表5-44所示。

表5-44 工人工资及效率规则表

名称	编码	初始期望工资(元)	计件工资(元)	效率(%)
初级工	GR1	500	50	50
高级工	GR2	1 500	150	60

按照规则，表中的初始期望工资，表示工人平均的月薪，市场中的工人月薪以此规则为基础，上下浮动。所以，初始期望工资就是月薪，我们可以理解为工人的基础底薪。运营过程中，因为招聘市场的浮动，不同工人的月薪(基础底薪)有浮动，在做经营计划中，我们取表中的

标准值来计算。

再根据表5-15所示的生产设备规则表，分别计算得出各生产线在生产周期内的初级工和高级工的计件工资、基础底薪。生产线人工成本——计件工资基础底薪(未激励产量)如表5-45所示。表中的实际产量是没有对工人激励的产量。

表5-45　生产线人工成本——计件工资基础底薪(未激励产量)

线型名称	生产周期(季)	实际产量	需要初级工人	需要高级工人	生产周期(月)	初级工计件工资(元)	高级工计件工资(元)	初级工基础底薪(元)	高级工基础底薪(元)
传统线	2	55	2	1	6	5 500	8 250	6 000	9 000
自动线	1	51	1	1	3	2 550	7 650	1 500	4 500
智能线	1	64	0	1	3	0	9 600	0	4 500

将表5-45中的初级工和高级工的计件工资、基础底薪按生产线类型分别合计，可以得到不同生产线的人工成本合计；分别除以生产周期的实际产量，又得到不同生产线的单件产品的人工成本；分别将单件产品的人工成本和表5-43中的不同产品原料成本相加，最终得到不同产品使用不同生产线的在制品成本(元/件)。生产线在制品成本表(未激励产量)如表5-46所示。

表5-46　生产线在制品成本表(未激励产量)

线型名称	人工成本合计	人工成本(元/件)	P1在制品成本(元/件)	P2在制品成本(元/件)	P3在制品成本(元/件)
传统线	28 750	523	923	1 623	2 123
自动线	16 200	318	718	1 418	1 918
智能线	14 100	220	620	1 320	1 820

同样，我们可以计算得到工人效率激励到100%后产量计算的在制品成本，如表5-47所示的生产线人工成本——计件工资基础底薪(100%激励)和表5-48所示的生产线在制品成本表(100%激励)。

表5-47　生产线人工成本——计件工资基础底薪(100%激励)

线型名称	生产周期(季)	激励后产量	需要初级工人	需要高级工人	生产周期(月)	初级工计件工资(元)	高级工计件工资(元)	初级工基础底薪(元)	高级工基础底薪(元)
传统线	2	75	2	1	6	7 500	11 250	6 000	9 000
自动线	1	67	1	1	3	3 350	10 050	1 500	4 500
智能线	1	80	0	1	3	0	12 000	0	4 500

表5-48　生产线在制品成本表(100%激励)

线型名称	人工成本合计(元)	人工成本(元/件)	P1在制品成本(元/件)	P2在制品成本(元/件)	P3在制品成本(元/件)
传统线	33 750	450	850	1 550	2 050
自动线	19 400	290	690	1 390	1 890
智能线	16 500	206	606	1 306	1 806

由于数智沙盘中不同生产线配置的工人等级和数量不同，不同等级的工人的效率、基础月薪、计件工资不同，所以，同样一种产品，用不同的生产线生产的在制品成本不同；也导致同

样一种产品因为使用生产线的批次，而库存产品价值不同。

所以，要采用"先进先出，后进后出"法，确定每一笔销售订单的销售成本，进而确定库存产品的价值。这样使得数智沙盘的利润表的成本计算和资产负债表的库存价值计算，变得细分。实际数智沙盘运营中，每一笔销售订单的成本数据可以在操作路径"营销总监——售——交付管理——经销商订单列表"中读取；库存价值可以在操作路径"生产总监——料——库存管理——产品库存"中读取。

3. 激励费用

激励管理用于提升工人的工作效率，分为奖金激励和涨薪激励两种方式。根据表5-26所示的员工激励规则表、表5-17所示的工人工资及效率规则表，我们可以分别计算出：每提升1%费用，奖金激励是250元，涨薪激励是100元；初级工效率提升至100%费用，奖金激励是12 500元，涨薪激励是5 000元；高级工效率提升至100%费用，奖金激励是10 000元，涨薪激励是4 000元。激励费用表如表5-49所示。

表5-49　激励费用表

激励名称	提升效率比例(%)	提升1%费用(元)	初级工初始效率	高级工初始效率	初级工100%激励费用(元)	高级工100%激励费用(元)
激励	40	250	50	60	12 500	10 000
涨薪	100	100	50	60	5 000	4 000

4. 生产数字化管理

生产数字化的最主要功能是智能生产，智能生产如同一个自动化脚本，会自动帮用户进行生产。

即生产部分，原材料自动计算，自动下单，自动收货，自动配置工人，自动根据最新的产品版本BOM生产，但是仍然需要手动设计更新产品版本BOM。财务总监如果没有开启财务数智化，当季度需支付材料款；人力总监如果没有开启人力资源数字化，则需手动发薪、手动激励。

5. 销售数字化管理

1) 规则解读分析

销售数字化管理最主要的功能是网络营销。网络营销怎么做？

网络零售市场订单案例，如表5-50所示。

表5-50　网络零售市场订单案例表

季度	目标产品	单价承受能力(元)	看重特性	每季购买数量
6	小羊摩托	4 000	科技体验	1 000
6	小羊摩托	4100	安全舒适	1 000
8	小羊摩托	4 000	科技体验	1 000
8	小羊摩托	4 100	安全舒适	1 000
10	小羊摩托	4 200	科技体验	1 000
10	小羊摩托	4 300	安全舒适	2 000
10	小羊pro	6 000	外形拉风	2 000
10	小羊pro	6 100	科技体验	1 000

（续表）

季度	目标产品	单价承受能力(元)	看重特性	每季购买数量
10	小羊pro	6 200	安全舒适	2 000
12	小羊摩托	4 200	科技体验	2 000
12	小羊摩托	4 300	安全舒适	2 000
12	小羊pro	6 200	科技体验	2 000
12	小羊pro	6 400	安全舒适	2 000
14	小羊pro	6 400	科技体验	3 000
14	小羊pro	6 400	安全舒适	3 000
16	小羊pro	6 400	科技体验	3 000
16	小羊pro	6 400	安全舒适	3 000

说明：季度6即第2年第2季度，季度8即第2年第4季度，以此类推。

网络营销三大问题：打多少广告？定价多少？期望销售多少？这里首先涉及两个公式。

○　公式一：会员指数=热度×商誉×引流参数×0.000 1，热度即新媒体广告。

○　公式二：零售指数Y=会员指数×(单价承受能力−定价)×0.01。

新媒体广告输入投放金额(正整数)，该金额转化为等量的热度值；会员指数代表会员数量。

引流参数规则如表5-51所示。

表5-51　引流参数规则表

引流参数	引流名称
0.5	吸引会员

会员指数每季度衰减一半。例如，一季度会员指数100，则二季度50、三季度25，以此类推。

例如，新媒体广告投放20 000，则当季会员指数=20 000×100×0.5×0.000 1=100

根据会员指数得出零售指数。零售指数是什么？我们可以把零售指数，当作最高期望销量。

能在网络零售市场销售多少，还要取决于上架量，也就是打算将成品库存中多少数量的产品投放到网络零售市场。

再根据各队的上架量，得出竞争指数；竞争指数是什么？我们可以把竞争指数，当作预期参与网络零售市场竞争的产品数量。当零售指数小于等于上架量，竞争指数=零售指数；当零售指数大于上架量，则竞争指数=上架量。也就是说，零售指数与上架量比较，哪个小取哪一个做竞争指数。

因为，零售指数定义了最大期望销售量，当零售指数小于等于上架量，只能按零售指数参与市场竞争；当零售指数大于上架量，尽管零售指数大，但是上架的产品有限，只能按照上架量参与市场竞争。

各队竞争指数之和会出现下面两种情况，根据入围队伍的竞争指数，计算出销量。

(1) 若各队伍的竞争指数之和，小于等于市场需求数量，即供不应求或者供需平衡时，销量=竞争指数。

例如，只有我一家进入某零售订单市场，假定广告20 000，会员指数就是100，我期望销售

201个，单价承受能力为4 000，那么定价A应该是多少？

根据公式一：广告投放20 000，则会员指数=20 000×100×0.5×0.000 1=100。

根据公式二：100×(4 000-A)×0.01=201=零售指数=竞争指数=销量。此时定价A应该是3 799，即零售指数=100×(4 000-3 799)×0.01=201=竞争指数=销量。

零售指数201，意味着最大可能零售销量是201个，202个都不可能；但是用201的零售指数销售低于201个数量产品，则意味着，新媒体广告投放太多或定价偏低，不合算。

(2) 若各队伍的竞争指数之和，大于市场需求数量，即供大于求，则按照按零售指数总和的比例份额进行分配(向下取整)，得出销量。

网络零售市场，不会由某一家公司独家垄断订单。例如，1号公司零售指数是1 000，2号公司零售指数是600，总零售指数=1 000+600=1 600，但市场需求量为1 000，则1号公司分配到625个、2号公司分配到375个。

即，1号公司分配量=(1 000÷1 600)×1 000=625；2号公司分配量=(600÷1 600)×1 000=375。

2) 网络零售实战案例分析

某教学班第4年第4季网络零售案例如表5-52所示。

表5-52　某班第4年第4季网络零售案例表

组号	产品名称	特性名称	会员指数	零售指数	定价	上架量	竞争指数	获取量
6	小羊pro	安全舒适	3 192	2 553	6 320	2 554	2 553	1 345
2	小羊pro	安全舒适	1 671	1 671	6 300	1 671	1 671	880
3	小羊pro	安全舒适	1	1	6 300	1	1	0
1	小羊pro	安全舒适	618	1 470	6 162	1 468	1 468	773
4	小羊pro	科技体验	101	303	6 100	202	202	202

(1) 首先，对比零售指数与上架量，决定竞争指数。

① 小羊pro安全舒适产品市场竞争。

第6组零售指数2 553，上架量2 554，按两者取小原则，竞争指数取2 553；同理，第2组零售指数1 671，上架量1 671，竞争指数取1 671；第3组零售指数1，上架量1，竞争指数取1；第1组零售指数1 470，上架量1 468，竞争指数取1 468。

② 小羊pro科技体验产品市场竞争。

只有第4组一家竞争，零售指数303，上架量202，竞争指数取202。

(2) 计算获取量。

① 参与竞争小羊pro安全舒适产品市场的公司竞争指数总和=2 553+1 671+1+1 468=5 693；从表5-50所示的网络零售市场订单案例表得知，第4年第4季小羊pro安全舒适产品市场需求为3 000，属于供过于求。

② 参与竞争小羊pro安全舒适产品市场的4个公司分配的获取量如下。

第6组获取量=(2 553÷5 693)×3 000=1 345.3，向下取整，取1 345；

第2组获取量=(1 671÷5 693)×3 000=880.6，向下取整，取880；

第3组获取量=(1÷5 693)×3 000=0.5，向下取整，取0；

第1组获取量=(1 468÷5 693)×3 000=773.6，向下取整，取773。

③ 参与竞争小羊pro科技体验产品市场的只有第4组，竞争指数取202，从表5-50所示的网络零售市场订单案例表中，得知第4年第4季小羊pro科技体验产品市场需求为3 000，属于供不应

求，获取量=竞争指数=202。

从上面的案例分析看，第2组零售指数1 671=上架量1 671，最经济合算；第1、4组零售指数均大于上架量，即零售指数大于竞争指数，不合算，定价太低或者新媒体广告费太多；第3组竞争指数太低，被取整归零，也不合算。

5.9　数智沙盘教学年

教学年的目的是让学员掌握数智沙盘运营的基本流程和逻辑，教师可以根据实际情况设计教学年。

1. 教学年运营说明

(1) 股本金60万。

(2) 一季度，研发P1，市场全开，认证全开；建设3条自动线，生产P1；特性值全部从1升级到2；订购原料201R1/201R2；一直到四季度，订购原料和收货持续按照201R1/201R2节拍；招聘3个初级工、3个高级工，择优录用。

(3) 二季度，国内市场投放1万广告，申报订单402个(P1-T3)；员工到职后全部效率激励到100%；设计P1-T3，3条自动线开产；一直到四季度，生产持续进行，员工效率持续激励到100%。

(4) 二季度短贷10万，三季度短贷10万，四季度长贷30万。

(5) 三、四季度统一发薪。

(6) 四季度交货。

因人力资源方面员工录用的底薪和基础效率不同，导致发薪(底薪)、激励费用不同，每个公司的季末现金流会有差异，教学年的季末现金是参考值。

2. 教学年运营清单

(1) 一季度运营清单

教学年一季度运营清单，如表5-53所示。

表5-53　教学年一季度运营清单表

编号	岗位	任务	操作、数据	备注
1	财务总监	预算控制	营销：130 000、生产设计：306 000，人力资源0	
2	财务总监	管理费	管理费：1 500	500/月
3	营销总监	渠道开拓	国内、亚洲、国际市场	(1+2+3)万
4	营销总监	产品资质申请	P1单车	(1)万
5	营销总监	ISO资质申请	ISO 9000、21000、26000	(1+2+3)万
6	运营总监	建线	3条自动线，3×100 000	3条生产P1单车
7	运营总监	发招聘需求	初级工人：3个，高级工人：3个	
8	人力总监	发OFFER	初级工人：3个，高级工人：3个	择优招聘
9	运营总监	订购原料	R1：201个、R2：201个	
10	运营总监	产品设计	无须设计	
11	运营总监	特性研发管理	T1：−1 000、T2：−2 000、T3：−3 000	特性升级1→2
12		季末现金	162 500(参考值)	

(2) 二季度运营清单

教学年二季度运营清单，如表5-54所示。

表5-54　教学年二季度运营清单表

编号	岗位	任务	操作、数据	备注
1	财务总监	预算控制	营销：10 000，生产设计：130 000，人力资源：68 000	
2	财务总监	管理费、贷款	管理费：1 500、短贷款10W	
3	营销总监	促销广告	国内市场10 000	
4	营销总监	选单	P1－(T3安全舒适)402	
5	人力总监	激励	初级工人、高级工人：效率全部提升至100%	预计37 500+30 000
6	运营总监	原料收货、订购	原料收货、订购R1：201，R2：201	
7	财务总监	应付账款支付	财务付原料款2×40 200	
8	运营总监	产品BOM设计	P1+T3：－2 000	
9	运营总监	配置工人	八小时制，配置工人、保存	
10	运营总监	开产	更新BOM、开产、付计件工资	计件工资×13 400
11		季末现金	60 900(参考值)	

(3) 三季度运营清单

教学年三季度运营清单如表5-55所示。

表5-55　教学年三季度运营清单表

编号	岗位	任务	数据	备注
1	财务总监	预算控制	营销：0，生产设计：128 000，人力资源：22 000	
2	财务总监	管理费	管理费：1 500	
3	财务总监	融资	短贷10W	
4	营销总监	广告投放		国内市场
5	人力总监	发3个月底薪	计算得出	18 000(参考值)
6	人力总监	保持效率100%	全部效率98%恢复到100%	激励(100-98)×250×6=3 000
7	运营总监	原料收货、订购	原材料收货、订购R1：201，R2：201	
8	财务总监	应付账款支付	财务付原料款2×40 200	
9	运营总监	配置工人	八小时制，配置工人、保存	
10	运营总监	开产	开产、付计件工资	计件工资3×13 400
11		季末现金	17 800(参考值)	

(4) 四季度运营清单

教学年四季度运营清单如表5-56所示。

表5-56　教学年四季度运营清单表

编号	岗位	任务	数据	备注
1	财务总监	预算控制	营销：0，生产设计：128 000，人力资源：22 000	
2	财务总监	管理费	管理费：1 500	
3	营销总监	交货	交订单，402P1	

(续表)

编号	岗位	任务	数据	备注
4	运营总监	数智化		
5	财务总监	长期贷款	30万	
6	人力总监	发3个月底薪	计算得出	18 000(参考值)
7	人力总监	保持效率100%	全部效率98%恢复到100%	激励(100−98)×250×6=3 000
7	运营总监	原料收货、订购料	原料收货、订购R1：201、R2：201	
8	财务总监	应付账款支付	财务付原料款2×40 200	
9	运营总监	配置工人	八小时制，配置工人、保存	
10	运营总监	开产	开产、扣计件工资	计件工资3×13 400
11		季末现金	174 700(参考值)	

3. 教学年财务报表

数智沙盘运营中，在人力总监方面，因为工人招聘到职，每个工人的基础底薪、初始效率不同，所以，每个公司首次激励费用、发薪(基础底薪，或者基础月薪)的费用不同，这就导致教学年每个公司的现金流量表、费用表、利润表、资产负债表数据都有所不同。但是，财务总监、营销总监、运营总监的数据是相同的。

(1) 教学年现金流量表

教学年现金流量表如表5-57所示。

表5-57　教学年现金流量表

编号	动作	资金	剩余	时间	岗位	备注
1	缴纳管理费	−1 500	598 500	1年1季度	财务总监	缴纳管理费
2	渠道开拓	−10 000	588 500	1年1季度	营销总监	渠道开拓
3	渠道开拓	−20 000	568 500	1年1季度	营销总监	渠道开拓
4	渠道开拓	−30 000	538 500	1年1季度	营销总监	渠道开拓
5	产品资质申请	−10 000	528 500	1年1季度	营销总监	产品资质申请
6	ISO资质申请	−10 000	518 500	1年1季度	营销总监	ISO资质申请
7	ISO资质申请	−20 000	498 500	1年1季度	营销总监	ISO资质申请
8	ISO资质申请	−30 000	468 500	1年1季度	营销总监	ISO资质申请
9	产品特性升级	−1 000	467 500	1年1季度	生产总监	特性研发
10	产品特性升级	−2 000	465 500	1年1季度	生产总监	特性研发
11	产品特性升级	−3 000	462 500	1年1季度	生产总监	特性研发
12	购买产线	−100 000	362 500	1年1季度	生产总监	购买产线
13	购买产线	−100 000	262 500	1年1季度	生产总监	购买产线
14	购买产线	−100 000	162 500	1年1季度	生产总监	购买产线
15	缴纳管理费	−1 500	161 000	1年2季度	财务总监	缴纳管理费
16	贷款	100 000	261 000	1年2季度	财务总监	短期贷款
17	激励	−11 000	250 000	1年2季度	人力总监	激励
18	激励	−12 500	237 500	1年2季度	人力总监	激励
19	激励	−10 750	226 750	1年2季度	人力总监	激励
20	激励	−7 250	219 500	1年2季度	人力总监	激励
21	激励	−9 000	210 500	1年2季度	人力总监	激励

(续表)

编号	动作	资金	剩余	时间	岗位	备注
22	激励	-9 250	201 250	1年2季度	人力总监	激励
23	产品设计	-2 000	199 250	1年2季度	生产总监	产品设计
24	开产	-13 400	185 850	1年2季度	生产总监	开产
25	开产	-13 400	172 450	1年2季度	生产总监	开产
26	开产	-13 400	159 050	1年2季度	生产总监	开产
27	付款	-40 200	118 850	1年2季度	财务总监	付材料费
28	付款	-40 200	78 650	1年2季度	财务总监	付材料费
29	缴纳管理费	-1 500	77 150	1年3季度	财务总监	缴纳管理费
30	贷款	100 000	177 150	1年3季度	财务总监	短期贷款
31	发薪	-16 875	160 275	1年3季度	人力总监	发薪
32	激励	-500	159 775	1年3季度	人力总监	激励
33	激励	-500	159 275	1年3季度	人力总监	激励
34	激励	-500	158 775	1年3季度	人力总监	激励
35	激励	-500	158 275	1年3季度	人力总监	激励
36	激励	-500	157 775	1年3季度	人力总监	激励
37	激励	-500	157 275	1年3季度	人力总监	激励
38	开产	-13 400	143 875	1年3季度	生产总监	开产
39	开产	-13 400	130 475	1年3季度	生产总监	开产
40	开产	-13 400	117 075	1年3季度	生产总监	开产
41	付款	-40 200	76 875	1年3季度	财务总监	付材料费
42	付款	-40 200	36 675	1年3季度	财务总监	付材料费
43	贷款	300 000	336 675	1年4季度	财务总监	长期贷款
44	缴纳管理费	-1 500	335 175	1年4季度	财务总监	缴纳管理费
45	发薪	-16 875	318 300	1年4季度	人力总监	发薪
46	激励	-500	317 800	1年4季度	人力总监	激励
47	激励	-500	317 300	1年4季度	人力总监	激励
48	激励	-500	316 800	1年4季度	人力总监	激励
49	激励	-500	316 300	1年4季度	人力总监	激励
50	激励	-500	315 800	1年4季度	人力总监	激励
51	激励	-500	315 300	1年4季度	人力总监	激励
52	开产	-13 400	301 900	1年4季度	生产总监	开产
53	开产	-13 400	288 500	1年4季度	生产总监	开产
54	开产	-13 400	275 100	1年4季度	生产总监	开产
55	付款	-40 200	234 900	1年4季度	财务总监	付材料费
56	付款	-40 200	194 700	1年4季度	财务总监	付材料费

(2) 综合费用表

教学年综合费用表如表5-58所示。

表5-58　教学年综合费用表

组号	1
管理费	6 000
广告费	0

(续表)

产线维修费	0
转产费	0
市场开拓费	60 000
产品资质申请	10 000
ISO认证申请	60 000
信息费	0
数字化研发费	0
产品设计费	2 000
辞退福利	0
培训费	0
激励费	65 750
人力费	0
碳中和费用	0
特性研发	6 000
合 计	209 750

(3) 利润表

教学年利润表如表5-59所示。

表5-59 教学年利润表

组号	1
销售收入	1 005 000
直接成本	274 950
毛利	730 050
综合管理费用	209 750
折旧前利润	520 300
折旧	0
支付利息前利润	520 300
财务费用	0
营业外收支	0
税前利润	520 300
所得税	104 060
净利润	416 240

(4) 资产负债表

教学年资产负债表如表5-60所示。

表5-60 教学年资产负债表

现金	194 700	长期负债	0
应收款	1 005 000	短期负债	500 000
在制品	137 475	其他应付款	16 875
产成品	0	应交税金	104 060
原材料	0	负债合计	620 935
流动资产合计	1 337 175	股东资本	600 000

（续表）

机器与设备	300 000	利润留存	0
在建工程	0	年度净利	416 240
固定资产合计	300 000	所有者权益合计	1 016 240
资产总计	1 637 175	负债和所有者权益总计	1 637 175

教学年小结：

运营前，需要认真准备——研究规则和市场订单，计算市场需求量、产能、在制品成本、计件工资的重要数据；确定开产的品种；确定开建生产线的种类、数量；用Excel设计运营计划流程表、费用表、利润表、资产负债表等，根据规则和运用流程，设置数据之间计算的逻辑关系；运用设计好的Excel运营计划流程表，规划计算财务、营销、生产、采购、人力等的时间、种类和数量布局。

下面问题容易出错，请特别注意：

◯ 若员工某季度未被发放薪水，视为工资拖欠，跨越季度时系统强制扣除，且被拖欠工资的员工效率减50%，商誉值-1。

◯ 如果本年计算有应付税，年末应备足明年年初被系统扣除的税金，否则可能因现金不足而破产。

◯ 维修费会被强制扣除，推进下一季度前，准备好充足的应交维护费。

◯ 未按时支付应付账款，则季度结束后系统自动扣除，每笔账款商誉值-1。

准备好，现在开始经营！

参考文献

[1] 习近平. 高举中国特色社会主义伟大旗帜，为全面建设社会主义现代化国家而团结奋斗[M]. 北京：人民出版社，2022.

[2] 李凯城. 向毛泽东学管理 [M]. 北京：当代中国出版社，2010(2023年重印).

[3]. 王新玲，柯明，耿锡润. ERP沙盘模拟学习指导书[M]. 北京：电子工业出版社，2005.

[4] 柳中冈. 漫话ERP：轻松掌控现代管理工具[M]. 北京：清华大学出版社，2005.

[5] 何晓岚，钟小燕. ERP沙盘模拟指导教程[M]. 北京：清华大学出版社，2016.

[6] 陈智崧. ERP沙盘推演指导教程[M]. 武汉：武汉大学出版社，2014.

[7] 陈智崧. ERP沙盘推演指导教程(新手工+商战+约创)[M]. 北京：清华大学出版社，2019.

[8] 陈智崧，王峰. ERP沙盘推演指导教程(新手工+商战+约创)(第2版)[M]. 北京：清华大学出版社，2022.

附录 1

ERP 沙盘省赛、国赛实战案例总结

本章收录了岭南师范学院商学院选手7次参加ERP沙盘省赛、国赛的总结感想，对其他院校、同学们也许有借鉴意义。

2007年第三届"用友杯"全国大学生ERP沙盘对抗赛总决赛，地点：北京用友软件园

2007年全国大学生ERP沙盘大赛

广东省、全国总决赛经验总结

刘成

第三届"用友杯"全国高校大学生ERP沙盘大赛总决赛终于落下帷幕。我们从7月23和24日参加广东省赛区比赛，到28和29日参加全国大赛，一路不畏强敌，顽强拼搏，获得广东省冠军、全国一等奖(第四名)的成绩，大有"称霸广东，决胜全国"的气势。特别是在省赛，我们最终以所有者权益208M，总分超过1 000，完美地赢得了比赛。在比赛中我们积累了非常宝贵的经验，下面我将先回顾这次比赛的历程，然后总结一些经验，最后对我们所使用的方案和其他一些可能方案做出分析和评价，希望对下届比赛有所帮助，也希望下一届的师弟、师妹们能踏着我们的足迹走得更远，实现称霸全国的梦想。

从广州到北京，比赛历程回顾

一、广州比赛

7月21日，我们从湛江出发，前往广州比赛的赛场——广东技术师范学院。

22日上午，第一天比赛开始了。在开幕仪式和讲解规则的时候，我们发现千辛万苦、千里迢迢从湛江带来的台式计算机出现故障，已经无法使用，这对我们是一个打击。我们一方面做好使用手工分析预算的打算，另一方面陈老师向主办单位寻求帮助，借来一台笔记本电脑，黄飞副院长也将我们的计算机送到电脑城维修。一段有惊无险的插曲过去后，我们开始了第1年的正式比赛。

赛前，我们已经制定了完整的方案，并对对手可能的举动做了分析和猜测，可以说准备工作做得很充分。按我们的计划，第1年的广告只投1M，这样有两个好处：一个是保留实力，让其他组先拼广告；另一个是可以观察对手的广告策略，分析他们投放广告的偏好。这对以后的广告策略有很大的帮助。结果，投放广告最多的是华南理工，为30M，第二名投了12M，其他组都是5～6M。从这看来绝大多数队伍都是比较保守的，整个市场广告的投放比较正常。我们虽然只投了1M，但拿了不错的单。第1年，我们的所有者权益就可以保到50M，这比预计的要好很多。一阵欣喜后我们开始了第1年的经营。按计划我们第1年就卖掉原有的所有生产线，直接拍下5条生产线，即2条柔性线、3条全自动线，市场全部开发，同时研发P2和P3产品，这样，在第2年就可以产出7个P2、4个P3和原来5个P1的库存。第1年结束后，我们看了一下其他组的盘面，发现主要都是研发P2，有的组偏向P3，有的组偏向P4。在市场上，几乎所有的组都投了全部的市场；在生产线上，最多的是投资4条全自动线，普遍是3条或2条再加上原来的生产线。同时，其他组对我们的盘面也比较惊讶，毕竟敢在第1年就这样发展生产线的很少见。

经过观察和分析后，我们定下了第2年的广告费为18M，而且决定不去抢区域市场老大，策略是把产品全部卖出，以最低的成本和较高的销售收入使得所有者权益能保持较高。结果正如我们预测的一样，全部产品都卖出了。通过计算机的现金流预测，我们决定不卖厂房，这样第2年的所有者权益保持为45M，并且预计第3年可以盈利，所有者权益增加到50M以上。

第3年，我们根据市场预测和对手的情况，决定抢下国内市场老大，广告预算在25M左右，结果出现了一点小失误，并没有把全部产品卖出，还剩下2个P2库存，但国内市场老大还是拿下了。此时，在市场上，已经有一半的队伍在研发或者已经研发了利润最高的P4。在市场分析和计算机现金流分析的帮助下，我们决定在保证所有者权益为50M的基础上研发P4，并在第4年有2个P4产出。

第4年我们也卖出了全部产品，预计所有者权益可以上升到90M左右，但为了以后的发展，我们决定在这一年扩大产能。由于现金有点紧张，因此不得不贴现一部分应收款作为该年的流动资金，这个决策是正确的。因为现在的市场很大，而我们在产能上也逐渐没有了优势，在这种情况下，只能发展生产力，继续扩大产能，既可以增加利润，又可以限制对手，即使暂时的损失也是值得的。于是我们在现金预算允许的情况下投了3条全自动线，开小厂房。这一年的所有者权益最后达到80M。

第5年我们靠着上一年投下生产线的优势，在保住国内市场老大的情况下，又抢下区域市场老大，所有者权益达到138M，与原来一直领先的深圳大学持平。仔细观察深圳大学的盘面，发现他们在产能上处于绝对的优势，第5年就已经有10条全自动线在生产。不过他们的产品只有P2和P4，而且主要是P4，一年的产能足有30个之多，P4产品虽然利润最高，但是成本也高，需要的流动资金比较多，这样他们的财务费用也高。在这种情况下，我们继续投下2条全自动线，也生产P4产品，目的就是与他们竞争在市场上的P4产品，迫使他们库存P4。结果使得他们在第5年研发P3产品，力图降低产品的库存。

第6年的广告投放成了整场比赛最关键的一步，稍有不慎，都可能因为库存产品而不能夺冠。我们的策略也很明显，即借助两个市场老大的优势卖出全部产品，同时要注意与深圳大学在市场上P4的竞争，迫使他们库存。结果证明，我们的策略是正确的，我们的产品全部卖出，而深圳大学也正如我们所料，库存了一些P4产品。最后我们的所有者权益高达208M，高出第2名深圳大学的所有者权益11M，高出第3名近70M所有者权益，完美地获得了广东省冠军！

广州的比赛我们获胜有以下几个方面的原因：一是赛前的准备充分，在出发前还在学校举行了一次12组的比赛，积累了大市场博弈的经验；二是我们的方案做得很好，顾及了各个方面，以大产能先声夺人，确定优势；三是团队合作默契，之前经过了学校的初赛、决赛和最后的12组比赛，队员之间磨合得比较好，充分发挥了团队精神；四是应变能力强，能根据市场和各个队伍情况的变化，制定出正确的应对策略，反应迅速；五是心理压力小，以比较轻松的状态去迎接比赛。

二、全国大赛

获得广东省冠军后，我们又马不停蹄地准备全国大赛。在动身去北京的前一天，我们才收到全国大赛的规则。这次全国大赛的规则跟以往的任何一次比赛都不同，首先是使用了电子沙盘的方式，一切都以电子系统的数据为准；其次，企业的初始状态不同，全国大赛只给66M的现金，让我们以"创业式"的模式开始经营；再次，贷款的规则不同，全国大赛的贷款规则是"长期贷款＋短期贷款＝所有者权益×3"。因为规则的改变太突然，于是我们在火车上忙碌着推演方案，试尽各种可能性(后来发现全国大赛时各个队伍使用的方案都让我们在火车上推演了一遍)。当到达比赛的场地——北京用友软件园时已经是27日下午5点，错过了比赛用的电子系统的第一次培训。晚上8点开始抽签分组，我们被分到了号称"死亡之组"的赛区，这个赛区中有几个传统强队，如"北京化工大学""新疆石河子大学"等，也有几个队伍是地区赛冠军。参加完电子系统培训和规则讲解之后已经晚上11点多了，大家也都筋疲力尽。由于知道了之前专科组比赛时，将近一半的队伍破产，而且根据市场预测，这次比赛的各种产品的利润都大幅度下降，所以我们决定采用较为保守的策略，即第1年只投资3条生产线，另外前四年可能无法扩张超过4条生产线，所以我们考虑使用小厂房。

28日上午，进行完开幕仪式后，比赛开始了。第1年我们按照计划，投资2条柔性线和1条全自动线。借款方面，由于规则的改变，我们决定只借长期贷款，而不借短期贷款，这样在还款压力上就小了很多。产品上我们选择了研发P1和P3产品，市场上放弃了亚洲市场，结果第1年的所有者权益保持在45M。经过第1年之后发现，新疆石河子大学第1年投资了5条生产线；北京化工大学投资了4条生产线；北京物资学院和南京农业大学工学院第1年什么也没投资，打算在第1年保证较高的所有者权益，在第2年开始发展；其他组都是投了2条或者3条生产线。在产品上，各队普遍是研发P1和P2产品，有的甚至开始研发P4产品，研发P3产品的却很少。

第2年我们以8M的广告费卖掉了全部产品，开始盈利5M，所有者权益为50M。由于其他队伍的生产能力普遍不足，我们决定赶紧再投资一条生产线。但此时新疆石河子大学和北京化工大学已经靠着大产能在第2年大量盈利，确定了优势。第3年我们继续投资生产线，小厂房已经摆满生产线，所以不得不支付大厂房的租金，又投资了2条全自动线。由于成本较高，使得我们该年的盈利很少，所有者权益为54M，暂时排名第4。这也是我们赛前的预测错误。

第4年已经有公司宣布破产，由于市场的P3产品竞争太少，在现金预算许可的情况下，我们继续投资1条全自动线生产P3，这一年所有者权益增加到60M。由于市场上的产品毛利较少或者费用较高，其他队伍的盈利状况也并不理想，我们的所有者权益已经排到第2名。

但是在第5年，我们出现了致命的错误。按照我们的销售，所有者权益应该增加到72M。可是，由于第5年我们的现金比较紧张，在第6年年初必须还一个40M的长期贷款，利息为16M，而且在这一年必须做两个关键决策，即是贴现投资生产线还是买厂房。时间很紧张，我们在做完所有的预算后只剩下20分钟进行4个季度的运行，于是错误便发生了：在第1季度交订单时，我们在电子系统的操作上少提交了一张订单，但谁也没有发现，结果导致那一年的应收款减少，无法平账，并且被扣罚金和分数。在第4季度时，我们又再次出错，将本来不该转产的生产线转产了，结果少生产了一个P3产品，同时又错误地研发P2产品，这样一来所有者权益下降到66M，暂时排到第3名。而安徽大学所有者权益为60M，排第4。由于这个错误，使得我们本可以扩张的生产线却不能扩张，而此时安徽大学已经铺满10条生产线。

第6年，我们重新调整了心态，在产能无法扩大的情况下，调整市场战略，尽量把产品卖到毛利高的市场，同时保证产品的全部售出。最后我们在这一年盈利了21M，所有者权益达到87M。但安徽大学靠着10条生产线的产能，所有者权益也增加到87M。结果我们在总分上以微小的差距输了。

全国大赛上我们很遗憾地与季军失之交臂，但也积累了宝贵的经验。总结这次比赛，让我们失利的几个方面有：一是太过保守，前期的产能不足，但费用却没降低，使得在前期没有优势；二是对这种电子沙盘的方式不适应，这种方式使得CEO的压力过大，很容易点错或者忘记做哪个步骤，任何的错误都可能导致公司的巨大损失；三是当出现错误时没有很好地解决，或者因为时间的紧张使大家手忙脚乱；四是身体上的疲劳，也使我们发生了一些小错误。

(作者刘成，湛江师范商学院2004级电子商务学生，参加全国大学生ERP沙盘大赛获得广东冠军、全国一等奖的团队CEO，现为深圳宜搜公司部门经理)

小沙盘大舞台，北京烤鸭等你来！

2010年全国大学生ERP沙盘省赛国赛纪实

王和康

2010年6月21日，第六届"用友杯"全国大学生创业设计暨沙盘模拟经营大赛在广东金融学院落下帷幕。湛江师范商学院参加第四届广东大学生科技学术节"用友杯"ERP沙盘模拟大赛，暨第六届全国大学生创业设计与沙盘大赛广东省总决赛，在39个本科院校中，湛江师范学院脱颖而出荣获本科组冠军。

2010年7月26日，湛江师范学院代表广东省赴山东烟台参加全国大学生创业设计与沙盘大赛，在全国70支本科院校中，湛江师范学院勇获亚军。这也是广东省本科院校参赛代表队历年取得的最好成绩，为广东高校赢得了荣誉。

宝剑锋从磨砺出，梅花香自苦寒来

成功绝非偶然，它偏向于有准备头脑的人。为了提高队员们的整体协调能力，陈老师和队员们一起日夜奋战，为这次比赛花费了大量的心血。在每个漆黑的夜晚，当你走过第四教学楼时会发现，即使其他教室的灯都灭了，二楼ERP实验室的灯依然明亮，那是陈老师与同学们在通宵达旦地分析数据与制定方案。陈老师常常告诉队员："若想在众多高校中取得好成绩，就得付出比别人更多的汗水。"

"目标刻在岩石上，方法写在沙滩上"，我们抱着必拿冠军的信念，在训练中尝试各种各样的方法，每一个细节都认真地思考。因为我们知道，要想成为一支冠军队伍，丝毫错误也不能犯。因为与我们竞争的是响当当的名牌学校，如中山大学、华南理工大学、华南农业大学、深圳大学等，各个学校实力雄厚，有的锋芒毕露，有的深不可测。

2010年6月19日，ERP团队坐上开往广州的车，前往比赛地点，我们还来不及休息，"火药味"就已经开始蔓延。

"当拿到市场预测的一刹那，我们都心惊胆战。市场预测完全出乎我们的意料。"队员王和康回忆说，难道我们一个多月的准备就这样白费了？这样的想法在每一个队员的脑中浮起。

"看着其他院校对手充满斗志的眼神，我们感到压力扑面而来，但也让我们的战斗欲火熊熊燃烧，为了同一个目标大家一起整日整夜地奋斗，为的就是能迎接决战的这一秒。"团队CEO吴剑锋说。我们马上投入紧张的准备当中，市场分析、竞争对手的分析，能得到的信息都不能放过。

比赛期间，我们凌晨三四点休息，早晨七点起床赶到比赛场地，前后三天时间，每人每天只休息三四个小时，每个团队的队员都瘦了好几斤。这些数据见证了我们的努力，冠军不是偶然，为获得冠军我们付出了许多。

山重水复疑无路，柳暗花明又一村

当比赛抽签分配到B组这个"恐怖"的赛区时，我们知道，这将是一场恶战。该组有中山大学、深圳大学等传统的强队，各个学校实力雄厚，每做一个决策都像是在悬崖漫步，置之其中犹如与狼共舞。鼠标的每一次点击都让人心跳加速，有那么多"武林高手"在周围，觉得自己的一举一动都如履薄冰，心惊胆战。

　　比赛过程一波三折，当经营完第1年，拿了第二的市场订单时，每个人的脸上都乌云密布。由于判断失误，导致投放广告失误，拿不到市场的订单，资金短缺，公司面临破产的危机。传统强队湛江师范快破产的消息也传遍了整个赛场。众人投来惊异的眼光，有的队伍私下狂喜，因为他们将少了一个强劲的对手。

　　"先活下来，活下来才有机会"，陈老师的一句话，队员们马上调整战略，投入预算当中，公司在艰难中度过了第2年。同时，众人商议决定另辟蹊径，转向市场竞争力较小的细分市场，争取在竞单中获取更多的利润。我们知道，要想成功地翻盘，只能"攻其不备，出其不意"。

　　经营完第4年，湛师博雅公司还排在第6名，第5年排在第2名。凭着我们高超的谋略、大胆的博弈和精细的技术，第6年我们成功翻盘，最终获得本科冠军，荣获7月29日在山东烟台举行的全国总决赛"入场券"。

　　从开局极其不利，到最后捧起冠军，当成绩公布时，全场感到不可思议，这将成为本次比赛一个耐人寻味的故事。中山大学、广东外语外贸大学等学校的队员纷纷与我们握手表示祝贺，"这样的情况下，你们都可以反败为胜，你们真牛""这就是王者的风范，传统强队才具有的魅力"。竞争对手毫不吝啬地称赞我们。

全国巅峰之战

　　"百尺竿头不动人，虽然得入未为真"。虽然省赛荣获省冠军，但想在全国的比赛中荣获好的成绩，那得付出更多的汗水，我们将在陈老师的带领下，认真备战。

　　假期虽然来临，但各选手和老师仍坚持每天在学校研究规则、思考方案，为争取好的比赛成绩一直努力奋斗着。全国决赛我们准备战略的时间相当长。与省赛不同，选手们比赛前把所有能考虑到的战略都模拟过了，最终找到风险性和效益性都非常让人满意的策略。

　　从广州出发，坐了35个小时的火车，7月25日晚我们踏上了齐鲁大地。

　　7月26日，在山东烟台的赛前发布会中，看着每一位朋友或对手充满斗志的眼神，我们感到压力扑面而来，也让我们的战斗欲火熊熊燃烧。从一个"菜鸟"开始一步步拼搏与成长，我走过了每一位沙盘人走过的道路，和队友一起分享过胜利的欢喜、失败的沮丧，为了同样的梦想，我们有过分歧、有过争吵，但这个时刻，我们非常镇定与团结。

　　想着每一支队伍都和我们有着一样的经历，我不禁心中产生一丝哀伤，大家能走到这里相聚已经是身经百战才脱颖而出的优秀选手，大家有着一样的爱好，应该是其乐融融地聚会才对，可惜冠军只有一个，而它也是每一支队伍的唯一目标，只好先把平时的谈笑风生暂搁置在一旁，秉着尊重比赛、尊重对手的体育精神，为了击败所有对手而进行"血战"。

　　比赛中，我们仔细研究、分析对手，积极地调整"企业"的战略部署，艰难地度过"企业"前阶段困境之后，第5年还排在第7名。最后一年，我们大胆采用进取型策略，实行"绝地反击"，成功反超6支队伍。

　　最终我校代表队获得全国亚军、一等奖的好成绩，也是历年广东省本科院校参赛代表队最好成绩，为广东高校赢得了荣誉。

　　(作者王和康，湛江师范学院商学院2007级市场营销专业学生，2010年全国大学生ERP沙盘大赛广东省决赛、全国总决赛队员，2011年被评为广东省十大模范学生党员)

2014年全国大学生ERP沙盘大赛

广东省、全国总决赛经验总结

林辉

第十届全国大学生"用友新道杯"ERP沙盘推演大赛全国总决赛，于2014年7月19日、20日在辽宁锦州举行。锦州是一个历史上兵家必争之地，而本届大赛是历届比赛中规模最大的比赛，来自全国各地140所高校代表队、700多名队员、700多台计算机汇聚此地，各个都怀揣国赛冠军梦想。这是我校第六次踏上国赛之路，我队最终以权益2 307M、得分9 083分，获得全国总决赛的第三名。下面回顾一下比赛的历程并跟大家分享一下一路走过来的经验，希望能对以后进入沙盘的人有一定的帮助。

一、广东省总决赛回顾

2014年5月份，经过紧张激烈的校赛后，我们分别接到陈老师的电话，通知入选校队。我接到老师的电话后感到意外之余，也非常开心、兴奋，因为开始学ERP沙盘的时候，看到师兄、师姐们在沙盘中的辉煌历史，我在想我能不能也代表学校去参加ERP沙盘的比赛呢？这时候能进校队，能代表学校参加广东省总决赛和全国总决赛已经成为我的一个梦想和动力，从此我与ERP沙盘结下了深厚的情结。陈老师与我们分享了很多往届省赛、国赛的经验与心得，并指导我们制定训练大纲。由于已经是5月份了，6月初就要到广东工业大学龙洞校区进行广东省总决赛，所以时间比较紧迫。我们几个人来自不同的专业，一开始大家彼此都不是很了解，队友之间的配合度基本为零，但是我们都知道接受了这个使命和荣誉就必须为此坚持、努力下去，尽最大的努力去完成属于自己的那份使命。

按照国赛师兄、师姐们留下的惯例，出发前，我们在ERP沙盘室拜"沙盘神"。6月6日我们正式到达广东工业大学，陈老师说"龙洞有山水，是一个有风水的好地方，2010年在龙洞的广东金融学院比赛，我校就是在这块风水宝地拿下了省冠军，进军国赛后获得国赛亚军"。"神"是什么？就是历届国赛师兄、师姐的指引方向。"风水"是什么？就是心态，是老师对我们的鼓舞。下午，我们拿到市场预测的第一时间，对市场进行了细致的研究与分析，发现这次的省赛市场是一个大市场，均衡利润，令我们对这次的比赛信心满满。当晚针对市场我们推演了无数套方案，到凌晨4点，最终选择了4条自动线纯产品开局的方案。

第二天开幕式过后，几个重要的对手都在观察我们，猜想我们做什么产品，用什么线去做，以致来避开我们。在开幕式场地到比赛场地的路上，某代表队跟在我们身后，他们故意走过来然后装作讨论说："这次准备用16手强势开局，一把控制住市场"，然而我们听到他们这番话不为所动，依然走自己的路。回到赛场，我们的老对手广信大学、神通大学、海天大学和上年国赛冠军北风大学都在注视着我们的一举一动，从眼神中就可以看出他们想把我们挤出国赛的行列。

第1年结束，间谍回来的信息表现出是P1、P3市场非常挤，P2市场基本能维持每组7条线左右的产能。我们本以为是一个良好的开局，但是选单的时候发现P2的订单交货期比较紧，数量与交货期不成正比，加上老对手们的挤压，按原先计划是第2年上手工线，结果选到的订单数量超了产能，最后不得不上租赁线。正因为出现这种情况导致第2年权益上升不多，达不到预期收益。而对手海天、光辉大学，由于产品组合与市场相适应，第2年的权益就排到第一梯队。这时我们感到非常大的压力，此时大家聚在一起商量下一年的策略与规划。

第3年由于海天大学、光辉大学权益高，率先研发高端产品，以达到在竞单会上通过高端产品爆更多的权益。选单开始后，我们观察到研发高端产品的对手都故意留库存去压竞单会，特别是海天大学，此时知道他们要去竞单，我们立刻调整策略，要在市场上拿满产能。但我们疏忽了一点，就是高端产品没人去防守，结果第 3 年海天大学、光辉大学的权益爆长。

省赛第一天晚上回去，老师分析了我们的战略方向性失误，于是我们调整策略。第 4 年开局基本在我们掌握当中，这时光辉大学战略失误，我们抓住机会把全部生产的产品销售出去，阻击对手，导致第 4 年东道主光辉大学剩下 4 个 P1 产品、北风大学剩下 3 个 P2 产品。我们成功打击到对手，最后跻身第一梯队。第 5 年开局，其他对手为了卖库存，在市场上大砸广告，虽然产品销售出去了，但在第 5 年权益上升得都不多。而我们则在第 5 年以很少的广告代价把全部能生产的产品销售出去，再次打击到光辉大学代表队，我们的权益与他们并列第三。

第 6 年是最后一年，也是最关键的一年。我们在赛前就猜测，肯定很多对手会留产品压最后一年的竞单会，摸清每个对手的情况后，直接在市场上拿满产能。不出所料，几个落在我们后面的老对手希望最后一搏，都留库存竞单。以光辉大学为首，其第一张竞单就以成本去竞单，结果第 6 年被我们强势超越；而北风大学留了 7 个产品，因此权益也落在后面。由于强势的战略和已摸透对手的情况，我们顺利拿下比赛一等奖，在 40 个省队当中脱颖而出，成为广东进军国赛的 4 支代表队之一。

省赛当中能脱颖而出归结于以下几点：第一，赛前的准备，在赛前研究并彻底分析市场，然后针对市场推演一遍几乎所有会出现的方案和战略；第二，在比赛当中熟悉和摸透对手的习惯与心理，以此为依据进行战略规划；第三，团队磨合，在赛前我们 5 个人一直在磨合团队的默契，以在比赛中发挥出最大的效应；第四，对市场的敏感度和反应程度，在每年的市场中结合对手的情况制定出不同的应对措施；第五，操盘不出现失误也是硬道理。

二、全国大赛赛程回顾

经过省赛，我们也意识到自己存在的问题，训练期间，大家都把自己的瑕疵磨掉，以使这个团队越来越好。

7 月 15 日，老师率领我们 5 个人北上到辽宁参加最后的决战。在火车上，老师收到他远在澳洲的哥们儿的信息："锦州是战史名城，兵家必争之地，老兄钟情兵棋推演，锦州必是老兄福地！"看到这个励志短信，我们顿时信心倍增。

在北京去锦州的动车上遇到了两次国赛冠军北化大学，他们信心满满，要拿下这届国赛的冠军，未到现场就闻到了浓浓的"火药味"。一到现场就感到了压力，来自全国各地的 140 所高校汇聚此地进行博弈，每个高校都是各省选出的精英，规模之大、实力之强，令人喘不过气来。由于参加国赛的每个高校都非常有实力，因此我们一开始就决定采取"后发制人"的战略，先稳住阵脚防守，然后在防守的过程中寻找每一年出现的机会。开局我们采取保守的策略，同时也为自己留一条后路。

就在比赛的前一晚，很多对手都在找湛江师范代表队，抽签结果出来后，我们被分到"死亡之组"，28 个队当中有 4 次国赛冠军强旅湖科大学、2 次国赛冠军北化大学、1 次国赛冠军西华大学，还有八省冠军与我们同组。而我们学校因改名为岭南师范学院，很多学校不知道我们是哪里冒出来的。当晚制定好战略及分析对手后，突然收到湖科大学、西华大学的信息，问我们是不是湛江师范代表队，这样一问证明对手很重视我们，也害怕我们。

第 1 年开局采取"保守"战略，从间谍带回来的信息得知，一些老牌强队抱住必拿冠军的心态，准备第 1 年就拉满长贷 1 800M，目的是第 2 年拿下市场老大，从而取得领先的优势。果然，4 次国赛冠军强旅湖科大学就以 1 800M 的长贷，多产品组合，想顺利拿下区域老大；但我们也不是"省油的灯"，在区域市场阻击他，最终逼他必须上多2条租赁线才能拿下老大；而西华大学和海天大学用同样的方案同样的产品，本也想抢下本地的市场老大，却被我们阻击失去了市场老大。

我们自己的情况也不好过，市场上产品个数少、交货期紧，导致订单不能满足产能，只剩一个库存，大家的信心彻底被打击到了，权益出来我们排中下位置，这与之前的规划出现很大误差。此时大家互相鼓励，不放弃，研究市场，分析对手，制定新的策略，以最少的广告费去拿满产能。

第3年由于本地区域的老大都被对手稳稳地防守住，因此只能通过调整广告来改变现状，把目标转向国内市场。而据我们分析，很多长贷1 800M且在之前没有拿下市场老大的队伍，今年肯定会在国内"厮杀"，知道这种情况后，我们继续打压那些满贷的对手。第3年过后我们已经上升至中上位置。

第4年是竞单年，对手肯定也想通过竞单爆上去，特别是满贷的队伍，在选单开始时我们就一直跟踪对手的产能，发现产能基本在市场上已经拿满，这时我们立刻转变思维，留库存竞单，决定留5个产品去竞单。防住了对手的同时我们却因为少了4个销售额丢失了亚洲的市场老大，这是一个致命的失误，市场老大没抢到的结果就是下一年需投更多的广告，但可喜的是权益已经上升至第8。同时为了抢下一年亚洲的市场老大，我们研发了高端产品。第5年，我们顺利地从对手手中抢下市场老大。由于有市场老大，我们一路风生水起，顺利拿下市场订单，而其他队第6年竞单会都是在成本价抛库存，与我们的预测一致。我们最后以权益2 307M、9 083得分，仅差冠军600分，获得第十届"用友新道杯"的季军。

能在高手如云的全国总决赛中脱颖而出拿下全国季军，总结有以下几点：第一，正确的心态，不可以为了冠军而走极端的路线和方案，要慢慢站稳阵脚，找机会反击；第二，完美的团队配合，在日常训练当中注重配合；第三，对沙盘的热情和付出，两者缺一不可，要知道学好沙盘需要付出很多精力，若没有激情的话，你会很快对沙盘产生厌倦；第四，遇到最差的情况能逆境而上。

有人说："人生难免会留下点遗憾，只要是尽力了也就无悔了。"其实这就是沙盘的魅力，它带给我们的不仅是沙盘的知识，更多的是在为沙盘付出的过程当中学到的沙盘以外的东西——学会做人、学会交流、学会思考、学会坚持、学会承担、学会互助、学会表达等。虽然我们在沙盘上付出的时间和精力比较多，但是它带给我们的东西远比付出的多得多。希望师弟、师妹们能在我们的基础上，借鉴我们的经验，踏着我们的肩膀，问鼎全国总冠军。

(作者林辉，湛江师范学院商学院2011级工商管理专业学生，2014年全国大学生ERP沙盘大赛广东省决赛、全国总决赛队员)

2019年全国大学生ERP沙盘大赛省赛国赛回顾

黄治华

2019年11月17日，第十五届全国大学生"新道杯"沙盘模拟经营大赛全国总决赛在"六朝古都"江苏南京落下帷幕。吉林大学、南开大学、南京理工大学、北京化工大学、上海立信会计金融学院等来自全国各地的120所本科高校代表队汇聚金陵，此次是我校第八次代表广东参加沙盘国赛。最终，我队以权益7 691.6、得分87 068.91的成绩获得全国总决赛二等奖(第六名)。以下是我对此次省赛国赛的总结，希望能对后续的师弟师妹有所帮助，称霸国赛，勇夺桂冠。

一、广东总决赛

2019年5月30日晚，我队按照惯例在沙盘室进行了简单的出征仪式——膜拜历届沙盘大佬。当晚我们从湛江出发前往本次省赛的举办地——东莞大岭山，松山湖畔。当晚我们在火车上跟陈老师进行了数轮桥牌大战，与沙盘大赛相似的是，桥牌也是一种团队对抗的竞技项目，它能够很好地磨合队友之间的默契，锻炼揣摩对手心理的能力。最终这场桥牌大战在双方势均力敌的情况下以平局结束。

第二天抵达赛场东莞理工学院，本次广东省赛本科组有中山大学、华南理工大学、广州大学、深圳大学、暨南大学等50所广东本科高校参加。我们抽签抽到C区，与近年风头正盛的中大、吉珠、华师、海大分在同一个区，顿时倍感压力。今年省赛与往年不同，首次采用的是"约创"沙盘模拟经营平台，计划精度由"季度"变成"日"，规则和业务流程更贴近实战，市场预测难以捉摸，计算量徒增，难度增大。我校还未有参加"约创"的大赛经历，对约创的理解还停留在网赛阶段。5月31日晚，我队经过激烈的讨论，最终确定了本次方案及备选方案。

6月1日比赛正式开始，比赛过程可谓惊心动魄。

第1年比赛开始，我们通过明确的分工，在仅有的5分钟广告时间中迅速计算出最优方案，最终采用了12条手工生产线的开局方案，强势进入区域市场。但紧接着我们就受到了第一轮打击，我队在投放了高额广告的情况下，仅排到了区域市场第四名。我们迅速调整心态，分析前面几组可能的方案，通过精确的计算后进行了订单的申报。在申报结果出来后通过分析，广告排在我们前面的3个组的开局方案分别是：第13组4条柔性线产P3、P4、P5，第11组4条柔性线产P1、P3、P4，以及跟我们思路一样的第22组12条手工线产P2、P4。分配结束，我们听到很多组发出不可思议的声音，我们广告靠后拿的订单反而比前面的好。最终我们第1年的销售订单毛利率排在第一位，符合预期(约创申报订单与商战不同，商战每张单有固定的数量价格交期账期，并且每个组一次只能拿一张订单；而约创的每张订单价格交期账期固定，但可在该订单数量下选择自己需要的数量，并且市场广告排名靠前的组可申报本市场现有的所有订单，剩下不需要的再分配给后面的组)。

年初时间结束，我们按照方案有条不紊地开始了第1年的经营，到了年末战略广告时间，我们按照原计划，保持强势，进入市场预测中"看起来"最好的国内市场抢占市场老大。

第2年，由于第1年经营状况良好，现金流充足，我们毫无意外地锁定了国内市场老大的地位。但是，"看起来"最好的并不一定是最好的，第2年国内市场的订单单价高低差额相当大，高价单全都是第一批交货期的订单及库存单，其余单甚至不及P1、P2产品。综合来看，国内订单要比本地区域订单差得多。通过紧张的讨论及数据分析，我们决定在保证后续现金流、拆手工生产线换柔性生产线及一定广告的情况下保留战略库存。于是乎，隔壁国内市场老二就奇怪了："大哥怎么拿这么少啊，我们拿的都比你们多。"这个决策经过后面的验证证明并不高明。第2年末，经过一系列数据分析，我们决定避开可能最"惨烈"的亚洲市场，空投第二梯队的国际市场，但是在我队投放相当广告的情况下，在国际市场仍被压了一头，排在国际广告第二，在25个组中权益排名第19名。

中午用餐及整理方案期间，与陈老师汇报情况：市场老大没抢到，砸广告还把自己砸伤了(广告回报未达预期)，一下掉到第19名。陈老师一听，完了，今年没希望了，于是乎开始想着比赛结束怎么安慰我们了。

第3年，空前惨烈，与第2年不同的是，第3年各个公司产能大幅提高，每个市场老大都能拿到各个市场绝大部分好的订单，我们马上调整策略，用最短的时间还原国际市场老大的方案。

在大量数据支持下，我们尽可能地捡剩(拿广告排名前面的组申报订单后剩余的订单)，于是我们开始在各个市场申报订单，争取不放掉一张能拿到的好的订单。最后，虽然还剩下40%产能的库存，但至少保证了现金流和部分广告资金。不得不说，省赛质量确实远高于网赛，我们等了一年都等不到临时订单，违约的组都拼命地撑着愣是不放临时订单(约创与商战相比多了一个临时订单，某公司违约的订单会有一个容忍期，在容忍期内交货仅扣一次违约金和一次该订单所在市场OID。如在容忍期内仍无法交货，则该订单取消并再次扣减OID，且该订单将会出现在临时市场供其余组按先到先得的顺序选单)。我们只能钻规则的空子，现货交易卖库存赚钱，一个P1赚10W，积累资金投放最关键一年的广告。

整个第3年年中一个小时的时间，我们只花了不到半小时走盘，空出大量时间分析其他组及各个市场广告情况。最终发现最赚钱的亚洲市场第3年几个现金充裕的公司都选择放弃，最有钱的几个公司宁愿在其他四个市场砸2 000W战略广告也不敢进入亚洲市场。这就出现了一个奇怪的现象，各个组宁愿去利润相对低的本地、区域、国内、国际市场拼广告也不敢去亚洲市场冒险，而第23组在第2年年末以一个相当低的广告拿下了第3年的亚洲市场老大，他们以低费用高利润，在第3年年末一下冲到了权益排名的前两名，这不得不感叹运气真是太好了。此时，战略广告数据显示，除了亚洲的其他市场老大余威尚存，并且按照上一轮广告的情况来看他们不会轻易换市场，且第3年年末的战略保守估计都在5 000W以上，只有亚洲市场的老大貌似还没看清市场行情，于是我们一致决定卖库存增加现金资本向亚洲市场投放战略广告，争取拿下亚洲市场老大。卖掉部分库存加上现有现金，我们投放了相对较稳妥的广告。

第4年，广告排名刷新的时候无比紧张，但最终我们狙击成功，拿下了亚洲市场老大。但我们低估了亚洲市场第二的现金流，此时我们公司账户上现金为0、应收为0，年初既不能贷款也不能卖库存，而第23组账户上现金加应收超5 000W，第3年年末的战略加上他们第2年年末的"余威"，我们的战略广告差额不到1 000W，以0.6的权数及10的企业知名度OID计算，促销广告差额也是只有5 000W左右，存在很大的被对手用投放促销广告的方式抢夺亚洲市场老大的风险。但我们没有现金流只能干看着对方用促销砸我们，为了给予对方一定的压力，我们面带微笑地注视着对方。眼睁睁地看着对方向亚洲市场投放了3 000～4 000的促销广告也不能表现出紧张的情绪。促销广告时间结束，他们怂了，没有用全部的现金流投促销广告，于是我们有惊无险地拿下亚洲市场老大，五十多个库存及一百多个产能得以卖出，最终夺得小组第一，与第二名拉开了上千权益的差距，实现了从倒数到夺冠的大逆袭。

比赛结束，裁判组在整理数据，陈老师走进赛场，看着有些疲惫的我们，问："什么情况？"我们故作玄虚，毫无表情地说："第一！"，陈老师反问："谁第一啊？"，我们说："我们啊！"陈老师一看数据，"啊！！"。于是，在比赛现场，没有白兰地，我们以矿泉水举杯庆贺！

能够实现逆袭，一方面存在运气的成分，另一方面也与我们精确的数据分析有着很大关系。总的来说，团队分工很重要，磨合很重要，只有这样才能在极其有限的时间内获得需要的信息。任何决策一定要以数据为基础，借用陈老师的一句话：一切用数据说话。方案一定要给自己留有余地，现金流卡到极限的方案不一定是最好的方案，要有抵挡市场动荡的弹性。一定要对当前市场有充分的了解，不能像23组，别人投5 000W以上了，他们还认为1 000W已经很多了，"死于安乐"。

二、全国总决赛

在国赛中，我们吸取了省赛的教训，大大降低了拆单(根据大赛手册提供的只有交期账期及 ISO 条件的半详单和市场预测模拟完善订单)影响方案的比重。分析了省赛与国赛的不同，省赛时大家为了争夺国赛名额，十分谨慎；而国赛最差也有三等奖，可谓无后顾之忧，大家都是敢想敢做，基本上不会出现省赛这种大家刻意避开高利润市场的情况。按照国赛市场预测，第 3、第 4 年的市场老大基本上就是冲击一等奖的选手。本次国赛，预先发布了 A、B 两套规则，在临比赛的前 30 分钟才随机抽取其中一套规则进行比赛。为此，我们赛前制定了两个方向多套方案。

第 1 年，促销广告时间我队迅速根据订单分析，最终决出最优方案"7 自+P3 产品"的组合方案开局，用相对固定产能生产利润维持较高水平的 P3。于是，我们开始跟别的组拼广告，最终却只拿下了区域广告并列第二，毋庸置疑排在我们前后的几个组都是做 P3 的。广告结束我们就觉得 P3 产品可能相当激烈，但开弓没有回头箭，按照 P3 近乎极限的广告已经无法回头做 P4、P5 产品了，于是只能咬着牙硬挤占 P3 产品。分配完订单才知道 P3 产品市场确实挤，20 个组有 15 个组的生产是全 P3 产品或是一半 P3 产品一半别的产品开局，还以自动线居多，真是"物以类聚，人以群分"啊。而 P5 产品居然没有人做，只有 5 个组稍微拿了一批 P5 产品凑产能。这一算亏大了，投 1W 广告基本上能拿满 P5 产品。P4 相对正常，只有 4 个组以纯 P4 产品开局。

年中，由于订单交货期的原因，我们为保证自动线产出的 P3 能都卖出去，只能将两批产出的 P3 产品合在一张订单上卖，这就导致了第 1 年在交货这一张"大批量"订单前我们没有现金去建新的生产线，所以第 1 年只上了一条柔性线，产能上比最高的略逊一等。年末战略广告考虑到现金不如其他组充裕，其他做 P3 产品的组肯定会硬着头皮投放大量的战略广告，所以我们选择避其锋芒，将广告分到 3 个市场以降低拿单风险，并等待个别做 P3 的组破产使市场宽松一点儿。

果不其然，三个市场老大有两个是纯 P3 产品，一个纯 P4 产品。选择避其锋芒就注定要库存了，但库存量在可接受范围内，并且避免高额广告抢夺市场老大使我们保住了部分权益，增加了可观的贷款额度，使第 2 年有足够的现金流经营、建线，缩小了与 P4 组的产能差距。其他区陆陆续续有组破产离场，而我们区却不见有组破产。这就说明 P3 只会一年比一年挤，第 3 年我们不能再"摸鱼"了，必须拿下一个市场，保证产品能卖出去。由于本地被 P4 市场大佬长期占据，而区域、亚洲市场利润可观，很可能有第 2 年赚到钱的组会用大量的战略广告去抢夺市场老大；只有国内跟国际第 3 年利润一般，但考虑到国际是新市场，会有很多第 2 年拿不到老大的组去竞争，而国内市场老大很穷，比我们还穷，所以可以竞争一下。于是我们集中广告拿下了国内市场老大，从 P3 的人海中挤了出来，但与先前 P4 开局的组还存在差距。

第 3 年，在国内老大的加持下，我们清掉了上年的库存与当年大部分的产能，并铺满了线。虽然总体利润不高，甚至还不如亚洲广告第二，但最起码我们在这场零和博弈中，占据了一点点优势，进入了冲击一等奖的梯队中；虽然与其他争夺者还存在不小的差距，但可喜的是创造了机会。第 3 年年末的战略广告中，可能有钱也不是一件好事，人有钱了就喜欢大手大脚；另外，第 3 年的亚洲广告第二可能会争夺亚洲市场老大，或者选择争夺其他市场的老大，但由于亚洲老大现金流相当充裕，老二无法上位，那么他就只能去争夺别的市场老大了。这里出现了一个致命的失误，即考虑不周，他们放弃亚洲去其他市场寻求机会一定是为了冲一等奖，那么肯定会选择利润足够大的市场，不会考虑国内这种利润低的市场，何况他们与我们实力相当，并不见得能争得过我们。而我们却为了预防他们与我们抢国内市场而在国内投放了大量的战略广告，导致第 3 年权益只实现了微涨，落后第一梯队 2 000 权益。在紧张的环境下我们没能保持清醒，遗忘了开头"保三冲一"的分析——投多了哪怕拿到国内市场老大也丢了一等，而最终与一等奖差了800W权益，全因广告投多了几千，即使二等排再前也终究是二等。

因此，做决策前，一定不能忘记在大方向上的策略。

赛后返程的高铁上，陈老师对我们说："你们模拟的沙盘已经结束了，接下来你们要开始将沙盘运用到实战当中去"。没错，沙盘不仅仅是一个游戏，它源于实际，能让你更直观地了解企业运营的核心，培养团队精神，而最终运用到实际当中去。希望师弟和师妹们能从中学习经验、汲取教训，勇夺桂冠！

(作者黄治华，岭南师范学院商学院2016级物流管理专业学生，2019年全国大学生ERP沙盘大赛广东省决赛、全国总决赛队CEO)

2024数智沙盘经营省赛、国赛回顾

刘琛

2024年9月22日，全国高等院校数智化企业经营沙盘大赛全国总决赛在郑州圆满落幕。全国高等院校数智化企业经营沙盘大赛(原全国大学生ERP沙盘模拟经营大赛，下简称沙盘大赛)是中国高等教育协会之"全国普通高校大学生竞赛排行榜"中的赛事。从2005年第一届沙盘大赛至本届，大赛已举办20届。"沙盘二十年"，来自全国各地的本科、高职、中职院校281支参赛队伍汇聚于此！清华大学、哈尔滨工业大学等159支本科院校队参加了本次本科队比赛，经过一天模拟4个财年的激烈角逐，我校代表队以赛区第3名荣获全国总决赛二等奖。以下是我对此次省赛国赛的总结，希望对后继的师弟和师妹们有所帮助。

一、匆忙备战广东省赛

按照以往惯例，每年四月学校要举办校赛，选拔队员。但是，我们学校刚刚添置数智沙盘系统，还没来得及采用数智沙盘系统开展教学，加上其他原因，今年到4月份还没有举办沙盘校赛。我是2023年第一次接触沙盘，当时小白一个，一心想一鸣惊人，但是班教学比赛第一轮第三年就破产了。"莫斯科不相信眼泪"，破产激发了我的斗志，在进行N轮的人机对抗自我训练后，第二轮我在班赛获得第一名。对这个比赛我一直心仪已久，教学比赛结束后，我又反复进行人机对抗训练，就是希望能参加校赛、省赛、国赛！但一直没有校赛消息，2024年的春季，我在期待和忐忑的心情中度过。时间到了5月底，张老师发来信息，我入选校队。我收到消息后十分兴奋，又有点紧张，我对沙盘大赛心仪已久！因为开始学习ERP沙盘的时候，当陈老师给我们介绍师兄师姐们的辉煌历史时，我就在幻想，如果是我站在领奖台上拍照，我应该摆什么姿势。然而，去年沙盘省赛、国赛已经采用全新的比赛模式——数智沙盘，这是我从未接触过的"新"沙盘，学校也没有相应的教学。由于已经是5月末，6月29号就要去广东理工学院进行广东省选拔赛，时间十分紧迫，挑战前所未有！我们几个人来自不同专业，彼此并不了解，相互之间也没有配合，但是决定了，就一定要全力以赴，尽最大可能完成使命。

6月27日，我们正式抵达广东理工学院。本次广东省省赛本科队有哈尔滨工业大学(深圳)、广州大学、深圳大学、广东财经大学等48所广东本科院校参加。我们抽到了B区，有不少强队与我们同区，顿时倍感压力。我队与二队在6月28日晚，进行了激烈的讨论，并敲定了本次比赛最终的备案。

6月29日，这天的比赛过程可谓是汗流浃背。

第1年比赛开始前，裁判下发了最终的赛题规则，我们仅有10分钟来调整方案，最终我们决定6条自动线求稳的开局方案。紧接着我们就在第1年第2季度的订货会中迎来了第一轮打击，我们队在投放了较高的广告的情况下，排名市场第3，居然被撞了市场，并且有其他队伍以较低的广告，拿到了优秀的订单，这个消息犹如晴天霹雳。我们迅速调整，对订单申报结果进行分析，发现预计权益比我们高的主要竞争对手有两队，一队是9条自动线开局，另外一队是8条自动线开局。订货会结束之后，我们有条不紊的按照方案进行经营，并且扩了一条智能线。第1年年结后的权益显示我们排在第4，符合预期。(数智沙盘申报订单与约创沙盘相似，但是价格可以自己填写，不能超过参考价)

第2年初，由于第1年有所盈利，我们继续借了贷款，准备扩大生产力。但随着第2年第2季度的订货会的到来，我们迎来了第二次打击。我们广告排名依旧是第4，由于市场订单比较分散，几乎每个人都认为广告第一的人会去拿价格最高、账期最短的订单，于是我们进行了分散投标，就是这样，我们依旧被撞了市场。好在第2年第2季度的保底单价格并没有与第2年第1季度的价格差太多，所以我们如期在前二年经营过程中顺利的建成了10条智能线，并且权益排名第3，与前面两队的差距不大，并非不能超越

中午用餐及调整方案期间，我们就现有数据进行讨论，发现有一队很敢赌，开局产能最高，广告倒数还拿到了预期的订单(A区有一队第1年第2季度订货会刚结束就宣布破产)，发觉原来运气也是实力的一部分。

第3年第1季度订货会倒是还算顺利，拿到了预期的订单，可以让我们把自动线拆完并且直接铺满智能线。但是，在第1季度时，我们生产总监的表格错误，导致原材料买少了；而第2季度由于人力总监操作花费的时间过多，导致留给生产总监开产的时间只有两分钟，没有多余的时间检查原材料差多少，以至于我们有两条智能线没有开产。为了不被扣商业信誉分，我们在第4季度紧急采购了所需数量的对应产品来交货，让我们原本可以达到的400W利润瞬间缩水到了200W利润，这一下我们与前面队伍的差距越来越大。但是，我们权益排名第4，只要第4年运气加身，还是可以超越第2名获得一等奖。

第4年，大家现金流都十分充足。投放广告时间，我们无比紧张，因为广告排名和竞选订单的重合程度，可以直接决定我们是否能超越第2名。但是经过前三年的竞选订单，有的队因为订单获取的不理想而导致大量的库存，所以他们可能会最后一年投放高额广告，以达到销售库存的目的。我们在第4年开始的预测是，如果广告不是前三，就有很大的风险被撞市场，导致排名跌落；并且，由于所有产品的订单都十分分散，每个公司至少需要获取两张订单的全部数量才可以销售完第4年所产出的产品数量。所以我们紧盯着广告投放数量，每一秒都刷新数据，营销总监时刻准备投放广告。我们最后一年的主要竞争对手是B35队和B27队，在开始投放广告的时间里，我们陆陆续续的投放了大约1 100W广告，结果在广告投放时间结束的最后两秒，B36队的广告额直接飙升到1 200W，并且B36队的数据就紧挨着B35队。我们眼皮一跳，我们的营销总监随即将手上的500W广告直接投了出去，我们以1 600W广告位居市场广告第一，而B35队的500W广告和B27队的400W广告排名在第5~8位。看到排名，我们相互看一眼都感觉稳了。虽然我们利润会少一点，但是主动的撞市场能够迫使B35队和B27队补单，让B35队和B27队利润比我们更少。然而选单结果让我们大吃一惊，活到最后一年的所有队伍，都没撞市场，或者说能够获取的大部分订单都拿完了；就连B35队和B27队也没被撞到市场，都获得了2/3产能的订单，只需要补单就足够稳住前二。这个结果超出了我们的预料，我们也因为高额的广告导致利润降低，排名跌落，最终获得了赛区第4名。

经过我们赛后分析，B35队和B27队确实不需要全部的高价订单，甚至只需要1/3的高价订单就足够稳住排名，他们也有足够的运气，支撑他们拿到了理想的订单。而我们也为"无脑"撞

市场的行为付出了代价。

小结：这次省赛我们获得第4，一方面存在运气问题，另一方面也与我们的操作配合和对数据的分析有着很大关系。总的来说，如何在有限的时间内获取其他公司的信息十分重要，这样可以把握其他公司的发展速度；此外，团队之间的磨合更是重中之重，如果没有默契的配合和熟练度操作，是无法在有限的时间内完成经营的。

整个2024年7月份，我都在反思、懊悔中度过，国赛可能没有机会了……

二、跌宕起伏的全国总决赛

2024年8月初，我们接到入围国赛的通知，激情再次燃烧起来！在国赛赛题下发之前，我们拿上一年高职国赛十题来练习制作方案的速度；赛题下发之后优先制作方案，并且一天一场网赛，没有网赛就集思广益优化方案，剩余时间则自己开比赛练习操作速度，几乎天天都会在沙盘室待上5个小时以上。

本次国赛预先下发了联想、TGL、夏汽、上海咏久四套赛题，我们根据每套赛题的特点制定了不同节奏的方案。在制作国赛方案的过程中，我们吸取了省赛的教训，降低了广告额在方案中的比重，这使得国赛方案相较于省赛方案在人力的操作方面空间更大，也让我们对即将到来的国赛更有信心。

在备战国赛的最后阶段，陈老师给我们做打桥牌训练，使得我们在紧张中放松了情绪，学习到独特的战略思维。

按照国赛师兄师姐们留下的惯例，我们出征前在展示历届师兄师姐征战沙盘国赛的"雁过留鸣"宣传栏前膜拜"沙盘大神"。

2024年9月21日，我们到达郑州大学。22日，赛前抽签，整个赛场都十分紧张，因为不同赛题难度不同，节奏也不一样，虽然我们对所有方案都十分熟悉，但就操作难度上，还是希望不要重蹈省赛的覆辙。最终，裁判长抽出了正式赛题为联想赛题。

第1年经营，我们根据对市场容量的分析和原材料订购情况，分析出了10个队伍的产线情况，除去两家家公司是9条自动线开局，其他公司产能在第1年第3季度产出都低于8条自动线。于是，我们决定采用预案"8自动+4智能"开局，并且以适中广告进入国内市场。基于对竞争对手现金流的高度掌握和产能节奏的把控，我们成功以市场第8的排名拿到了理想的订单。因为低费用、高利润，我们第一年就把剩下4条智能线铺满，这为我们第2年年初自动线全拆提供了有力的经济基础和产能基础。

第2年订货会，我们因为180W净利润，在广告方面面投160W排名前五，但由于对竞争对手拿单预测与实际有所偏差，造成了40个产品的库存，并且第16队连续两年均以极低的广告拿到了实际需求的高价订单，这使得我们认为第16队是这次国赛的强劲竞争对手；而且因为我们开局的"8自动+4智能"的方案，在整个赛区并不突出，让我们第2年的排名跌落到第6。

中场休息时，我们的营销总监分析了我们赛区的碳排放、产线情况及产品情况，决定了第3、4年采用单碳利润最大的策略(单位碳排放量的利润最大化)，所以第3年准备全部生产P2，一边销售P2，一边倾销库存。

第3年经营，事实证明我们的策略是对的，除了个别队没有能力生产P3，有能力的都去挤各个市场的P3产品，而我们走P2，基本上没有人和我们撞市场。在第3年所有人都高产能的情况下，我们57W的广告费只有20个P2产品没有卖出去，而生产P3的队碳排放又不够、广告又高，让我们在第3年年结时暂时登上了权益第一的宝座！让我们信心大增。

第3年间谍情报收集时间开始，我们队内4人开始分析其他队伍的财务三表。这一看才知道，权益仅差我们100个P3产品利润的第7队和第13队有接近400个P3产品库存，只要他们第4年在广告正常的情况下销售完全部库存和产能，就能一举反超我们。第16队依旧想复刻前两年低广告的操作，于是在满产产能有3 200个P3的情况下，只投放了80W广告，而P3的竞争对手第7、15、17、18、20队广告平均160W，第20队更是450W广告，导致16队只拿到了360个数量订单。不出意外第16队在第3年负利润，被踢出领奖台外。

第4年，订货会放出的订单张数其实分得没那么散，而且量大，我们决定根据获取的订单进行生产。我们分析19家公司的库存，认为P3竞争会十分激烈，我们决定依旧申报P2订单，但是在全年可获取利润有1 400W的情况下，有五家公司投出了高达1 000W广告，四家公司广告在500W左右，于是我们准备投入100W广告进行捡单，并自认为不可能一点订单也拿不到。

竞投标结果出来，我们只拿到了9个数量的订单，确实是给我们吃了一点，但也就一点点；我们选择投标的6张低价订单被其他公司一扫而空，竞争对手第7队、15队则吃满了高价订单。第4年第2季度的订货会投标取单也不理想，仅仅让我们的权益微涨，最终以赛区第3名结束了这场国赛。

沙盘源自于现实，可以让我们更直观的了解企业运作的核心，学习并培养相关技能，作中运用到现实。希望师弟和师妹们能够从中学习并吸取教训，再创辉煌！

(作者刘琛，岭南师范学院商学院2021级市场营销专业学生，2024年全国高等院校数智化企业经营沙盘大赛广东省决赛、全国总决赛队主力队员)

新手工沙盘市场预测

附录2.1　新手工沙盘市场预测(6组)

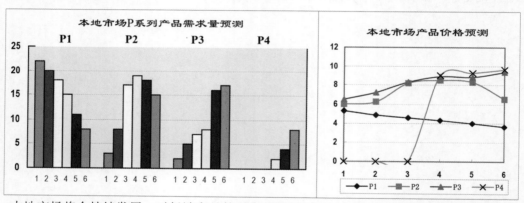

　　本地市场将会持续发展，对低端产品的需求可能要下滑，伴随着需求的减少，低端产品的价格很有可能走低。后几年，随着高端产品的成熟，市场对P3、P4产品的需求将会逐渐增大。由于客户对质量意识的不断提高，后几年可能对产品的ISO 9000和ISO 14000认证有更多的需求。

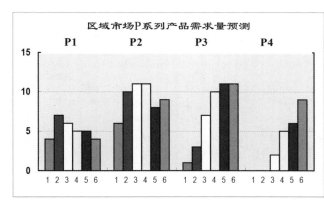

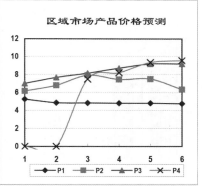

区域市场的客户相对稳定，对P系列产品需求的变化很有可能比较平稳。因紧邻本地市场，所以产品需求量的走势可能与本地市场相似，价格趋势也应大致一样。该市场容量有限，对高端产品的需求也可能相对较小，但客户会对产品的ISO 9000和ISO 14000认证有较高的要求。

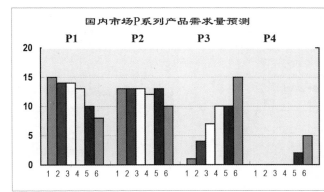

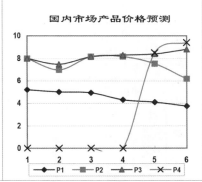

因P1产品带有较浓的地域色彩，估计国内市场对P1产品不会有持久的需求；但P2产品因更适合于国内市场，估计需求一直比较平稳。随着对P系列产品的逐渐认同，估计对P3产品的需求会发展较快，但对P4产品的需求就不一定像P3产品那样旺盛了。当然，对高价值的产品来说，客户一定会更注重产品的质量认证。

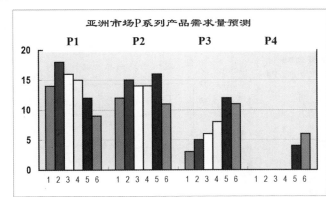

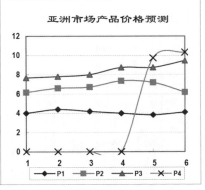

亚洲市场一向波动较大，所以对P1产品的需求可能起伏较大，估计P2产品的需求走势与P1相似。但该市场对新产品很敏感，因此估计对P3、P4产品的需求量会发展较快，价格也可能不菲。另外，这个市场的消费者很看重产品的质量，所以没有ISO 9000和ISO 14000认证的产品可能很难销售。

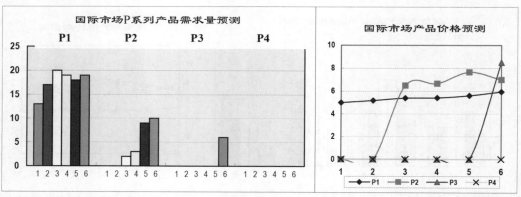

P系列产品进入国际市场可能需要一个较长的时期。有迹象表明，对P1产品已经有所认同，但还需要一段时间才能被市场接受。同样，对P2、P3和P4产品也会很谨慎地接受，需求发展较慢。当然，国际市场的客户也会关注具有ISO认证的产品。

附录2.2　新手工沙盘市场预测(8组)

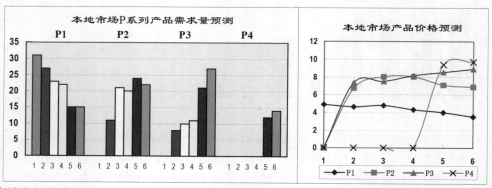

本地市场将会持续发展，对低端产品的需求可能要下滑，伴随着需求的减少，低端产品的价格很有可能走低。后几年，随着高端产品的成熟，市场对P3、P4产品的需求将会逐渐增大。由于客户对质量意识的不断提高，后几年可能对产品的ISO 9000和ISO 14000认证有更多的需求。

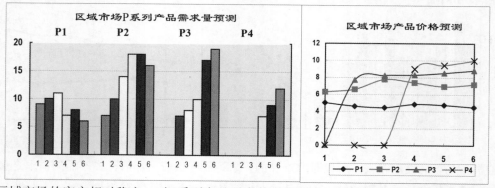

区域市场的客户相对稳定，对P系列产品需求的变化很有可能比较平稳。因紧邻本地市场，所以产品需求量的走势可能与本地市场相似，价格趋势也应大致一样。该市场容量有限，对高端产品的需求也可能相对较小，但客户会对产品的ISO 9000和ISO 14000认证有较高的要求。

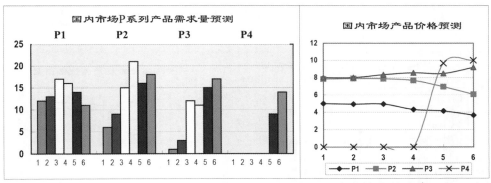

因P1产品带有较浓的地域色彩，估计国内市场对P1产品不会有持久的需求；但P2产品因更适合于国内市场，估计需求一直比较平稳。随着对P系列产品的逐渐认同，估计对P3产品的需求会发展较快，但对P4产品的需求就不一定像P3产品那样旺盛了。当然，对高价值的产品来说，客户一定会更注重产品的质量认证。

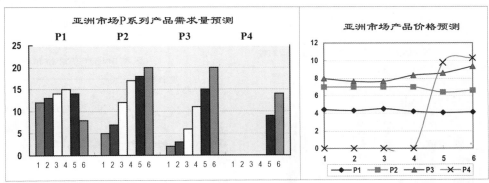

亚洲市场一向波动较大，所以对P1产品的需求可能起伏较大，估计对P2产品的需求走势与P1相似。但该市场对新产品很敏感，因此估计对P3、P4产品的需求量会发展较快，价格也可能不菲。另外，这个市场的消费者很看重产品的质量，所以没有ISO 9000和ISO 14000认证的产品可能很难销售。

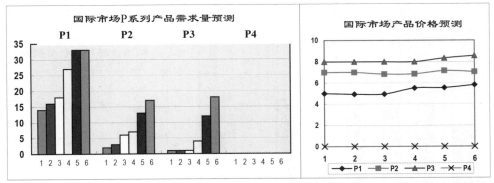

P系列产品进入国际市场可能需要一个较长的时期。有迹象表明，对P1产品已经有所认同，但还需要一段时间才能被市场接受。同样，对P2、P3和P4产品也会很谨慎地接受，需求发展较慢。当然，国际市场的客户也会关注具有ISO认证的产品。

附录2.3　新手工沙盘市场预测(10组)

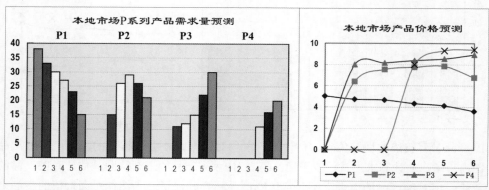

　　本地市场将会持续发展，对低端产品的需求可能要下滑，伴随着需求的减少，低端产品的价格很有可能走低。后几年，随着高端产品的成熟，市场对P3、P4产品的需求将会逐渐增大。由于客户对质量意识的不断提高，后几年可能对产品的ISO 9000和ISO 14000认证有更多的需求。

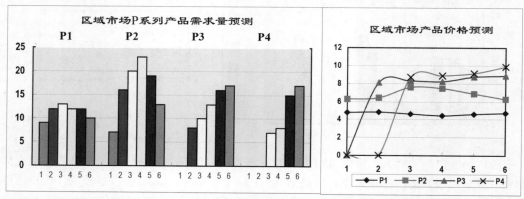

　　区域市场的客户相对稳定，对P系列产品需求的变化很有可能比较平稳。因紧邻本地市场，所以产品需求量的走势可能与本地市场相似，价格趋势也应大致一样。该市场容量有限，对高端产品的需求也可能相对较小，但客户会对产品的ISO 9000和ISO 14000认证有较高的要求。

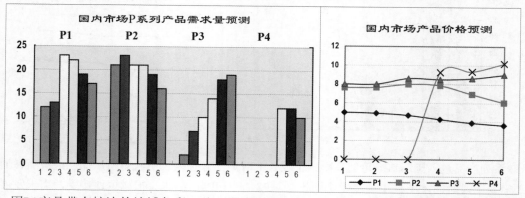

　　因P1产品带有较浓的地域色彩，估计国内市场对P1产品不会有持久的需求；但P2产品因更适合于国内市场，估计需求一直比较平稳。随着对P系列产品的逐渐认同，估计对P3产品的需求会发展较快，但对P4产品的需求就不一定像P3产品那样旺盛了。当然，对高价值的产品来说，客户一定会更注重产品的质量认证。

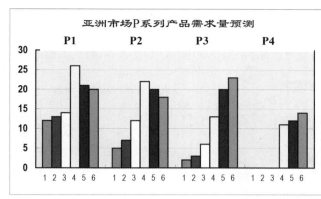

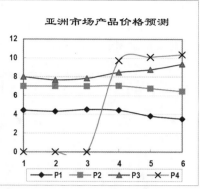

亚洲市场一向波动较大，所以对P1产品的需求可能起伏较大，估计对P2产品的需求走势与P1相似。但该市场对新产品很敏感，因此估计对P3、P4产品的需求量会发展较快，价格也可能不菲。另外，这个市场的消费者很看重产品的质量，所以没有ISO 9000和ISO 14000认证的产品可能很难销售。

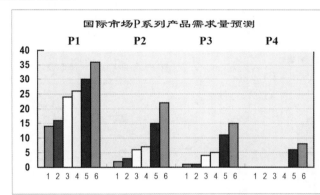

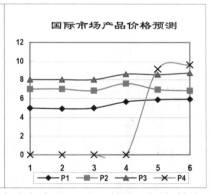

P系列产品进入国际市场可能需要一个较长的时期。有迹象表明，对P1产品已经有所认同，但还需要一段时间才能被市场接受。同样，对P2、P3和P4产品也会很谨慎地接受，需求发展较慢。当然，国际市场的客户也会关注具有ISO认证的产品。

附录2.4　新手工沙盘市场预测(12组)

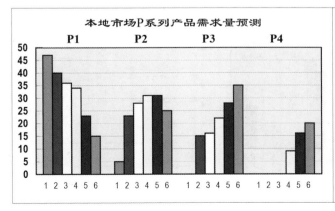

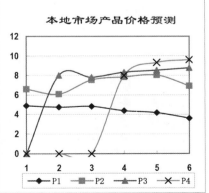

本地市场将会持续发展，对低端产品的需求可能要下滑，伴随着需求的减少，低端产品的价格很有可能走低。后几年，随着高端产品的成熟，市场对P3、P4产品的需求将会逐渐增大。由于客户对质量意识的不断提高，后几年可能对产品的ISO 9000和ISO 14000认证有更多的需求。

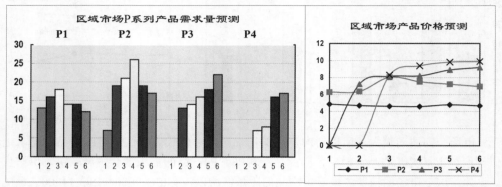

区域市场的客户相对稳定，对P系列产品需求的变化很有可能比较平稳。因紧邻本地市场，所以产品需求量的走势可能与本地市场相似，价格趋势也应大致一样。该市场容量有限，对高端产品的需求也可能相对较小，但客户会对产品的ISO 9000和ISO 14000认证有较高的要求。

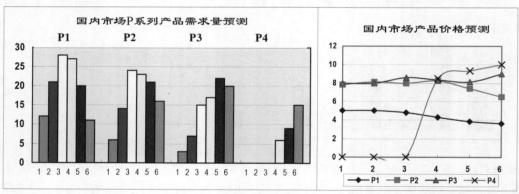

因P1产品带有较浓的地域色彩，估计国内市场对P1产品不会有持久的需求；但P2产品因更适合于国内市场，估计需求一直比较平稳。随着对P系列产品的逐渐认同，估计对P3产品的需求会发展较快，但对P4产品的需求就不一定像P3产品那样旺盛了。当然，对高价值的产品来说，客户一定会更注重产品的质量认证。

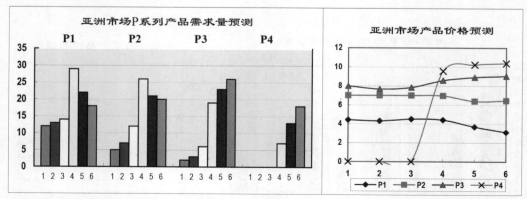

亚洲市场一向波动较大，所以对P1产品的需求可能起伏较大，估计对P2产品的需求走势与P1相似。但该市场对新产品很敏感，因此估计对P3、P4产品的需求量会发展较快，价格也可能

不菲。另外，这个市场的消费者很看重产品的质量，所以没有ISO 9000和ISO 14000认证的产品可能很难销售。

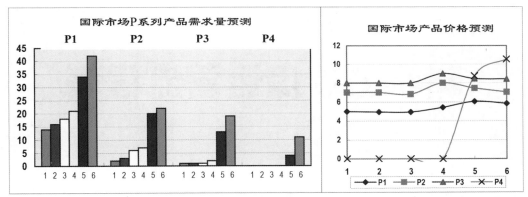

P系列产品进入国际市场可能需要一个较长的时期。有迹象表明，对P1产品已经有所认同，但还需要一段时间才能被市场接受。同样，对P2、P3和P4产品也会很谨慎地接受，需求发展较慢。当然，国际市场的客户也会关注具有ISO认证的产品。

新手工沙盘运营流程表

起始年

企业经营流程 请按顺序执行下列各项操作。	每执行完一项操作，CEO请在相应的方格内打勾。 财务总监(助理)在方格中填写现金收支情况。			
新年度规划会议				
参加订货会/登记销售订单				
制订新年度计划				
支付应付税				
季初现金盘点(请填余额)				
应收贴现				
更新短期贷款(高利贷)/还本付息				
申请短期贷款(高利贷)				
原材料入库/更新原料订单				
下原料订单				
更新生产/完工入库				
变卖生产线/生产线转产				
投资新生产线				
开始下一批生产				
更新应收款/应收款收现				
出售厂房				
按订单交货				
产品研发投资				
支付行政管理费				
其他现金收支情况登记				
支付利息/更新长期贷款/申请长期贷款				
支付设备维护费				
支付租金/购买厂房				
计提折旧			( )	
新市场开拓/ISO资格认证投资				
结账				
现金收入合计				
现金支出合计				
期末现金对账(请填余额)				

订单登记表

订单号										合计
市场										
产品										
数量										
账期										
销售额										
成本										
毛利										
未售										

产品核算统计表

项目	P1	P2	P3	P4	合计
数量					
销售额					
成本					
毛利					

综合管理费用明细表

单位：百万元

项目	金额	备注
管理费		
广告费		
保养费		
租金		
转产费		
市场准入开拓		□区域　　□国内　　□亚洲　　□国际
ISO资格认证		□ISO 9000　　　□ISO 14000
产品研发		P2(　　) P3(　　) P4(　　)
其他		
合计		

利润表

项目	上年数	本年数
销售收入	35	
直接成本	12	
毛利	23	
综合费用	11	
折旧前利润	12	
折旧	4	
支付利息前利润	8	
财务收入/支出	4	
其他收入/支出		
税前利润	4	
所得税	1	
净利润	3	

资产负债表

资产	期初数	期末数	负债和所有者权益	期初数	期末数
流动资产：			负债：		
现金	20		长期负债	40	
应收款	15		短期负债		
在制品	8		应付账款		
成品	6		应交税金	1	
原料	3		1年内到期的长期负债		
流动资产合计	52		负债合计	41	
固定资产：			所有者权益：		
土地和建筑	40		股东资本	50	
机器与设备	13		利润留存	11	
在建工程			年度净利	3	
固定资产合计	53		所有者权益合计	64	
资产总计	105		负债和所有者权益总计	105	

第一年

企业经营流程 请按顺序执行下列各项操作。	每执行完一项操作，CEO请在相应的方格内打勾。 财务总监(助理)在方格中填写现金收支情况。			
新年度规划会议				
参加订货会/登记销售订单				
制订新年度计划				
支付应付税				
季初现金盘点(请填余额)				
应收贴现				
更新短期贷款(高利贷)/还本付息				
申请短期贷款(高利贷)				
原材料入库/更新原料订单				
下原料订单				
更新生产/完工入库				
变卖生产线/生产线转产				
投资新生产线				
开始下一批生产				
更新应收款/应收款收现				
出售厂房				
按订单交货				
产品研发投资				
支付行政管理费				
其他现金收支情况登记				
支付利息/更新长期贷款/申请长期贷款				
支付设备维护费				
支付租金/购买厂房				
计提折旧			( )	
新市场开拓/ISO资格认证投资				
结账				
现金收入合计				
现金支出合计				
期末现金对账(请填余额)				

现金预算表

	1	2	3	4
期初库存现金				
支付上年应交税				
市场广告投入				
贴现费用				
利息(短期贷款)				
支付到期短期贷款				
原料采购支付现金				
转产费用				
生产线投资				
工人工资				
产品研发投资				
收到现金前的所有支出				
应收款到期				
支付管理费用				
利息(长期贷款)				
支付到期长期贷款				
设备维护费用				
租金				
购买新建筑				
市场开拓投资				
ISO认证投资				
其他				
库存现金余额				

要点记录

第一季度：_____

第二季度：_____

第三季度：_____

第四季度：_____

年底小结：_____

订单登记表

订单号										合计
市场										
产品										
数量										
账期										
销售额										
成本										
毛利										
未售										

产品核算统计表

项目	P1	P2	P3	P4	合计
数量					
销售额					
成本					
毛利					

综合管理费用明细表

单位：百万元

项目	金额	备注
管理费		
广告费		
保养费		
租金		
转产费		
市场准入开拓		□区域　□国内　□亚洲　□国际
ISO资格认证		□ISO 9000　　□ISO 14000
产品研发		P2(　　) P3(　　) P4(　　)
其他		
合计		

利润表

项目	上年数	本年数
销售收入		
直接成本		
毛利		
综合费用		
折旧前利润		
折旧		
支付利息前利润		
财务收入/支出		
其他收入/支出		
税前利润		
所得税		
净利润		

资产负债表

资产	期初数	期末数	负债和所有者权益	期初数	期末数
流动资产：			负债：		
现金			长期负债		
应收款			短期负债		
在制品			应付账款		
成品			应交税金		
原料			1年内到期的长期负债		
流动资产合计			负债合计		
固定资产：			所有者权益：		
土地和建筑			股东资本		
机器与设备			利润留存		
在建工程			年度净利		
固定资产合计			所有者权益合计		
资产总计			负债和所有者权益总计		

第二年

企业经营流程 请按顺序执行下列各项操作。	每执行完一项操作，CEO请在相应的方格内打勾。 财务总监(助理)在方格中填写现金收支情况。			
新年度规划会议				
参加订货会/登记销售订单				
制订新年度计划				
支付应付税				
季初现金盘点(请填余额)				
应收贴现				
更新短期贷款(高利贷)/还本付息				
申请短期贷款(高利贷)				
原材料入库/更新原料订单				
下原料订单				
更新生产/完工入库				
变卖生产线/生产线转产				
投资新生产线				
开始下一批生产				
更新应收款/应收款收现				
出售厂房				
按订单交货				
产品研发投资				
支付行政管理费				
其他现金收支情况登记				
支付利息/更新长期贷款/申请长期贷款				
支付设备维护费				
支付租金/购买厂房				
计提折旧				( )
新市场开拓/ISO资格认证投资				
结账				
现金收入合计				
现金支出合计				
期末现金对账(请填余额)				

现金预算表

	1	2	3	4
期初库存现金				
支付上年应交税				
市场广告投入				
贴现费用				
利息(短期贷款)				
支付到期短期贷款				
原料采购支付现金				
转产费用				
生产线投资				
工人工资				
产品研发投资				
收到现金前的所有支出				
应收款到期				
支付管理费用				
利息(长期贷款)				
支付到期长期贷款				
设备维护费用				
租金				
购买新建筑				
市场开拓投资				
ISO认证投资				
其他				
库存现金余额				

要点记录

第一季度：＿＿＿＿＿＿＿＿＿＿＿＿＿＿＿＿＿＿＿＿＿＿＿＿＿＿＿＿＿＿＿

第二季度：＿＿＿＿＿＿＿＿＿＿＿＿＿＿＿＿＿＿＿＿＿＿＿＿＿＿＿＿＿＿＿

第三季度：＿＿＿＿＿＿＿＿＿＿＿＿＿＿＿＿＿＿＿＿＿＿＿＿＿＿＿＿＿＿＿

第四季度：＿＿＿＿＿＿＿＿＿＿＿＿＿＿＿＿＿＿＿＿＿＿＿＿＿＿＿＿＿＿＿

年底小结：＿＿＿＿＿＿＿＿＿＿＿＿＿＿＿＿＿＿＿＿＿＿＿＿＿＿＿＿＿＿＿

订单登记表

订单号											合计
市场											
产品											
数量											
账期											
销售额											
成本											
毛利											
未售											

产品核算统计表

项目	P1	P2	P3	P4	合计
数量					
销售额					
成本					
毛利					

综合管理费用明细表

单位：百万元

项目	金额	备注
管理费		
广告费		
保养费		
租金		
转产费		
市场准入开拓		□区域　□国内　□亚洲　□国际
ISO资格认证		□ISO 9000　　□ISO 14000
产品研发		P2(　)　P3(　)　P4(　)
其他		
合计		

利润表

项目	上年数	本年数
销售收入		
直接成本		
毛利		
综合费用		
折旧前利润		
折旧		
支付利息前利润		
财务收入/支出		
其他收入/支出		
税前利润		
所得税		
净利润		

资产负债表

资产	期初数	期末数	负债和所有者权益	期初数	期末数
流动资产：			负债：		
现金			长期负债		
应收款			短期负债		
在制品			应付账款		
成品			应交税金		
原料			1年内到期的长期负债		
流动资产合计			负债合计		
固定资产：			所有者权益：		
土地和建筑			股东资本		
机器与设备			利润留存		
在建工程			年度净利		
固定资产合计			所有者权益合计		
资产总计			负债和所有者权益总计		

第三年

企业经营流程 请按顺序执行下列各项操作。	每执行完一项操作，CEO请在相应的方格内打勾。 财务总监(助理)在方格中填写现金收支情况。		
新年度规划会议			
参加订货会/登记销售订单			
制订新年度计划			
支付应付税			
季初现金盘点(请填余额)			
应收贴现			
更新短期贷款(高利贷)/还本付息			
申请短期贷款(高利贷)			
原材料入库/更新原料订单			
下原料订单			
更新生产/完工入库			
变卖生产线/生产线转产			
投资新生产线			
开始下一批生产			
更新应收款/应收款收现			
出售厂房			
按订单交货			
产品研发投资			
支付行政管理费			
其他现金收支情况登记			
支付利息/更新长期贷款/申请长期贷款			
支付设备维护费			
支付租金/购买厂房			
计提折旧			( )
新市场开拓/ISO资格认证投资			
结账			
现金收入合计			
现金支出合计			
期末现金对账(请填余额)			

现金预算表

	1	2	3	4
期初库存现金				
支付上年应交税				
市场广告投入				
贴现费用				
利息(短期贷款)				
支付到期短期贷款				
原料采购支付现金				
转产费用				
生产线投资				
工人工资				
产品研发投资				
收到现金前的所有支出				
应收款到期				
支付管理费用				
利息(长期贷款)				
支付到期长期贷款				
设备维护费用				
租金				
购买新建筑				
市场开拓投资				
ISO认证投资				
其他				
库存现金余额				

要点记录

第一季度：_____

第二季度：_____

第三季度：_____

第四季度：_____

年底小结：_____

订单登记表

订单号											合计
市场											
产品											
数量											
账期											
销售额											
成本											
毛利											
未售											

产品核算统计表

项目	P1	P2	P3	P4	合计
数量					
销售额					
成本					
毛利					

综合管理费用明细表

单位：百万元

项目	金额	备注
管理费		
广告费		
保养费		
租金		
转产费		
市场准入开拓		□区域　□国内　□亚洲　□国际
ISO资格认证		□ISO 9000　　□ISO 14000
产品研发		P2(　)　P3(　)　P4(　)
其他		
合计		

利润表

项目	上年数	本年数
销售收入		
直接成本		
毛利		
综合费用		
折旧前利润		
折旧		
支付利息前利润		
财务收入/支出		
其他收入/支出		
税前利润		
所得税		
净利润		

资产负债表

资产	期初数	期末数	负债和所有者权益	期初数	期末数
流动资产：			负债：		
现金			长期负债		
应收款			短期负债		
在制品			应付账款		
成品			应交税金		
原料			1年内到期的长期负债		
流动资产合计			负债合计		
固定资产：			所有者权益：		
土地和建筑			股东资本		
机器与设备			利润留存		
在建工程			年度净利		
固定资产合计			所有者权益合计		
资产总计			负债和所有者权益总计		

第四年

企业经营流程 请按顺序执行下列各项操作。	每执行完一项操作，CEO请在相应的方格内打勾。 财务总监(助理)在方格中填写现金收支情况。			
新年度规划会议				
参加订货会/登记销售订单				
制订新年度计划				
支付应付税				
季初现金盘点(请填余额)				
应收贴现				
更新短期贷款(高利贷)/还本付息				
申请短期贷款(高利贷)				
原材料入库/更新原料订单				
下原料订单				
更新生产/完工入库				
变卖生产线/生产线转产				
投资新生产线				
开始下一批生产				
更新应收款/应收款收现				
出售厂房				
按订单交货				
产品研发投资				
支付行政管理费				
其他现金收支情况登记				
支付利息/更新长期贷款/申请长期贷款				
支付设备维护费				
支付租金/购买厂房				
计提折旧			( )	
新市场开拓/ISO资格认证投资				
结账				
现金收入合计				
现金支出合计				
期末现金对账(请填余额)				

现金预算表

	1	2	3	4
期初库存现金				
支付上年应交税				
市场广告投入				
贴现费用				
利息(短期贷款)				
支付到期短期贷款				
原料采购支付现金				
转产费用				
生产线投资				
工人工资				
产品研发投资				
收到现金前的所有支出				
应收款到期				
支付管理费用				
利息(长期贷款)				
支付到期长期贷款				
设备维护费用				
租金				
购买新建筑				
市场开拓投资				
ISO认证投资				
其他				
库存现金余额				

要点记录

第一季度：_____

第二季度：_____

第三季度：_____

第四季度：_____

年底小结：_____

订单登记表

订单号									合计
市场									
产品									
数量									
账期									
销售额									
成本									
毛利									
未售									

产品核算统计表

项目	P1	P2	P3	P4	合计
数量					
销售额					
成本					
毛利					

综合管理费用明细表

单位：百万元

项目	金额	备注
管理费		
广告费		
保养费		
租金		
转产费		
市场准入开拓		□区域　□国内　□亚洲　□国际
ISO资格认证		□ISO 9000　　□ISO 14000
产品研发		P2(　)　P3(　)　P4(　)
其他		
合计		

利润表

项目	上年数	本年数
销售收入		
直接成本		
毛利		
综合费用		
折旧前利润		
折旧		
支付利息前利润		
财务收入/支出		
其他收入/支出		
税前利润		
所得税		
净利润		

资产负债表

资产	期初数	期末数	负债和所有者权益	期初数	期末数
流动资产：			负债：		
现金			长期负债		
应收款			短期负债		
在制品			应付账款		
成品			应交税金		
原料			1年内到期的长期负债		
流动资产合计			负债合计		
固定资产：			所有者权益：		
土地和建筑			股东资本		
机器与设备			利润留存		
在建工程			年度净利		
固定资产合计			所有者权益合计		
资产总计			负债和所有者权益总计		

第五年

企业经营流程 请按顺序执行下列各项操作。	每执行完一项操作，CEO请在相应的方格内打勾。 财务总监(助理)在方格中填写现金收支情况。		
新年度规划会议			
参加订货会/登记销售订单			
制订新年度计划			
支付应付税			
季初现金盘点(请填余额)			
应收贴现			
更新短期贷款(高利贷)/还本付息			
申请短期贷款(高利贷)			
原材料入库/更新原料订单			
下原料订单			
更新生产/完工入库			
变卖生产线/生产线转产			
投资新生产线			
开始下一批生产			
更新应收款/应收款收现			
出售厂房			
按订单交货			
产品研发投资			
支付行政管理费			
其他现金收支情况登记			
支付利息/更新长期贷款/申请长期贷款			
支付设备维护费			
支付租金/购买厂房			
计提折旧			( )
新市场开拓/ISO资格认证投资			
结账			
现金收入合计			
现金支出合计			
期末现金对账(请填余额)			

现金预算表

	1	2	3	4
期初库存现金				
支付上年应交税				
市场广告投入				
贴现费用				
利息(短期贷款)				
支付到期短期贷款				
原料采购支付现金				
转产费用				
生产线投资				
工人工资				
产品研发投资				
收到现金前的所有支出				
应收款到期				
支付管理费用				
利息(长期贷款)				
支付到期长期贷款				
设备维护费用				
租金				
购买新建筑				
市场开拓投资				
ISO认证投资				
其他				
库存现金余额				

要点记录

第一季度：_____

第二季度：_____

第三季度：_____

第四季度：_____

年底小结：_____

订单登记表

订单号										合计
市场										
产品										
数量										
账期										
销售额										
成本										
毛利										
未售										

产品核算统计表

项目	P1	P2	P3	P4	合计
数量					
销售额					
成本					
毛利					

综合管理费用明细表

单位：百万元

项目	金额	备注
管理费		
广告费		
保养费		
租金		
转产费		
市场准入开拓		□区域　□国内　□亚洲　□国际
ISO资格认证		□ISO 9000　　□ISO 14000
产品研发		P2(　　) P3(　　) P4(　　)
其他		
合计		

利润表

项目	上年数	本年数
销售收入		
直接成本		
毛利		
综合费用		
折旧前利润		
折旧		
支付利息前利润		
财务收入/支出		
其他收入/支出		
税前利润		
所得税		
净利润		

资产负债表

资产	期初数	期末数	负债和所有者权益	期初数	期末数
流动资产：			负债：		
现金			长期负债		
应收款			短期负债		
在制品			应付账款		
成品			应交税金		
原料			1年内到期的长期负债		
流动资产合计			负债合计		
固定资产：			所有者权益：		
土地和建筑			股东资本		
机器与设备			利润留存		
在建工程			年度净利		
固定资产合计			所有者权益合计		
资产总计			负债和所有者权益总计		

第六年

企业经营流程 请按顺序执行下列各项操作。	每执行完一项操作，CEO请在相应的方格内打勾。 财务总监(助理)在方格中填写现金收支情况。			
新年度规划会议				
参加订货会/登记销售订单				
制订新年度计划				
支付应付税				
季初现金盘点(请填余额)				
应收贴现				
更新短期贷款(高利贷)/还本付息				
申请短期贷款(高利贷)				
原材料入库/更新原料订单				
下原料订单				
更新生产/完工入库				
变卖生产线/生产线转产				
投资新生产线				
开始下一批生产				
更新应收款/应收款收现				
出售厂房				
按订单交货				
产品研发投资				
支付行政管理费				
其他现金收支情况登记				
支付利息/更新长期贷款/申请长期贷款				
支付设备维护费				
支付租金/购买厂房				
计提折旧				( )
新市场开拓/ISO资格认证投资				
结账				
现金收入合计				
现金支出合计				
期末现金对账(请填余额)				

现金预算表

	1	2	3	4
期初库存现金				
支付上年应交税				
市场广告投入				
贴现费用				
利息(短期贷款)				
支付到期短期贷款				
原料采购支付现金				
转产费用				
生产线投资				
工人工资				
产品研发投资				
收到现金前的所有支出				
应收款到期				
支付管理费用				
利息(长期贷款)				
支付到期长期贷款				
设备维护费用				
租金				
购买新建筑				
市场开拓投资				
ISO认证投资				
其他				
库存现金余额				

要点记录

第一季度：_____

第二季度：_____

第三季度：_____

第四季度：_____

年底小结：_____

订单登记表

订单号										合计
市场										
产品										
数量										
账期										
销售额										
成本										
毛利										
未售										

产品核算统计表

项目	P1	P2	P3	P4	合计
数量					
销售额					
成本					
毛利					

综合管理费用明细表

单位：百万元

项目	金额	备注
管理费		
广告费		
保养费		
租金		
转产费		
市场准入开拓		□区域　　□国内　　□亚洲　　□国际
ISO资格认证		□ISO 9000　　□ISO 14000
产品研发		P2(　　)　P3(　　)　P4(　　)
其他		
合计		

利润表

项目	上年数	本年数
销售收入		
直接成本		
毛利		
综合费用		
折旧前利润		
折旧		
支付利息前利润		
财务收入/支出		
其他收入/支出		
税前利润		
所得税		
净利润		

资产负债表

资产	期初数	期末数	负债和所有者权益	期初数	期末数
流动资产：			负债：		
现金			长期负债		
应收款			短期负债		
在制品			应付账款		
成品			应交税金		
原料			1年内到期的长期负债		
流动资产合计			负债合计		
固定资产：			所有者权益：		
土地和建筑			股东资本		
机器与设备			利润留存		
在建工程			年度净利		
固定资产合计			所有者权益合计		
资产总计			负债和所有者权益总计		

附录 4

生产计划及采购计划

生产计划及采购计划表如附表4-1～附表4-3所示。

附表4-1 生产计划及采购计划编制举例

生产线		第1年				第2年				第3年			
		一季度	二季度	三季度	四季度	一季度	二季度	三季度	四季度	一季度	二季度	三季度	四季度
1 手工	产品			P1			P1						
	材料		R1										
2 手工	产品		P1			P1							
	材料	R1			R1								
3 手工	产品	P1				P1							
	材料												
4 半自动	产品		P1			P1							
	材料	R1											
合计	产品	1P1	2P1	1P1	2P1	1P1							
	材料	2R1	1R1	2R1	1R1								

附表4-2　生产计划及采购计划编制(1～3年)

生产线		第1年				第2年				第3年			
		一季度	二季度	三季度	四季度	一季度	二季度	三季度	四季度	一季度	二季度	三季度	四季度
1	产品												
	材料												
2	产品												
	材料												
3	产品												
	材料												
4	产品												
	材料												
5	产品												
	材料												
6	产品												
	材料												
7	产品												
	材料												
8	产品												
	材料												
合计	产品												
	材料												

附表4-3 生产计划及采购计划编制(4~6年)

生产线		第4年				第5年				第6年			
		一季度	二季度	三季度	四季度	一季度	二季度	三季度	四季度	一季度	二季度	三季度	四季度
1	产品												
	材料												
2	产品												
	材料												
3	产品												
	材料												
4	产品												
	材料												
5	产品												
	材料												
6	产品												
	材料												
7	产品												
	材料												
8	产品												
	材料												
合计	产品												
	材料												

商战沙盘运营流程表

用户_____　　　　　　　　第____年经营

顺序	企业经营流程	每执行完一项操作，CEO请在相应的方格内打勾。		
	操作名称	**系统操作**	**手工记录**	
年初	新年度规划会议			
	广告投放	输入广告费，确认		
	选单及招标竞单	选单及招标竞单		
	支付应付税	系统自动		
	支付长贷利息	系统自动		
	更新长期贷款/长期贷款还款	系统自动		
	申请长期贷款	输入贷款数额并确认		
1	季初盘点(请填余额)	生产线产品下线(自动)		
2	更新短期贷款/短期贷款还本付息	系统自动		
3	申请短期贷款	输入贷款数额并确认		
4	原材料入库/更新原料订单	需要确认金额		
5	下原料订单	输入并确认		
6	购买/租用——厂房	选择并确认，自动扣现金		
7	更新生产/完工入库	系统自动		
8	新建/在建/转产/变卖——生产线	选择并确认		
9	紧急采购(随时进行)	随时进行输入并确认		
10	开始下一批生产	选择并确认		
11	更新应收款/应收款收现	需要输入到期金额		
12	按订单交货	选择交货订单，确认		
13	产品研发投资	选择并确认		
14	厂房——出售(买转租)/退租/租转买	选择确认，自动转应收款		
15	新市场开拓/ISO资格投资	仅第4季允许操作		
16	支付管理费/更新厂房租金	系统自动		
17	出售库存	输入并确认(随时进行)		
18	厂房贴现	随时进行		
19	应收款贴现	输入并确认(随时进行)		
20	季末收入合计			
21	季末支出合计			
22	季末数额对账[(1)+(20)-(21)]			
年末	缴纳违约订单罚款	系统自动		
	支付设备维护费	系统自动		
	计提折旧	系统自动		( )
	新市场/ISO资格换证	系统自动		
	结账			

第_____年   用户_____

综合费用表

项目	金额
管理费	
广告费	
设备维护费	
其他损失	
转产费	
厂房租金	
新市场开拓	
ISO资格认证	
产品研发	
信息费	

利润表

项目	金额
销售收入	
直接成本	
毛利	
综合费用	
折旧前利润	
折旧	
支付利息前利润	
财务费用	
税前利润	
所得税	

资产负债表

项目	金额	项目	金额
现金		长期负债	
应收款		短期负债	
在制品		应交所得税	
产成品		—	—
原材料		—	—
流动资产合计		负债合计	
厂房		股东资本	
生产线		利润留存	
在建工程		年度净利	
固定资产合计		所有者权益合计	
资产总计		负债和所有者权益总计	

注：库存折价拍价、生产线变卖、紧急采购、订单违约记入损失；每年经营结束请将此表交到裁判处核对。

附录 6

商战沙盘市场预测

(本预测对应本书第4章商战沙盘规则)

附录6.1 商战沙盘6组市场预测

商战沙盘6组市场预测如附表6-1～附表6-4所示。

附表6-1 商战沙盘6组市场预测——均价

序号	年份	产品	本地市场	区域市场	国内市场	亚洲市场	国际市场
1	第2年	P1	60.8	60.3	0	0	0
2	第2年	P2	72.91	70.28	0	0	0
3	第2年	P3	86.23	85	0	0	0
4	第2年	P4	126.25	132	0	0	0
5	第3年	P1	60.5	61.68	0	0	0
6	第3年	P2	71.12	0	73.38	0	0
7	第3年	P3	86.33	0	82	0	0
8	第3年	P4	0	136.25	136.5	0	0
9	第4年	P1	55.47	55.7	57.76	0	0
10	第4年	P2	0	72.8	69.56	69	0
11	第4年	P3	80.8	0	85.53	89	0
12	第4年	P4	124.12	129.92	0	128.27	0
13	第5年	P1	59.37	58.88	0	60.25	0
14	第5年	P2	67.53	0	66	66.67	73.06
15	第5年	P3	81.33	80.41	82.77	81.33	0
16	第5年	P4	0	136.12	136.21	0	131.83
17	第6年	P1	68.17	0	62.16	64.76	0
18	第6年	P2	75.06	72.37	0	77.56	0
19	第6年	P3	88.2	89.62	82.82	0	91.13
20	第6年	P4	0	134.46	139.82	132	136.4

附表6-2 商战6组市场预测——需求量

序号	年份	产品	本地市场	区域市场	国内市场	亚洲市场	国际市场
1	第2年	P1	25	20	0	0	0
2	第2年	P2	23	18	0	0	0
3	第2年	P3	13	8	0	0	0
4	第2年	P4	8	8	0	0	0
5	第3年	P1	26	31	0	0	0
6	第3年	P2	16	0	24	0	0
7	第3年	P3	15	0	16	0	0
8	第3年	P4	0	16	8	0	0
9	第4年	P1	17	20	21	0	0
10	第4年	P2	0	20	18	10	0
11	第4年	P3	15	0	15	15	0
12	第4年	P4	16	13	0	11	0
13	第5年	P1	19	25	0	16	0
14	第5年	P2	15	0	15	12	17
15	第5年	P3	12	17	13	9	0
16	第5年	P4	0	16	14	0	18
17	第6年	P1	24	0	19	21	0
18	第6年	P2	16	19	0	18	0
19	第6年	P3	15	13	17	0	15
20	第6年	P4	0	13	11	12	10

附表6-3 商战市场预测6组——订单张数

序号	年份	产品	本地市场	区域市场	国内市场	亚洲市场	国际市场
1	第2年	P1	7	5	0	0	0
2	第2年	P2	6	5	0	0	0
3	第2年	P3	5	3	0	0	0
4	第2年	P4	3	3	0	0	0
5	第3年	P1	7	8	0	0	0
6	第3年	P2	4	0	6	0	0
7	第3年	P3	4	0	5	0	0
8	第3年	P4	0	5	3	0	0
9	第4年	P1	4	4	5	0	0
10	第4年	P2	0	5	4	3	0
11	第4年	P3	4	0	4	4	0
12	第4年	P4	4	4	0	3	0
13	第5年	P1	5	7	0	4	0
14	第5年	P2	4	0	4	4	6
15	第5年	P3	5	6	4	3	0
16	第5年	P4	0	5	4	0	4
17	第6年	P1	5	0	5	5	0
18	第6年	P2	3	5	0	4	0
19	第6年	P3	4	4	6	0	5
20	第6年	P4	0	5	3	5	4

附表6-4　商战沙盘6组市场预测——竞单

序号	订单号	年份	市场	产品	数量	ISO
1	J3-001	3	1	1	3	1
2	J3-002	3	1	2	4	1
3	J3-003	3	2	3	3	3
4	J3-004	3	2	2	4	2
5	J3-005	3	3	1	6	3
6	J3-006	3	3	3	4	2
7	J3-007	3	3	4	4	3
8	J6-001	6	1	2	5	3
9	J6-002	6	1	3	4	3
10	J6-003	6	2	4	2	2
11	J6-004	6	3	2	2	3
12	J6-005	6	3	3	5	3
13	J6-006	6	4	2	6	3
14	J6-007	6	4	4	4	3
15	J6-008	6	5	3	3	2
16	J6-009	6	5	4	5	3

注：(1) 市场：1—本地，2—区域，3—国内，4—亚洲，5—国际。(2) ISO认证：1—ISO 9000，2—ISO 14000，3—双认证。

附录6.2　商战沙盘8组市场预测

商战沙盘8组市场预测如附表6-5～附表6-8所示。

附表6-5　商战8组市场预测——均价

序号	年份	产品	本地市场	区域市场	国内市场	亚洲市场	国际市场
1	第2年	P1	60.56	59.7	0	0	0
2	第2年	P2	72.83	71.08	0	0	0
3	第2年	P3	84.89	85.5	0	0	0
4	第2年	P4	126.3	132.6	0	0	0
5	第3年	P1	60.23	62.05	0	0	0
6	第3年	P2	71.32	0	73.12	0	0
7	第3年	P3	86	0	82	0	0
8	第3年	P4	0	135.57	135.8	0	0
9	第4年	P1	55.39	56.38	57.52	0	0
10	第4年	P2	0	69.56	70.62	69	0
11	第4年	P3	81.55	0	84.5	87.95	0
12	第4年	P4	124.48	128.14	0	127.87	0
13	第5年	P1	59.33	58.59	0	60.45	0
14	第5年	P2	67	0	66.45	67.47	71.48
15	第5年	P3	77.3	78	81	82.67	0
16	第5年	P4	0	133.05	133.5	0	132.75
17	第6年	P1	66.66	0	62.4	64.21	0
18	第6年	P2	75.33	72.2	0	78.25	0
19	第6年	P3	88.7	89.24	84.7	0	92.85
20	第6年	P4	0	135.83	140.06	133.12	137

附表6-6　商战沙盘8组市场预测——需求量

序号	年份	产品	本地市场	区域市场	国内市场	亚洲市场	国际市场
1	第2年	P1	34	27	0	0	0
2	第2年	P2	30	24	0	0	0
3	第2年	P3	18	10	0	0	0
4	第2年	P4	10	10	0	0	0
5	第3年	P1	35	41	0	0	0
6	第3年	P2	22	0	32	0	0
7	第3年	P3	21	0	21	0	0
8	第3年	P4	0	21	10	0	0
9	第4年	P1	23	26	29	0	0
10	第4年	P2	0	27	26	14	0
11	第4年	P3	20	0	20	20	0
12	第4年	P4	21	21	0	15	0
13	第5年	P1	27	34	0	22	0
14	第5年	P2	20	0	20	17	23
15	第5年	P3	20	23	18	12	0
16	第5年	P4	0	22	20	0	24
17	第6年	P1	32	0	25	28	0
18	第6年	P2	21	25	0	24	0
19	第6年	P3	20	17	23	0	20
20	第6年	P4	0	18	16	16	13

附表6-7　商战沙盘8组市场预测——订单数

序号	年份	产品	本地市场	区域市场	国内市场	亚洲市场	国际市场
1	第2年	P1	9	7	0	0	0
2	第2年	P2	8	7	0	0	0
3	第2年	P3	6	4	0	0	0
4	第2年	P4	4	4	0	0	0
5	第3年	P1	9	11	0	0	0
6	第3年	P2	5	0	8	0	0
7	第3年	P3	6	0	7	0	0
8	第3年	P4	0	6	3	0	0
9	第4年	P1	5	6	7	0	0
10	第4年	P2	0	6	6	4	0
11	第4年	P3	6	0	5	5	0
12	第4年	P4	6	6	0	4	0
13	第5年	P1	6	9	0	6	0
14	第5年	P2	5	0	5	6	7
15	第5年	P3	6	7	5	4	0
16	第5年	P4	0	6	5	0	6
17	第6年	P1	6	0	7	6	0
18	第6年	P2	4	6	0	6	0
19	第6年	P3	5	5	8	0	7
20	第6年	P4	0	6	5	6	6

附表6-8　商战8组市场预测——竞单

序号	订单号	年份	市场	产品	数量	ISO
1	J3-001	3	1	1	3	1
2	J3-002	3	1	2	4	1
3	J3-003	3	2	3	3	3
4	J3-004	3	2	2	4	2
5	J3-005	3	3	1	6	3
6	J3-006	3	3	3	4	2
7	J3-007	3	3	4	4	3
8	J6-001	6	1	2	5	3
9	J6-002	6	1	3	4	3
10	J6-003	6	2	4	2	2
11	J6-004	6	3	2	2	3
12	J6-005	6	3	3	5	3
13	J6-006	6	4	2	6	3
14	J6-007	6	4	4	4	3
15	J6-008	6	5	3	3	2
16	J6-009	6	5	4	5	3

注：(1) 市场：1—本地，2—区域，3—国内，4—亚洲，5—国际。(2) ISO认证：1—ISO 9000，2—ISO 14000，3—双认证。

附录6.3　商战沙盘10组市场预测

商战沙盘10组市场预测如附表6-9～附表6-12所示。

附表6-9　商战沙盘10组市场预测——均价

序号	年份	产品	本地市场	区域市场	国内市场	亚洲市场	国际市场
1	第2年	P1	61.05	58.08	0	0	0
2	第2年	P2	72.97	71	0	0	0
3	第2年	P3	85.9	85.08	0	0	0
4	第2年	P4	126.36	132.38	0	0	0
5	第3年	P1	60.14	61.93	0	0	0
6	第3年	P2	71.35	0	72.97	0	0
7	第3年	P3	84.33	85.58	81.37	0	0
8	第3年	P4	0	136.61	135.5	0	0
9	第4年	P1	55.7	56.74	57.52	0	0
10	第4年	P2	0	69.71	70.15	69	0
11	第4年	P3	80.72	0	84.5	87.95	0
12	第4年	P4	125.21	128.06	0	126.88	0
13	第5年	P1	59.63	58	0	59.5	0
14	第5年	P2	66.85	0	66.45	67.47	71.48
15	第5年	P3	76.88	76.86	81	82.69	0
16	第5年	P4	0	133.05	133.5	0	131.91
17	第6年	P1	66.15	0	62.62	64.09	0
18	第6年	P2	75.71	72.7	0	78.11	0
19	第6年	P3	86.85	89.24	85.23	0	92.09
20	第6年	P4	0	135.83	140.06	133.12	136.4

附表6-10　商战10组市场预测——需求量

序号	年份	产品	本地市场	区域市场	国内市场	亚洲市场	国际市场
1	第2年	P1	38	37	0	0	0
2	第2年	P2	34	28	0	0	0
3	第2年	P3	20	12	0	0	0
4	第2年	P4	14	13	0	0	0
5	第3年	P1	36	28	0	0	0
6	第3年	P2	26	0	29	0	0
7	第3年	P3	18	12	19	0	0
8	第3年	P4	0	23	14	0	0
9	第4年	P1	27	35	29	0	0
10	第4年	P2	0	31	27	14	0
11	第4年	P3	25	0	20	20	0
12	第4年	P4	24	17	0	16	0
13	第5年	P1	27	28	0	28	0
14	第5年	P2	20	0	20	17	23
15	第5年	P3	24	21	18	16	0
16	第5年	P4	0	22	20	0	32
17	第6年	P1	39	0	21	23	0
18	第6年	P2	24	27	0	27	0
19	第6年	P3	20	17	26	0	22
20	第6年	P4	0	23	16	16	15

附表6-11　商战沙盘10组市场预测——订单数

序号	年份	产品	本地市场	区域市场	国内市场	亚洲市场	国际市场
1	第2年	P1	10	9	0	0	0
2	第2年	P2	9	8	0	0	0
3	第2年	P3	7	4	0	0	0
4	第2年	P4	6	5	0	0	0
5	第3年	P1	9	8	0	0	0
6	第3年	P2	6	0	7	0	0
7	第3年	P3	5	4	6	0	0
8	第3年	P4	0	7	4	0	0
9	第4年	P1	6	8	7	0	0
10	第4年	P2	0	7	6	4	0
11	第4年	P3	7	0	5	5	0
12	第4年	P4	7	5	0	4	0
13	第5年	P1	6	7	0	7	0
14	第5年	P2	5	0	5	6	7
15	第5年	P3	7	6	5	5	0
16	第5年	P4	0	6	5	0	8
17	第6年	P1	8	0	6	5	0
18	第6年	P2	5	7	0	7	0
19	第6年	P3	5	5	9	0	8
20	第6年	P4	0	7	5	6	7

附表6-12　商战沙盘10组市场预测——竞单

序号	订单号	年份	市场	产品	数量	ISO
1	J3-001	3	1	1	3	1
2	J3-002	3	1	2	4	1
3	J3-003	3	1	3	3	2
4	J3-004	3	2	3	5	3
5	J3-005	3	2	4	4	3
6	J3-006	3	3	1	6	3
7	J3-007	3	3	3	4	2
8	J3-008	3	3	4	3	3
9	J6-001	6	1	3	4	3
10	J6-002	6	2	2	4	3
11	J6-003	6	2	4	2	2
12	J6-004	6	3	3	5	3
13	J6-005	6	3	4	2	3
14	J6-006	6	4	2	6	3
15	J6-007	6	4	4	4	3
16	J6-008	6	5	3	3	2
17	J6-009	6	5	4	5	3

注：(1) 市场：1—本地，2—区域，3—国内，4—亚洲，5—国际。(2) ISO认证：1—ISO 9000，2—ISO 14000，3—双认证。

附录6.4　商战沙盘12组市场预测

商战沙盘12组市场预测如附表6-13～附表6-16所示。

附表6-13　商战12组市场预测——均价

序号	年份	产品	本地市场	区域市场	国内市场	亚洲市场	国际市场
1	第2年	P1	60.9	58.48	0	0	0
2	第2年	P2	72.76	70.67	0	0	0
3	第2年	P3	85.78	84.06	0	0	0
4	第2年	P4	126.93	132.38	0	0	0
5	第3年	P1	60.47	62.05	0	0	0
6	第3年	P2	71.76	0	73.12	0	0
7	第3年	P3	86	85.58	82	0	0
8	第3年	P4	0	136.61	135.5	0	0
9	第4年	P1	55.81	56.74	57.52	0	0
10	第4年	P2	0	69.42	71.07	69	0
11	第4年	P3	80.72	80.33	84.5	87.95	0
12	第4年	P4	124.83	128.14	0	126.85	0
13	第5年	P1	59.66	58.11	0	59.5	0
14	第5年	P2	66.56	0	66.8	67.47	71.48
15	第5年	P3	76.88	78	81	82.69	0
16	第5年	P4	0	133.05	133.5	0	132.32
17	第6年	P1	66.89	0	62.4	64.21	0
18	第6年	P2	75.55	72.59	0	78.25	0
19	第6年	P3	88.17	89.24	84.7	0	92.86
20	第6年	P4	0	135.83	140.06	133.12	137.69

附表6-14 商战12组市场预测——需求量

序号	年份	产品	本地市场	区域市场	国内市场	亚洲市场	国际市场
1	第2年	P1	50	42	0	0	0
2	第2年	P2	41	33	0	0	0
3	第2年	P3	23	17	0	0	0
4	第2年	P4	15	13	0	0	0
5	第3年	P1	43	41	0	0	0
6	第3年	P2	33	0	32	0	0
7	第3年	P3	21	12	21	0	0
8	第3年	P4	0	23	14	0	0
9	第4年	P1	31	35	29	0	0
10	第4年	P2	0	36	30	14	0
11	第4年	P3	25	9	20	20	0
12	第4年	P4	29	21	0	20	0
13	第5年	P1	32	45	0	28	0
14	第5年	P2	25	0	25	17	23
15	第5年	P3	24	23	18	16	0
16	第5年	P4	0	22	20	0	41
17	第6年	P1	44	0	25	28	0
18	第6年	P2	29	32	0	24	0
19	第6年	P3	23	17	23	0	21
20	第6年	P4	0	23	16	16	16

附表6-15 商战沙盘12组市场预测——订单数

序号	年份	产品	本地市场	区域市场	国内市场	亚洲市场	国际市场
1	第2年	P1	13	10	0	0	0
2	第2年	P2	11	9	0	0	0
3	第2年	P3	8	6	0	0	0
4	第2年	P4	6	5	0	0	0
5	第3年	P1	11	11	0	0	0
6	第3年	P2	8	0	8	0	0
7	第3年	P3	6	4	7	0	0
8	第3年	P4	0	7	4	0	0
9	第4年	P1	7	8	7	0	0
10	第4年	P2	0	8	7	4	0
11	第4年	P3	7	3	5	5	0
12	第4年	P4	8	6	0	5	0
13	第5年	P1	7	11	0	7	0
14	第5年	P2	6	0	7	6	7
15	第5年	P3	7	7	5	5	0
16	第5年	P4	0	6	5	0	10
17	第6年	P1	9	0	7	6	0
18	第6年	P2	6	8	0	6	0
19	第6年	P3	6	5	8	0	8
20	第6年	P4	0	7	5	6	7

附表6-16 商战沙盘12组市场预测——竞单

序号	订单号	年份	市场	产品	数量	ISO
1	J3-001	3	1	1	3	1
2	J3-002	3	1	2	4	1
3	J3-003	3	1	2	3	2
4	J3-004	3	2	3	5	3
5	J3-005	3	2	4	4	2
6	J3-006	3	3	1	6	3
7	J3-007	3	3	3	4	2
8	J3-008	3	3	4	3	3
9	J6-001	6	1	3	4	3
10	J6-002	6	2	2	4	3
11	J6-003	6	2	4	2	2
12	J6-004	6	3	3	5	3
13	J6-005	6	3	4	2	3
14	J6-006	6	4	2	6	3
15	J6-007	6	4	4	4	3
16	J6-008	6	5	3	3	2
17	J6-009	6	5	4	5	3

注：(1) 市场：1—本地，2—区域，3—国内，4—亚洲，5—国际。(2) ISO认证：1—ISO 9000，2—ISO 14000，3—双认证。

数智沙盘——市场订单

数值沙盘小羊单车摩托车市场订单的规章如附表7-1和附表7-2所示。

附表7-1 数智沙盘小羊单车摩托车规则——6组订单

年份	季度	编号	市场	产品	特性	供应商参考价格(元)	数量	交货期(季)	账期(季)	认证
1	2	1	国内市场	小羊单车	安全舒适	2 500	2 750	4	1	ISO 9000
1	2	2	国内市场	小羊单车	外形拉风	2 400	150	4	2	ISO 9000
1	2	3	国内市场	小羊单车	外形拉风	2 400	75	3	1	ISO 9000
1	2	4	国内市场	小羊单车	外形拉风	2 400	150	4	2	ISO 9000
1	2	5	国内市场	小羊单车	外形拉风	2 300	450	4	2	ISO 9000
1	2	6	国内市场	小羊摩托	安全舒适	3 600	75	4	1	ISO 9000
1	2	7	国内市场	小羊摩托	科技体验	3 500	60	3	1	ISO 9000
1	2	8	国内市场	小羊摩托	科技体验	3 500	75	4	2	ISO 9000
1	2	9	国内市场	小羊摩托	科技体验	3 500	270	4	2	ISO 9000
1	2	10	国内市场	小羊摩托	外形拉风	3 400	600	4	2	ISO 9000
1	3	11	国内市场	小羊单车	外形拉风	2 200	600	4	2	ISO 9000
1	3	12	国内市场	小羊单车	科技体验	2 200	300	4	2	ISO 9000
1	3	13	国内市场	小羊摩托	外形拉风	3 300	300	4	2	ISO 9000
1	3	14	国内市场	小羊摩托	科技体验	3 300	600	4	2	ISO 9000
2	1	15	国内市场	小羊单车	安全舒适	2 800	300	2	1	ISO 9000
2	1	16	国内市场	小羊单车	科技体验	2 600	750	4	2	ISO 21000
2	1	17	国内市场	小羊单车	科技体验	2 700	450	3	1	ISO 9000
2	1	18	国内市场	小羊单车	外形拉风	2 600	375	2	2	ISO 21000
2	1	19	国内市场	小羊单车	外形拉风	2 600	750	4	2	ISO 9000
2	1	20	国内市场	小羊摩托	安全舒适	4 100	600	2	1	ISO 9000
2	1	21	国内市场	小羊摩托	科技体验	4 000	270	4	2	ISO 21000
2	1	22	国内市场	小羊摩托	科技体验	4 000	300	4	2	ISO 21000
2	1	23	国内市场	小羊摩托	科技体验	4 000	450	4	2	ISO 21000

年份	季度	编号	市场	产品	特性	供应商参考价格(元)	数量	交货期(季)	账期(季)	认证
2	1	24	国内市场	小羊摩托	外形拉风	3 900	600	3	1	ISO 9000
2	1	25	亚洲市场	小羊单车	安全舒适	3 000	450	2	1	ISO 9000
2	1	26	亚洲市场	小羊单车	安全舒适	2 800	750	3	2	ISO 9000
2	1	27	亚洲市场	小羊单车	科技体验	2 800	225	2	1	ISO 21000
2	1	28	亚洲市场	小羊单车	科技体验	2 700	300	4	2	ISO 21000
2	1	29	亚洲市场	小羊单车	科技体验	2 500	750	4	2	ISO 21000
2	1	30	亚洲市场	小羊摩托	外形拉风	4 200	150	3	2	ISO 21000
2	1	31	亚洲市场	小羊摩托	科技体验	4 200	225	2	1	ISO 21000
2	1	32	亚洲市场	小羊摩托	安全舒适	4 200	375	3	2	ISO 9000
2	1	33	亚洲市场	小羊摩托	安全舒适	4 100	750	2	1	ISO 9000
2	1	34	亚洲市场	小羊摩托	科技体验	4 000	375	4	2	ISO 9000
2	1	35	亚洲市场	小羊摩托	科技体验	4 000	300	4	2	ISO 21000
2	1	36	亚洲市场	小羊摩托	外形拉风	3 700	750	4	2	ISO 21000
2	2	37	国内市场	小羊单车	外形拉风	2 600	750	4	2	ISO 21000
2	2	38	国内市场	小羊摩托	科技体验	3 900	750	4	2	ISO 21000
2	2	39	亚洲市场	小羊单车	外形拉风	2 600	750	4	2	ISO 21000
2	2	40	亚洲市场	小羊摩托	科技体验	3 900	750	4	2	ISO 21000
3	1	41	国内市场	小羊单车	安全舒适	2 500	300	4	1	ISO 9000
3	1	42	国内市场	小羊单车	外形拉风	2 400	150	3	2	ISO 21000
3	1	43	国内市场	小羊单车	外形拉风	2 400	300	2	2	ISO 26000
3	1	44	国内市场	小羊单车	外形拉风	2 400	75	3	2	ISO 21000
3	1	45	国内市场	小羊单车	外形拉风	2 300	750	2	2	ISO 21000
3	1	46	国内市场	小羊摩托	安全舒适	3 400	300	2	1	ISO 26000
3	1	47	国内市场	小羊摩托	科技体验	3 500	300	4	2	ISO 21000
3	1	48	国内市场	小羊摩托	科技体验	3 500	150	4	2	ISO 21000
3	1	49	国内市场	小羊摩托	外形拉风	3 400	600	3	1	ISO 26000
3	1	50	国内市场	小羊pro	外形拉风	5 600	600	2	1	ISO 26000
3	1	51	国内市场	小羊pro	科技体验	5 600	600	4	2	ISO 21000
3	1	52	国内市场	小羊pro	科技体验	5 700	450	4	2	ISO 21000
3	1	53	国内市场	小羊pro	安全舒适	5 600	600	4	2	ISO 21000
3	1	54	国内市场	小羊pro	安全舒适	5 700	450	3	1	ISO 26000
3	1	55	亚洲市场	小羊单车	安全舒适	2 400	300	3	2	ISO 26000
3	1	56	亚洲市场	小羊单车	科技体验	2 400	225	2	2	ISO 21000
3	1	57	亚洲市场	小羊单车	科技体验	2 300	300	4	2	ISO 21000
3	1	58	亚洲市场	小羊单车	科技体验	2 000	900	4	2	ISO 21000
3	1	59	亚洲市场	小羊摩托	外形拉风	3 700	300	3	1	ISO 26000
3	1	61	亚洲市场	小羊摩托	安全舒适	3 700	60	3	2	ISO 21000
3	1	62	亚洲市场	小羊摩托	安全舒适	3 600	450	2	1	ISO 21000
3	1	63	亚洲市场	小羊摩托	科技体验	3 500	450	4	2	ISO 21000
3	1	64	亚洲市场	小羊摩托	科技体验	3 500	300	4	2	ISO 26000
3	1	65	亚洲市场	小羊摩托	外形拉风	3 300	450	4	2	ISO 26000

(续表)

年份	季度	编号	市场	产品	特性	供应商参考价格(元)	数量	交货期(季)	账期(季)	认证
3	1	66	亚洲市场	小羊pro	外形拉风	5 700	750	2	2	ISO 21000
3	1	67	亚洲市场	小羊pro	科技体验	5 700	750	4	1	ISO 21000
3	1	68	亚洲市场	小羊pro	安全舒适	5 800	300	3	2	ISO 26000
3	1	69	亚洲市场	小羊pro	安全舒适	5 900	300	3	2	ISO 26000
3	1	70	国际市场	小羊摩托	外形拉风	3 800	300	3	1	ISO 26000
3	1	71	国际市场	小羊摩托	安全舒适	3 800	450	3	2	ISO 21000
3	1	72	国际市场	小羊摩托	安全舒适	3 700	300	2	1	ISO 21000
3	1	73	国际市场	小羊摩托	科技体验	3 600	600	4	1	ISO 21000
3	1	74	国际市场	小羊摩托	科技体验	3 600	300	4	2	ISO 26000
3	1	75	国际市场	小羊摩托	外形拉风	3 400	150	4	2	ISO 26000
3	1	76	国际市场	小羊pro	外形拉风	5 900	750	2	2	ISO 21000
3	1	77	国际市场	小羊pro	科技体验	5 900	60	4	1	ISO 21000
3	1	78	国际市场	小羊pro	安全舒适	6 100	300	3	2	ISO 26000
3	1	79	国际市场	小羊pro	安全舒适	6 100	300	3	2	ISO 26000
3	2	80	国内市场	小羊单车	安全舒适	2 200	450	4	2	ISO 26000
3	2	81	国内市场	小羊摩托	安全舒适	3 300	450	4	2	ISO 26000
3	2	82	亚洲市场	小羊摩托	安全舒适	3 300	450	2	2	ISO 21000
3	2	83	亚洲市场	小羊pro	安全舒适	5 100	450	4	1	ISO 21000
3	2	84	国际市场	小羊单车	安全舒适	2 300	450	3	2	ISO 26000
3	2	85	国际市场	小羊pro	安全舒适	5 200	450	3	2	ISO 26000
4	1	86	国内市场	小羊单车	安全舒适	2 500	1 500	4	2	ISO 26000
4	1	87	国内市场	小羊摩托	安全舒适	3 700	1 500	2	2	ISO 21000
4	1	88	国内市场	小羊pro	外形拉风	6 100	750	4	1	ISO 21000
4	1	89	国内市场	小羊pro	科技体验	6 100	750	3	2	ISO 26000
4	1	90	国内市场	小羊pro	安全舒适	6 300	750	3	2	ISO 26000
4	1	91	亚洲市场	小羊单车	安全舒适	2 200	1 500	4	2	ISO 26000
4	1	92	亚洲市场	小羊摩托	安全舒适	3 700	1 500	2	2	ISO 21000
4	1	93	亚洲市场	小羊pro	外形拉风	6 200	750	4	1	ISO 21000
4	1	94	亚洲市场	小羊pro	科技体验	6 300	750	3	2	ISO 26000
4	1	95	亚洲市场	小羊pro	安全舒适	6 400	750	3	2	ISO 26000
4	1	96	国际市场	小羊pro	外形拉风	5 800	750	2	2	ISO 21000
4	1	97	国际市场	小羊pro	科技体验	5 900	750	4	1	ISO 21000
4	1	98	国际市场	小羊pro	安全舒适	6 700	450	3	2	ISO 26000
4	1	99	国际市场	小羊pro	安全舒适	6 700	450	3	2	ISO 26000
4	2	100	国内市场	小羊单车	安全舒适	2 200	1 500	4	2	ISO 26000
4	2	101	国内市场	小羊摩托	安全舒适	3 300	1 500	4	2	ISO 26000
4	2	102	亚洲市场	小羊摩托	安全舒适	3 300	1 500	2	2	ISO 21000
4	2	103	亚洲市场	小羊pro	安全舒适	5 100	750	4	1	ISO 21000
4	2	104	国际市场	小羊单车	安全舒适	2 300	1 500	3	2	ISO 26000
4	2	105	国际市场	小羊pro	安全舒适	5 200	750	3	2	ISO 26000

附表7-2　数智沙盘小羊单车摩托车规则——8组订单

年份	季度	编号	市场	产品	特性	供应商参考价格(元)	数量	交货期(季)	账期(季)	认证
1	2	1	国内市场	小羊单车	安全舒适	2 500	3 600	4	1	ISO 9000
1	2	2	国内市场	小羊单车	外形拉风	2 400	200	4	2	ISO 9000
1	2	3	国内市场	小羊单车	外形拉风	2 400	100	3	1	ISO 9000
1	2	4	国内市场	小羊单车	外形拉风	2 400	200	4	2	ISO 9000
1	2	5	国内市场	小羊单车	外形拉风	2 300	600	4	2	ISO 9000
1	2	6	国内市场	小羊摩托	安全舒适	3 600	100	4	1	ISO 9000
1	2	7	国内市场	小羊摩托	科技体验	3 500	80	3	1	ISO 9000
1	2	8	国内市场	小羊摩托	科技体验	3 500	100	4	2	ISO 9000
1	2	9	国内市场	小羊摩托	科技体验	3 500	360	4	2	ISO 9000
1	2	10	国内市场	小羊摩托	外形拉风	3 400	800	4	2	ISO 9000
1	3	11	国内市场	小羊单车	外形拉风	2 200	800	4	2	ISO 9000
1	3	12	国内市场	小羊单车	科技体验	2 200	400	4	2	ISO 9000
1	3	13	国内市场	小羊摩托	外形拉风	3 300	400	4	2	ISO 9000
1	3	14	国内市场	小羊摩托	科技体验	3 300	800	4	2	ISO 9000
2	1	15	国内市场	小羊单车	安全舒适	2 800	400	2	1	ISO 9000
2	1	16	国内市场	小羊单车	科技体验	2 600	1 000	4	2	ISO 21000
2	1	17	国内市场	小羊单车	科技体验	2 700	600	3	1	ISO 9000
2	1	18	国内市场	小羊单车	外形拉风	2 600	500	2	2	ISO 21000
2	1	19	国内市场	小羊单车	外形拉风	2 600	1 000	4	2	ISO 9000
2	1	20	国内市场	小羊摩托	安全舒适	4 100	800	2	1	ISO 9000
2	1	21	国内市场	小羊摩托	科技体验	4 000	360	4	2	ISO 21000
2	1	22	国内市场	小羊摩托	科技体验	4 000	400	4	2	ISO 21000
2	1	23	国内市场	小羊摩托	科技体验	4 000	600	4	2	ISO 21000
2	1	24	国内市场	小羊摩托	外形拉风	3 900	800	3	1	ISO 9000
2	1	25	亚洲市场	小羊单车	安全舒适	3 000	600	2	1	ISO 9000
2	1	26	亚洲市场	小羊单车	安全舒适	2 800	1 000	3	2	ISO 9000
2	1	27	亚洲市场	小羊单车	科技体验	2 800	300	2	1	ISO 21000
2	1	28	亚洲市场	小羊单车	科技体验	2 700	400	4	2	ISO 21000
2	1	29	亚洲市场	小羊单车	科技体验	2 500	1 000	4	2	ISO 21000
2	1	30	亚洲市场	小羊摩托	外形拉风	4 200	200	3	1	ISO 21000
2	1	31	亚洲市场	小羊摩托	科技体验	4 200	300	2	1	ISO 21000
2	1	32	亚洲市场	小羊摩托	安全舒适	4 200	500	3	2	ISO 9000
2	1	33	亚洲市场	小羊摩托	安全舒适	4 100	1 000	2	1	ISO 9000
2	1	34	亚洲市场	小羊摩托	科技体验	4 000	500	4	2	ISO 9000
2	1	35	亚洲市场	小羊摩托	科技体验	4 000	400	4	2	ISO 21000
2	1	36	亚洲市场	小羊摩托	外形拉风	3 700	1 000	4	2	ISO 21000
2	2	37	国内市场	小羊单车	外形拉风	2 600	1 000	4	2	ISO 21000
2	2	38	国内市场	小羊摩托	科技体验	3 900	1 000	4	2	ISO 21000
2	2	39	亚洲市场	小羊单车	外形拉风	2 600	1 000	4	2	ISO 21000
2	2	40	亚洲市场	小羊摩托	科技体验	3 900	1 000	4	2	ISO 21000
3	1	41	国内市场	小羊单车	安全舒适	2 500	400	4	1	ISO 9000

年份	季度	编号	市场	产品	特性	供应商参考价格(元)	数量	交货期(季)	账期(季)	认证
3	1	42	国内市场	小羊单车	外形拉风	2 400	200	3	2	ISO 21000
3	1	43	国内市场	小羊单车	外形拉风	2 400	400	2	1	ISO 26000
3	1	44	国内市场	小羊单车	外形拉风	2 400	100	3	2	ISO 21000
3	1	45	国内市场	小羊单车	外形拉风	2 300	1 000	2	2	ISO 21000
3	1	46	国内市场	小羊摩托	安全舒适	3 400	400	2	1	ISO 26000
3	1	47	国内市场	小羊摩托	科技体验	3 500	400	4	2	ISO 21000
3	1	48	国内市场	小羊摩托	科技体验	3 500	200	4	2	ISO 21000
3	1	49	国内市场	小羊摩托	外形拉风	3 400	800	3	1	ISO 26000
3	1	50	国内市场	小羊pro	外形拉风	5 600	800	2	1	ISO 26000
3	1	51	国内市场	小羊pro	科技体验	5 600	800	4	2	ISO 21000
3	1	52	国内市场	小羊pro	科技体验	5 700	600	4	2	ISO 21000
3	1	53	国内市场	小羊pro	安全舒适	5 600	800	4	2	ISO 21000
3	1	54	国内市场	小羊pro	安全舒适	5 700	600	3	1	ISO 26000
3	1	55	亚洲市场	小羊单车	安全舒适	2 400	400	3	2	ISO 26000
3	1	56	亚洲市场	小羊单车	科技体验	2 400	300	2	1	ISO 21000
3	1	57	亚洲市场	小羊单车	科技体验	2 300	400	4	2	ISO 21000
3	1	58	亚洲市场	小羊单车	科技体验	2 000	1 200	4	2	ISO 21000
3	1	59	亚洲市场	小羊摩托	外形拉风	3 700	400	3	1	ISO 26000
3	1	61	亚洲市场	小羊摩托	安全舒适	3 700	80	3	2	ISO 21000
3	1	62	亚洲市场	小羊摩托	安全舒适	3 600	600	2	1	ISO 21000
3	1	63	亚洲市场	小羊摩托	科技体验	3 500	600	4	2	ISO 21000
3	1	64	亚洲市场	小羊摩托	科技体验	3 500	400	4	2	ISO 26000
3	1	65	亚洲市场	小羊摩托	外形拉风	3 300	600	4	2	ISO 26000
3	1	66	亚洲市场	小羊pro	外形拉风	5 700	1 000	2	2	ISO 21000
3	1	67	亚洲市场	小羊pro	科技体验	5 700	1 000	4	1	ISO 21000
3	1	68	亚洲市场	小羊pro	安全舒适	5 800	400	3	2	ISO 26000
3	1	69	亚洲市场	小羊pro	安全舒适	5 900	400	3	2	ISO 26000
3	1	70	国际市场	小羊摩托	外形拉风	3 800	400	3	1	ISO 26000
3	1	71	国际市场	小羊摩托	安全舒适	3 800	600	3	2	ISO 21000
3	1	72	国际市场	小羊摩托	安全舒适	3 700	400	2	1	ISO 21000
3	1	73	国际市场	小羊摩托	科技体验	3 600	800	4	2	ISO 21000
3	1	74	国际市场	小羊摩托	科技体验	3 600	400	4	2	ISO 26000
3	1	75	国际市场	小羊摩托	外形拉风	3 400	200	4	2	ISO 26000
3	1	76	国际市场	小羊pro	外形拉风	5 900	1 000	2	2	ISO 21000
3	1	77	国际市场	小羊pro	科技体验	5 900	80	4	1	ISO 21000
3	1	78	国际市场	小羊pro	安全舒适	6 100	400	3	2	ISO 26000
3	1	79	国际市场	小羊pro	安全舒适	6 100	400	3	2	ISO 26000
3	2	80	国内市场	小羊单车	安全舒适	2 200	600	4	2	ISO 26000
3	2	81	国内市场	小羊摩托	安全舒适	3 300	600	4	2	ISO 26000
3	2	82	亚洲市场	小羊摩托	安全舒适	3 300	600	2	2	ISO 21000
3	2	83	亚洲市场	小羊pro	安全舒适	5 100	600	4	1	ISO 21000

（续表）

年份	季度	编号	市场	产品	特性	供应商参考价格(元)	数量	交货期(季)	账期(季)	认证
3	2	84	国际市场	小羊单车	安全舒适	2 300	600	3	2	ISO 26000
3	2	85	国际市场	小羊pro	安全舒适	5 200	600	3	2	ISO 26000
4	1	86	国内市场	小羊单车	安全舒适	2 500	2 000	4	2	ISO 26000
4	1	87	国内市场	小羊摩托	安全舒适	3 700	2 000	2	2	ISO 21000
4	1	88	国内市场	小羊pro	外形拉风	6 100	1 000	4	1	ISO 21000
4	1	89	国内市场	小羊pro	科技体验	6 100	1 000	3	2	ISO 26000
4	1	90	国内市场	小羊pro	安全舒适	6 300	1 000	3	2	ISO 26000
4	1	91	亚洲市场	小羊单车	安全舒适	2 200	2 000	4	2	ISO 26000
4	1	92	亚洲市场	小羊摩托	安全舒适	3 700	2 000	2	2	ISO 21000
4	1	93	亚洲市场	小羊pro	外形拉风	6 200	1 000	4	1	ISO 21000
4	1	94	亚洲市场	小羊pro	科技体验	6 300	1 000	3	2	ISO 26000
4	1	95	亚洲市场	小羊pro	安全舒适	6 400	1 000	3	2	ISO 26000
4	1	96	国际市场	小羊pro	外形拉风	5 800	1 000	2	2	ISO 21000
4	1	97	国际市场	小羊pro	科技体验	5 900	1 000	4	1	ISO 21000
4	1	98	国际市场	小羊pro	安全舒适	6 700	600	3	2	ISO 26000
4	1	99	国际市场	小羊pro	安全舒适	6 700	600	3	2	ISO 26000
4	2	100	国内市场	小羊单车	安全舒适	2 200	2 000	4	2	ISO 26000
4	2	101	国内市场	小羊摩托	安全舒适	3 300	2 000	2	2	ISO 26000
4	2	102	亚洲市场	小羊摩托	安全舒适	3 300	2 000	2	2	ISO 21000
4	2	103	亚洲市场	小羊pro	安全舒适	5 100	1 000	4	1	ISO 21000
4	2	104	国际市场	小羊单车	安全舒适	2 300	2 000	3	2	ISO 26000
4	2	105	国际市场	小羊pro	安全舒适	5 200	1 000	3	2	ISO 26000

附表7-3　数智沙盘小羊单车摩托车规则——10组订单

年份	季度	编号	市场	产品	特性	供应商参考价格(元)	数量	交货期(季)	账期(季)	认证
1	2	1	国内市场	小羊单车	安全舒适	2 500	4 500	4	1	ISO 9000
1	2	2	国内市场	小羊单车	外形拉风	2 400	250	4	2	ISO 9000
1	2	3	国内市场	小羊单车	外形拉风	2 400	125	3	1	ISO 9000
1	2	4	国内市场	小羊单车	外形拉风	2 400	250	4	2	ISO 9000
1	2	5	国内市场	小羊单车	外形拉风	2 300	750	4	2	ISO 9000
1	2	6	国内市场	小羊摩托	安全舒适	3 600	125	4	2	ISO 9000
1	2	7	国内市场	小羊摩托	科技体验	3 500	100	3	1	ISO 9000
1	2	8	国内市场	小羊摩托	科技体验	3 500	125	4	2	ISO 9000
1	2	9	国内市场	小羊摩托	科技体验	3 500	450	4	2	ISO 9000
1	2	10	国内市场	小羊摩托	外形拉风	3 400	1 000	4	2	ISO 9000
1	3	11	国内市场	小羊单车	外形拉风	2 200	1 000	4	2	ISO 9000
1	3	12	国内市场	小羊单车	科技体验	2 200	500	4	2	ISO 9000
1	3	13	国内市场	小羊摩托	外形拉风	3 300	500	4	2	ISO 9000
1	3	14	国内市场	小羊摩托	科技体验	3 300	1 000	4	2	ISO 9000
2	1	15	国内市场	小羊单车	安全舒适	2 800	500	2	1	ISO 9000
2	1	16	国内市场	小羊单车	科技体验	2 600	1 250	4	2	ISO 21000

（续表）

年份	季度	编号	市场	产品	特性	供应商参考价格(元)	数量	交货期(季)	账期(季)	认证
2	1	17	国内市场	小羊单车	科技体验	2 700	750	3	1	ISO 9000
2	1	18	国内市场	小羊单车	外形拉风	2 600	625	2	2	ISO 21000
2	1	19	国内市场	小羊单车	外形拉风	2 600	1 250	4	2	ISO 9000
2	1	20	国内市场	小羊摩托	安全舒适	4 100	1 000	2	1	ISO 9000
2	1	21	国内市场	小羊摩托	科技体验	4 000	450	4	2	ISO 21000
2	1	22	国内市场	小羊摩托	科技体验	4 000	500	4	2	ISO 21000
2	1	23	国内市场	小羊摩托	科技体验	4 000	750	4	2	ISO 21000
2	1	24	国内市场	小羊摩托	外形拉风	3 900	1 000	3	1	ISO 9000
2	1	25	亚洲市场	小羊单车	安全舒适	3 000	750	2	1	ISO 9000
2	1	26	亚洲市场	小羊单车	安全舒适	2 800	1 250	3	2	ISO 9000
2	1	27	亚洲市场	小羊单车	科技体验	2 800	375	2	2	ISO 21000
2	1	28	亚洲市场	小羊单车	科技体验	2 700	500	4	2	ISO 21000
2	1	29	亚洲市场	小羊单车	科技体验	2 500	1 250	4	2	ISO 21000
2	1	30	亚洲市场	小羊摩托	外形拉风	4 200	250	3	1	ISO 21000
2	1	31	亚洲市场	小羊摩托	科技体验	4 200	375	2	1	ISO 21000
2	1	32	亚洲市场	小羊摩托	安全舒适	4 200	625	3	2	ISO 9000
2	1	33	亚洲市场	小羊摩托	安全舒适	4 100	1 250	2	1	ISO 9000
2	1	34	亚洲市场	小羊摩托	科技体验	4 000	625	4	2	ISO 9000
2	1	35	亚洲市场	小羊摩托	科技体验	4 000	500	4	2	ISO 21000
2	1	36	亚洲市场	小羊摩托	外形拉风	3 700	1 250	4	2	ISO 21000
2	2	37	国内市场	小羊单车	外形拉风	2 600	1 250	4	2	ISO 21000
2	2	38	国内市场	小羊摩托	科技体验	3 900	1 250	4	2	ISO 21000
2	2	39	亚洲市场	小羊单车	外形拉风	2 600	1 250	4	2	ISO 21000
2	2	40	亚洲市场	小羊摩托	科技体验	3 900	1 250	4	2	ISO 21000
3	1	41	国内市场	小羊单车	安全舒适	2 500	500	4	1	ISO 9000
3	1	42	国内市场	小羊单车	外形拉风	2 400	250	3	2	ISO 21000
3	1	43	国内市场	小羊单车	外形拉风	2 400	500	2	1	ISO 26000
3	1	44	国内市场	小羊单车	外形拉风	2 400	125	3	2	ISO 21000
3	1	45	国内市场	小羊单车	外形拉风	2 300	1 250	2	2	ISO 21000
3	1	46	国内市场	小羊摩托	安全舒适	3 400	500	2	1	ISO 26000
3	1	47	国内市场	小羊摩托	科技体验	3 500	500	4	2	ISO 21000
3	1	48	国内市场	小羊摩托	科技体验	3 500	250	4	2	ISO 21000
3	1	49	国内市场	小羊摩托	外形拉风	3 400	1 000	3	1	ISO 26000
3	1	50	国内市场	小羊pro	外形拉风	5 600	1 000	2	1	ISO 26000
3	1	51	国内市场	小羊pro	科技体验	5 600	1 000	4	2	ISO 21000
3	1	52	国内市场	小羊pro	科技体验	5 700	750	4	2	ISO 21000
3	1	53	国内市场	小羊pro	安全舒适	5 600	1 000	2	2	ISO 21000
3	1	54	国内市场	小羊pro	安全舒适	5 700	750	3	1	ISO 26000
3	1	55	亚洲市场	小羊单车	安全舒适	2 400	500	3	2	ISO 26000
3	1	56	亚洲市场	小羊单车	科技体验	2 400	375	2	1	ISO 21000
3	1	57	亚洲市场	小羊单车	科技体验	2 300	500	4	2	ISO 21000

（续表）

年份	季度	编号	市场	产品	特性	供应商参考价格(元)	数量	交货期(季)	账期(季)	认证
3	1	58	亚洲市场	小羊单车	科技体验	2 000	1 500	4	2	ISO 21000
3	1	59	亚洲市场	小羊摩托	外形拉风	3 700	500	3	1	ISO 26000
3	1	61	亚洲市场	小羊摩托	安全舒适	3 700	100	3	2	ISO 21000
3	1	62	亚洲市场	小羊摩托	安全舒适	3 600	750	2	1	ISO 21000
3	1	63	亚洲市场	小羊摩托	科技体验	3 500	750	4	2	ISO 21000
3	1	64	亚洲市场	小羊摩托	科技体验	3 500	500	4	2	ISO 26000
3	1	65	亚洲市场	小羊摩托	外形拉风	3 300	750	4	2	ISO 26000
3	1	66	亚洲市场	小羊pro	外形拉风	5 700	1 250	2	2	ISO 21000
3	1	67	亚洲市场	小羊pro	科技体验	5 700	1 250	4	1	ISO 21000
3	1	68	亚洲市场	小羊pro	安全舒适	5 800	500	3	2	ISO 26000
3	1	69	亚洲市场	小羊pro	安全舒适	5 900	500	3	2	ISO 26000
3	1	70	国际市场	小羊摩托	外形拉风	3 800	500	3	1	ISO 26000
3	1	71	国际市场	小羊摩托	安全舒适	3 800	750	3	2	ISO 21000
3	1	72	国际市场	小羊摩托	安全舒适	3 700	500	2	1	ISO 21000
3	1	73	国际市场	小羊摩托	科技体验	3 600	1 000	4	2	ISO 21000
3	1	74	国际市场	小羊摩托	科技体验	3 600	500	4	2	ISO 26000
3	1	75	国际市场	小羊摩托	外形拉风	3 400	250	4	2	ISO 26000
3	1	76	国际市场	小羊pro	外形拉风	5 900	1 250	2	2	ISO 21000
3	1	77	国际市场	小羊pro	科技体验	5 900	100	4	1	ISO 21000
3	1	78	国际市场	小羊pro	安全舒适	6 100	500	3	2	ISO 26000
3	1	79	国际市场	小羊pro	安全舒适	6 100	500	3	2	ISO 26000
3	2	80	国内市场	小羊单车	安全舒适	2 200	750	4	2	ISO 26000
3	2	81	国内市场	小羊摩托	安全舒适	3 300	750	4	2	ISO 26000
3	2	82	亚洲市场	小羊摩托	安全舒适	3 300	750	2	2	ISO 21000
3	2	83	亚洲市场	小羊pro	安全舒适	5 100	750	4	1	ISO 21000
3	2	84	国际市场	小羊单车	安全舒适	2 300	750	3	2	ISO 26000
3	2	85	国际市场	小羊pro	安全舒适	5 200	750	3	2	ISO 26000
4	1	86	国内市场	小羊单车	安全舒适	2 500	2 500	4	2	ISO 26000
4	1	87	国内市场	小羊摩托	安全舒适	3 700	2 500	2	2	ISO 21000
4	1	88	国内市场	小羊pro	外形拉风	6 100	1 250	4	1	ISO 21000
4	1	89	国内市场	小羊pro	科技体验	6 100	1 250	3	2	ISO 26000
4	1	90	国内市场	小羊pro	安全舒适	6 300	1 250	3	2	ISO 26000
4	1	91	亚洲市场	小羊单车	安全舒适	2 200	2 500	4	2	ISO 26000
4	1	92	亚洲市场	小羊摩托	安全舒适	3 700	2 500	2	2	ISO 21000
4	1	93	亚洲市场	小羊pro	外形拉风	6 200	1 250	4	1	ISO 21000
4	1	94	亚洲市场	小羊pro	科技体验	6 300	1 250	3	2	ISO 26000
4	1	95	亚洲市场	小羊pro	安全舒适	6 400	1 250	3	2	ISO 26000
4	1	96	国际市场	小羊pro	外形拉风	5 800	1 250	2	2	ISO 21000
4	1	97	国际市场	小羊pro	科技体验	5 900	1 250	4	1	ISO 21000
4	1	98	国际市场	小羊pro	安全舒适	6 700	750	3	2	ISO 26000
4	1	99	国际市场	小羊pro	安全舒适	6 700	750	3	2	ISO 26000

(续表)

年份	季度	编号	市场	产品	特性	供应商参考价格(元)	数量	交货期(季)	账期(季)	认证
4	2	100	国内市场	小羊单车	安全舒适	2 200	2 500	4	2	ISO 26000
4	2	101	国内市场	小羊摩托	安全舒适	3 300	2 500	4	2	ISO 26000
4	2	102	亚洲市场	小羊摩托	安全舒适	3 300	2 500	2	2	ISO 21000
4	2	103	亚洲市场	小羊pro	安全舒适	5 100	1 250	4	1	ISO 21000
4	2	104	国际市场	小羊单车	安全舒适	2 300	2 500	3	2	ISO 26000
4	2	105	国际市场	小羊pro	安全舒适	5 200	1 250	3	2	ISO 26000

附表7-4　数智沙盘小羊单车摩托车规则——12组订单

年份	季度	编号	市场	产品	特性	供应商参考价格(元)	数量	交货期(季)	账期(季)	认证
1	2	1	国内市场	小羊单车	安全舒适	2 500	5 500	4	1	ISO 9000
1	2	2	国内市场	小羊单车	外形拉风	2 400	300	4	2	ISO 9000
1	2	3	国内市场	小羊单车	外形拉风	2 400	150	3	1	ISO 9000
1	2	4	国内市场	小羊单车	外形拉风	2 400	300	4	2	ISO 9000
1	2	5	国内市场	小羊单车	外形拉风	2 300	900	4	2	ISO 9000
1	2	6	国内市场	小羊摩托	安全舒适	3 600	150	4	1	ISO 9000
1	2	7	国内市场	小羊摩托	科技体验	3 500	120	3	1	ISO 9000
1	2	8	国内市场	小羊摩托	科技体验	3 500	150	4	2	ISO 9000
1	2	9	国内市场	小羊摩托	科技体验	3 500	540	4	2	ISO 9000
1	2	10	国内市场	小羊摩托	外形拉风	3 400	1 200	4	2	ISO 9000
1	3	11	国内市场	小羊单车	外形拉风	2 200	1 200	4	2	ISO 9000
1	3	12	国内市场	小羊单车	科技体验	2 200	600	4	2	ISO 9000
1	3	13	国内市场	小羊摩托	外形拉风	3 300	600	4	2	ISO 9000
1	3	14	国内市场	小羊摩托	科技体验	3 300	1 200	4	2	ISO 9000
2	1	15	国内市场	小羊单车	安全舒适	2 800	600	2	1	ISO 9000
2	1	16	国内市场	小羊单车	科技体验	2 600	1 500	4	2	ISO 21000
2	1	17	国内市场	小羊单车	科技体验	2 700	900	3	1	ISO 9000
2	1	18	国内市场	小羊单车	外形拉风	2 600	750	2	2	ISO 21000
2	1	19	国内市场	小羊单车	外形拉风	2 600	1 500	4	2	ISO 9000
2	1	20	国内市场	小羊摩托	安全舒适	4 100	1 200	2	1	ISO 9000
2	1	21	国内市场	小羊摩托	科技体验	4 000	540	4	2	ISO 21000
2	1	22	国内市场	小羊摩托	科技体验	4 000	600	4	2	ISO 21000
2	1	23	国内市场	小羊摩托	科技体验	4 000	900	4	2	ISO 21000
2	1	24	国内市场	小羊摩托	外形拉风	3 900	1 200	3	1	ISO 9000
2	1	25	亚洲市场	小羊单车	安全舒适	3 000	900	2	1	ISO 9000
2	1	26	亚洲市场	小羊单车	安全舒适	2 800	1 500	3	2	ISO 9000
2	1	27	亚洲市场	小羊单车	科技体验	2 800	450	2	1	ISO 21000
2	1	28	亚洲市场	小羊单车	科技体验	2 700	600	4	2	ISO 21000
2	1	29	亚洲市场	小羊单车	科技体验	2 500	1 500	4	2	ISO 21000
2	1	30	亚洲市场	小羊摩托	外形拉风	4 200	300	3	1	ISO 21000
2	1	31	亚洲市场	小羊摩托	科技体验	4 200	450	2	1	ISO 21000

年份	季度	编号	市场	产品	特性	供应商参考价格(元)	数量	交货期(季)	账期(季)	认证
2	1	32	亚洲市场	小羊摩托	安全舒适	4 200	750	3	2	ISO 9000
2	1	33	亚洲市场	小羊摩托	安全舒适	4 100	1 500	2	1	ISO 9000
2	1	34	亚洲市场	小羊摩托	科技体验	4 000	750	4	2	ISO 9000
2	1	35	亚洲市场	小羊摩托	科技体验	4 000	600	4	2	ISO 21000
2	1	36	亚洲市场	小羊摩托	外形拉风	3 700	1 500	4	2	ISO 21000
2	2	37	国内市场	小羊单车	外形拉风	2 600	1 500	4	2	ISO 21000
2	2	38	国内市场	小羊摩托	科技体验	3 900	1 500	4	2	ISO 21000
2	2	39	亚洲市场	小羊单车	外形拉风	2 600	1 500	4	2	ISO 21000
2	2	40	亚洲市场	小羊摩托	科技体验	3 900	1 500	4	2	ISO 21000
3	1	41	国内市场	小羊单车	安全舒适	2 500	600	4	1	ISO 9000
3	1	42	国内市场	小羊单车	外形拉风	2 400	300	3	2	ISO 21000
3	1	43	国内市场	小羊单车	外形拉风	2 400	600	2	1	ISO 26000
3	1	44	国内市场	小羊单车	外形拉风	2 400	150	3	2	ISO 21000
3	1	45	国内市场	小羊单车	外形拉风	2 300	1 500	2	2	ISO 21000
3	1	46	国内市场	小羊摩托	安全舒适	3 400	600	2	1	ISO 26000
3	1	47	国内市场	小羊摩托	科技体验	3 500	600	4	2	ISO 21000
3	1	48	国内市场	小羊摩托	科技体验	3 500	300	4	2	ISO 21000
3	1	49	国内市场	小羊摩托	外形拉风	3 400	1 200	2	1	ISO 26000
3	1	50	国内市场	小羊pro	外形拉风	5 600	1 200	2	1	ISO 26000
3	1	51	国内市场	小羊pro	科技体验	5 600	1 200	4	2	ISO 21000
3	1	52	国内市场	小羊pro	科技体验	5 700	900	4	2	ISO 21000
3	1	53	国内市场	小羊pro	安全舒适	5 600	1 200	4	2	ISO 21000
3	1	54	国内市场	小羊pro	安全舒适	5 700	900	3	1	ISO 26000
3	1	55	亚洲市场	小羊单车	安全舒适	2 400	600	3	2	ISO 26000
3	1	56	亚洲市场	小羊单车	科技体验	2 400	450	2	1	ISO 21000
3	1	57	亚洲市场	小羊单车	科技体验	2 300	600	4	2	ISO 21000
3	1	58	亚洲市场	小羊单车	科技体验	2 000	1 800	4	2	ISO 21000
3	1	59	亚洲市场	小羊摩托	外形拉风	3 700	600	3	1	ISO 26000
3	1	61	亚洲市场	小羊摩托	安全舒适	3 700	120	3	2	ISO 21000
3	1	62	亚洲市场	小羊摩托	安全舒适	3 600	900	2	1	ISO 21000
3	1	63	亚洲市场	小羊摩托	科技体验	3 500	900	4	2	ISO 21000
3	1	64	亚洲市场	小羊摩托	科技体验	3 500	600	4	2	ISO 26000
3	1	65	亚洲市场	小羊摩托	外形拉风	3 300	900	4	2	ISO 26000
3	1	66	亚洲市场	小羊pro	外形拉风	5 700	1 500	2	2	ISO 21000
3	1	67	亚洲市场	小羊pro	科技体验	5 700	1 500	4	1	ISO 21000
3	1	68	亚洲市场	小羊pro	安全舒适	5 800	600	3	2	ISO 26000
3	1	69	亚洲市场	小羊pro	安全舒适	5 900	600	3	2	ISO 26000
3	1	70	国际市场	小羊摩托	外形拉风	3 800	600	3	1	ISO 26000
3	1	71	国际市场	小羊摩托	安全舒适	3 800	900	3	2	ISO 21000
3	1	72	国际市场	小羊摩托	安全舒适	3 700	600	2	1	ISO 21000
3	1	73	国际市场	小羊摩托	科技体验	3 600	1 200	4	2	ISO 21000

(续表)

年份	季度	编号	市场	产品	特性	供应商参考价格(元)	数量	交货期(季)	账期(季)	认证
3	1	74	国际市场	小羊摩托	科技体验	3 600	600	4	2	ISO 26000
3	1	75	国际市场	小羊摩托	外形拉风	3 400	300	4	2	ISO 26000
3	1	76	国际市场	小羊pro	外形拉风	5 900	1 500	2	2	ISO 21000
3	1	77	国际市场	小羊pro	科技体验	5 900	120	4	1	ISO 21000
3	1	78	国际市场	小羊pro	安全舒适	6 100	600	3	2	ISO 26000
3	1	79	国际市场	小羊pro	安全舒适	6 100	600	3	2	ISO 26000
3	2	80	国内市场	小羊单车	安全舒适	2 200	900	4	2	ISO 26000
3	2	81	国内市场	小羊摩托	安全舒适	3 300	900	4	2	ISO 26000
3	2	82	亚洲市场	小羊摩托	安全舒适	3 300	900	2	2	ISO 21000
3	2	83	亚洲市场	小羊pro	安全舒适	5 100	900	4	1	ISO 21000
3	2	84	国际市场	小羊单车	安全舒适	2 300	900	3	2	ISO 26000
3	2	85	国际市场	小羊pro	安全舒适	5 200	900	3	2	ISO 26000
4	1	86	国内市场	小羊单车	安全舒适	2 500	3 000	4	2	ISO 26000
4	1	87	国内市场	小羊摩托	安全舒适	3 700	3 000	2	2	ISO 21000
4	1	88	国内市场	小羊pro	外形拉风	6 100	1 500	4	1	ISO 21000
4	1	89	国内市场	小羊pro	科技体验	6 100	1 500	3	2	ISO 26000
4	1	90	国内市场	小羊pro	安全舒适	6 300	1 500	3	2	ISO 26000
4	1	91	亚洲市场	小羊单车	安全舒适	2 200	3 000	4	2	ISO 26000
4	1	92	亚洲市场	小羊摩托	安全舒适	3 700	3 000	2	2	ISO 21000
4	1	93	亚洲市场	小羊pro	外形拉风	6 200	1 500	4	1	ISO 21000
4	1	94	亚洲市场	小羊pro	科技体验	6 300	1 500	3	2	ISO 26000
4	1	95	亚洲市场	小羊pro	安全舒适	6 400	1 500	3	2	ISO 26000
4	1	96	国际市场	小羊pro	外形拉风	5 800	1 500	2	2	ISO 21000
4	1	97	国际市场	小羊pro	科技体验	5 900	1 500	4	1	ISO 21000
4	1	98	国际市场	小羊pro	安全舒适	6 700	900	3	2	ISO 26000
4	1	99	国际市场	小羊pro	安全舒适	6 700	900	3	2	ISO 26000
4	2	100	国内市场	小羊单车	安全舒适	2 200	3 000	4	2	ISO 26000
4	2	101	国内市场	小羊摩托	安全舒适	3 300	3 000	4	2	ISO 26000
4	2	102	亚洲市场	小羊摩托	安全舒适	3 300	3 000	2	2	ISO 21000
4	2	103	亚洲市场	小羊pro	安全舒适	5 100	1 500	4	1	ISO 21000
4	2	104	国际市场	小羊单车	安全舒适	2 300	3 000	3	2	ISO 26000
4	2	105	国际市场	小羊pro	安全舒适	5 200	1 500	3	2	ISO 26000